THERESA BÄUERLEIN
FRIEDERIKE KNÜPLING

TUSSI-
KRATIE

WARUM FRAUEN NICHTS FALSCH
UND MÄNNER NICHTS RICHTIG
MACHEN KÖNNEN

W0060548

HEYNE‹

Verlagsgruppe Random House FSC® N001967
Das für dieses Buch verwendete
FSC®-zertifizierte Papier *Super Snowbright*
liefert Hellefoss AS, Hokksund, Norwegen.

Redaktion: Ute Daenschel, Berlin
Copyright © 2014 by Wilhelm Heyne Verlag, München,
in der Verlagsgruppe Random House GmbH
Umschlaggestaltung: Freischem packaging & design
Satz: Leingärtner, Nabburg
Druck und Bindung: GGP Media GmbH, Pößneck
Printed in Germany 2014
ISBN 978-3-453-20066-1

www.heyne.de

INHALT

Ach, wie leicht es doch ist, keine Schuld an gar nichts zu haben – als Frau: Wenn's mal nicht so klappt mit der Karriere, sind männliche Strukturen daran schuld. Wenn die Kinder nerven, dann liegt es daran, dass ER nicht genug Zeit mit ihnen verbringt, und wenn es keine Kinder gibt, wird dafür inzwischen nicht mehr einfach den überambitionierten Akademikerinnen die Schuld in die Schuhe geschoben, sondern jetzt haben sich alle weitgehend geeinigt, dass es an fehlender Kinderbetreuung liegt – und natürlich an den Männern. Die, heißt es, sind nämlich heute einfach zu schlapp, um Verantwortung zu übernehmen – und fast meint man, dass es besser wäre, wenn die Frauen gleich zur nächsten Spermabank marschierten, statt ihr Glück an einen Typ zu heften, der es einfach nicht auf die Reihe bekommen wird, sie richtig zu unterstützen.

Wenn aber doch mal alles klappt, Kind, Karriere, Knallersex, dann ist es der Beweis dafür, dass Frauen einfach tough und lebensgewandt genug sind, um sich das zu nehmen, was sie wollen – ganz anders als die bemitleidenswerte Randfigur, die im Durchschnitt heute noch vom Mannsein übrig ist, und anders auch als die Männer in der Businessclass, die dort ja doch nur sind, weil Männer in die oberen Etagen der Gesellschaft eben leichter hinkommen. Frauen jedenfalls dürfen am Dienstag die heiligen Opfer sein und am Donnerstag die Heiligen, die ihren Opferstatus überwunden haben und jetzt die Welt retten wie ein Vexierbild. So einen guten Ruf wie heute in Deutschland hatten Frauen vielleicht noch nie; in der Hinsicht sind sie wirklich fein raus: Ihr Image ist makellos. Top ausgebildet. Leistungsbereit. Flexibel. Gesundheitsbewusst. Social skills bis zum dorthinaus und trotzdem unabhängig und gewitzt. Langsam scheinen sie sogar die elenden Männerbünde zu knacken und in Entscheiderpositionen aufzurücken. Lange waren sie unterdrückt, unterschätzt, unterrepräsentiert. Die Gesellschaft steht tief in ihrer Schuld. Wir müssen sie endlich als die Doppelbelastungs- und damit Leistungsträger sehen, die sie sind: die vielleicht wichtigsten unserer Gesellschaft, ja womöglich der ganzen Welt.

Frauen, viele Frauen haben ein dickes Lob verdient, keine Frage. Und es ist aufregend zu sehen, dass Männer und Frauen – ihre Beziehungen, ihre Arbeit, ihre Perspektiven – wieder zu Themen gemacht wurden, über die nicht jeder gleich die Augen rollt, sondern dass jetzt, ohne dass alle aufstöhnen, über Frauen- und Flexiquoten, über Herdprämien und den Gender-Pay-Gap gesprochen werden kann, über Kindertagesstätten und sogar über »neue Väter«. Rollenbilder und Gerechtigkeit sind ein Thema, das ist toll. Was genau Geschlecht bedeutet, und wie es unser Leben und die Lebensläufe anderer beeinflusst, dass wir Männer oder Frauen sind, gehört zu den spannendsten Fragen, die wir kennen.

Wir, die Autorinnen dieses Buches, sind also froh, dass diese Fragen endlich wieder auf dem Tisch sind, und wir finden es großartig, dass sich mit uns noch so viele andere Interessierte um diesen Tisch drängen und mitdiskutieren wollen. Und doch sind wir nicht sicher, dass das, was wir in dieser Runde oft hören, wirklich hilfreich ist. Die Weise, in der über Geschlechter gesprochen wird, bereitet uns mehr und mehr Unbehagen. Eigentlich sind wir nicht einmal sicher, ob es in der neueren Geschlechterdebatte wirklich um Geschlechter geht – oder nicht doch vor allem um ein paar Frauen. Die Debatte (oder das, was in der Zeitung so genannt wird) sieht für uns aus wie ein Sermon, der von Frauen für Frauen gemacht ist – oder vielmehr: von bestimmten Frauen (nennen wir sie der Einfachheit halber mal: Akademikerinnen) für bestimmte Frauen (ihre Freundinnen) und unter der Bedingung, dass *alle* brav nicken. Die Rede von »Geschlechtergerechtigkeit« wurde so umfunktioniert, dass eine Diskussion eigentlich kaum mehr möglich ist, weil von vornherein feststeht, dass nur ganz bestimmte Beiträge erlaubt sind, und scheinbar auch, wer bestimmt, was erlaubt ist. Männer dürfen zurzeit sowieso nur zustimmen, wenn es um Geschlechterfragen geht. Und auch unter Frauen herrscht ein unterschwelliger Koalitionszwang. Meinungsverschiedenheiten sind unerwünscht; am Bild von der tapferen deutschen Frau, die gegen alle Widerstände aufstrebt – die gegen alle männlichen Widerstände aufstrebt, darf nicht gekratzt werden. Das ist natürlich speziell für uns als Schreibende beunruhigend – denn mit diesem Text schlagen wir ein Buch auf, das es so nicht geben dürfte. Zwei junge Frauen, die mit dem neuen Durchsetzungswillen der Frauen hadern? Was ist nur mit uns los?

Die gesellschaftliche Atmosphäre, in der wir uns so unwohl fühlen und auf die wir in diesem Buch hinweisen wollen, nennen wir *Tussikratie*. Die Tussikratie ist der latente Druck, mit dem zurzeit über Geschlecht nachgedacht wird; der verhohlene Zwang, der kontrolliert, wer sich wie zu diesem Thema äußert. Mit dem Tussihaften versuchen wir eine bestimmte Mentalität zu beschreiben, um die man im Deutschland des Jahres 2014 kaum herumkommt. Die Perspektive der Frauenbenachteiligung wird an alles und jeden angelegt, selbst wo das eigentlich nicht gerechtfertigt ist oder andere Fragen eigentlich wichtiger wären. Diese tussihafte Denkweise ist nicht mehr geschlechtersensibel oder geschlechtsbewusst. Sie ist geschlechtsbesessen. Und sie hat sich schon so sehr zu einem Reflex, ja, zu einer allgemeinen Geschlechtsseligkeit verfestigt, dass es nicht gerade leicht ist, daraus auszubrechen. Wenn Frauen über Männer sprechen, kann man neuerdings ein Misstrauen spüren, das wir bis vor Kurzem für ein historisches Relikt gehalten hätten. Manchmal hört man sogar eine regelrechte Wut heraus; es wird schroff gesprochen. Von sexueller Ausbeutung, selbst gewählter Unterwerfung, von »den Männern«. Männer dagegen sieht man bemerkenswert häufig einen halben Schritt nach hinten ausweichen, um dann verteidigend die Hände hochzuheben: »Ich bin ja Feminist!« Auf beiden Seiten – sowohl an der unschuldsbeteuernden Geste der Männer als auch den latent aggressiven Frauen – kann man das beobachten, was wir tussihaft nennen. Die meisten von uns kennen eine Tussi, mindestens. Denn die Tussi steckt in vielen von uns. Sie hat uns an ihrer ideologischen Leine, die straff gespannt ist. Das Angespannte, das ist die Tussikratie.

Wenn wir von der Tussi sprechen, meinen wir also nicht unbedingt das oberflächliche Lipglossgirl aus dem Einkaufszentrum. Die Tussi, die wir meinen, ist ein komplizierter Charakter, das wird sofort klar, wenn man sich ansieht, wo sie ihren Namen eigentlich her hat. Die Ur-»Tussi« ist Thusnelda, die Ehefrau des Cheruskerfürsten Arminius, der im menschheitsgeschichtlich zarten Jahr neun vor Christus die Germanen zu einem wichtigen Sieg gegen die Römer geführt hat. Die Schlacht war glorreich genug, um Arminius und seiner Frau Thusnelda ein illustres Nachleben in der Überlieferung zu sichern. Aus Arminius wurde später der nationale Mythos vom »deutschen Hermann«, das ist die eine Sache. Interessanter für uns ist hier Thusnelda, später »Thusschen« und »Tussi«. Was die Tussi eigentlich bewegt, kann man vielleicht am besten in Heinrich von Kleists Drama »Hermannsschlacht« sehen. Da ist Thusnelda eine attraktive Frau, die gern flirtet – bis sie erkennt, dass Männer sie deshalb mühelos zum Spielstein ihrer Machtspiele machen können, woraufhin sie sich exzessiv rächt. Das ist die Tussi, die wir auch heute antreffen können: in Familien, in Büros, in der Politik. Sie fühlt sich verarscht, denn die gesellschaftlichen Strukturen sind ihr zu *männlich,* und es geht ihr um Macht und eine Revanche am Mann.

Sehen wir uns die Geschichte von Kleists Thusnelda in den wichtigsten Details an: Die Römer haben das Cheruskerland besetzt. Thusnelda fängt einen Flirt mit Ventidius, einem der Besatzer, an. Sie glaubt, er meine es ernst, bis sie erfährt, dass Ventidius nur deshalb mit ihr angebandelt hat, weil er aus ihrem Haar eine Perücke für die römische Kaiserin machen möchte. Thusnelda erkennt hier, dass der Mann ihren Körper ausbeutet. Und dass er sie, weil sie gefallen möchte und Liebe und Geborgenheit von ihm will, mühelos ausnutzen und damit *seine* Macht vergrößern kann.

Zu diesem Zeitpunkt ähnelt Thusneldas Lage jener Situation, die Eva Illouz 2011 in ihrem Buch *Warum Liebe weh tut*[1] beschrieben hat: Männer, glaubt Illouz, agieren als emotionale Kapitalisten, sie haben Macht über Frauen, weil sie sich nicht binden müssen, um ihren Status aufzuwerten. Im Gegenteil: Sex mit vielen Partnern ist für Männer ein Statussymbol. Der Wert einer Frau wird dagegen immer noch darüber definiert, ob sie in der Liebe Erfolg hat. Eine gescheiterte Liebe ist für eine Frau immer ein persönliches Scheitern.

Das gilt auch für Thusnelda, doch dabei bleibt es nicht. Kaum hat sie die Situation erfasst, schlägt sie zurück: Sie lockt Ventidius zu einem angeblichen Stelldichein, dieses Mal allerdings mit Hintergedanken. Sie hat gelernt, wie gefährlich Liebe für die Frau ist – sie hat aber auch verstanden, wie sie ihre Reize als *Waffen der Frau* einsetzen kann, um dem Mann alles heimzuzahlen und am Ende selbst als die Siegerin dazustehen. Sie ist jetzt die Frau mit Stöckelschuhen und roten Lippen, die ihr *erotisches Kapital* einsetzt, um ihre Position zu behaupten – so, wie die Soziologin Catherine Hakim es vor Kurzem den Frauen angeraten hat.[2] Hakim findet, dass Frauen in der sexualisierten Kultur wohlhabender moderner Gesellschaften wohl beraten seien, ihr erotisches Kapital auszuschöpfen. Die Mär von den *inneren Werten,* die zählen, sei ein Mittel des Patriarchats, um Frauen davon abzuhalten, ökonomische Macht zu erlangen. So oder so ähnlich denkt auch Thusnelda und lockt also den Mann, der sich auf seine fünfzehn Minuten Eden freut, in einen vergitterten Garten. Dort, in ihrer Falle, lässt sie eine hungrige Bärin auf ihn los. Entrückt sieht sie dabei zu, wie die Bärin ihren Erniedriger zerfleischt.

Das ist die uralte Geschichte der Tussi, die wir auch heute treffen können. Wir stecken irgendwo mitten in dieser Story; die Frage ist, an welcher Stelle ganz genau wir uns befinden und wie wir diese Geschichte zu einem Ausgang bringen können, der uns gefällt – falls das überhaupt möglich ist.

Also: an welcher Stelle der Story stehen wir? Die Meinungen dazu gehen auseinander. Auf der einen Seite stehen die eher melancholischen oder melancholisch stimmenden Bestandsaufnahmen, die das Gefühl geben, wir hätten einen bizarren Traum hinter uns und würden wie Zuschauer, die ihre Augen im plötzlichen Tageslicht zusammenkneifen, die Welt neu zu verstehen suchen. Es wird über die Diskrepanz zwischen gefühlter und statistischer Gleichberechtigung nachgedacht und besonders über die Frage, wie Frauen und Männer einander lieben können, ohne dass zwangsweise einer (beziehungsweise eine) dabei untergebuttert wird. Da waren zum Beispiel die nachdenklichen Essays über *Neue deutsche Mädchen* von Jana Hensel und Elisabeth Raether;[3] Charlotte Roche arbeitete sich in ihren ersten Romanen an bestimmten feministischen Vorstellungen von Sex ab;[4] und Michèle Roten beschrieb die Komplikationen des Geschlechteralltags in *Wie Frau sein* – mit dem irgendwie traurigen Untertitel *Protokoll einer Verwirrung* – und *Wie Mutter sein*.[5] Anne-Marie Slaughter schrieb darüber, wie schmerzhaft die Erkenntnis für eine Feministin sein kann, dass einem unter einem Topjob mit 70-Stunden-Woche die eigenen Kinder entgleiten können.[6] Diese und mehr neue Bücher und Texte legten wunde Punkte offen und machten es wieder salonfähig, von Feminismus zu sprechen. – Thusnelda hatte eingesehen, wo und wie sie verwundbar ist.

Die anderen aber sagen, dass wir an dem Punkt der Geschichte sind, an dem der Mann im Bärenkäfig sitzt. Sozialwissenschaftler und Autoren wie Walter Hollstein, die der *Männerbewegung* oder *Männerrechtsbewegung* nahestehen (ja, so etwas gibt es in Deutschland!), haben schon länger plausibel zu machen versucht, dass Männer von einem *profeministischen Mainstream in Politik, Wissenschaft und Medien* überrannt und abgewertet werden, und dass wir uns dringend fragen müssen, *Was vom Manne übrig bleibt* (so der Titel von Hollsteins Buch).[7] Wirklich erfolgreich aber hat sich erst Ralf Bönt zur Stimme des verrufenen Geschlechts gemacht. 2012 erschien sein von ihm so betiteltes *Notwendiges Manifest für den Mann*[8], in dem er beklagt, dass Männer heutzutage vom Familienleben ausgeschlossen und häufiger krank seien als Frauen, und dass sie die weniger schönen Jobs machen müssten und dafür auch noch Häme ernteten. Ein ähnliches Porträt der Männer, wenn auch stellenweise mit einem Unterton diebischer Freude, war zuletzt von Hanna Rosin zu lesen: In *Das Ende der Männer*[9] diagnostiziert die US-amerikanische Journalistin, dass Männer es verpasst hätten, sich an eine flexibilisierte Welt anzupassen. Jetzt seien sie wertlos für Frauen, die sich und ihre Kinder längst alleine durchbringen könnten, und damit sogar besser fahren würden.

Irgendwo zwischen diesen beiden Bildern steht die Tussi. Die Tussi würde sich am liebsten über beides erheben, die abschlaffenden Männer und die Frauen, denen zwischen 70-Stunden-Woche und Familie Puste und Sinn verloren geht. In einer Zeit, in der die Strukturen, in denen wir leben, für viele von uns globaler und prekärer werden und Rollenbilder zusammenstürzen, in einer Zeit also, in der eine Neudefinition der Beziehungen zwischen Männern und Frauen dringend nötig wäre, hat die Tussi mehr Angst vor der Abhängigkeit von einem Mann in ihrem Bett als vor den neuen und mit immer mehr Risiken behafteten Formen von Abhängigkeit, in denen sich viele Arbeitnehmer und Arbeitslose wiederfinden: in der Hoffnung auf etwas Zeitarbeit, vielleicht ein neues Projekt; häufig geringfügig bezahlt oder verliehen und auch sonst ohne viel soziale Absicherung. In der Rolle derer, denen nicht etwa eine Absage erteilt wird – die aber doch, falls auf eine unbefristete Stelle spekuliert wird, lange warten können und dabei bis auf Weiteres *besonders* glänzen sollten. Solange man dabei gut verdient oder es sich anders leisten kann, mag das nicht weiter schlimm sein. Diejenigen aber, die das Geld brauchen und auch gern ein paar Meter in die Zukunft denken würden – sagen wir, an eine Familie –, sehen es wahrscheinlich anders. Sie lesen von Einkommensspreizung, sozialer Polarisierung und Deregulierung, von Abbau von Sozialtransfers, ansehnlichen Topgehältern und Fußballergagen und darüber, dass die Privatvermögenden endlich wieder mehr haben als nach dem Krieg. Sie verstehen, dass, wer hatte, jetzt womöglich noch mehr haben kann, aber dass der Rest eben Glück hat, wenn im Notfall Gönner mit kleinen Leihgaben um die Ecke biegen.

All das weiß die Tussi; sie sieht, was passiert. Ihr großer Fehler aber ist: Für sie ist nur der Frauenanteil des Problems relevant. Nämlich die Tatsache, dass Frauen, statistisch betrachtet, von bestimmten Arten der Armut heftiger betroffen sind als Männer. Das ist schlimm und bedenkenswert – aber warum sollten wir uns die vielen potenziellen Mitstreiter vergraulen und den Streit auf einen um drohende *Frauen*armut verengen? Wir müssten uns darüber klar werden, wo genau es wirklich sinnvoll ist, über Geschlecht zu sprechen – und ansonsten den Blick frei geben für eine breitere Diskussion über soziale Verhältnisse. Das täte sowohl der Geschlechterdebatte gut als auch der anstehenden Klassendiskussion, von der wiederum auch viele Frauen profitieren könnten.

Die Tussi vergibt sich also eine Reihe von Allianzen, wenn sie sich für den Streit ums Geld den »falschen Feind« aussucht, den die österreichische Autorin und Wirtschaftscoach Christine Bauer-Jelinek schon 2012 so genannt hat. Bauer-Jelinek warnte vor dem, was die Tussi partout nicht sehen will: dass die künstliche Feindschaft zwischen Männern und Frauen dem Zusammenhalt der Gesellschaft schaden kann. Ausgerechnet Geschlechterverhältnisse betrachtet die Tussi aber als Nullsummenspiel – gewinnt der eine, verliert die andere. Und dann will sie lieber den Gewinn ausgezahlt bekommen. Es geht ihr um ganz konkretes Geld, um Zahlen und Macht und auch ein bisschen um Revanche. Gewinnt der eine, verliert die andere. Wenn das umgekehrte

Diskriminierung ist, findet die Tussi das okay: »Na und? Dann läuft es jetzt mal andersherum«, scheint ihr als Rechtfertigung ausreichend.

Von Kleists Thusnelda unterscheidet sich die heutige Tussi insofern, als dass sie den Mann zwar besiegen möchte – aber die Finger will sie sich dabei eigentlich nicht schmutzig machen. Sie will, dass der Mann sich freiwillig ergibt, ohne Bär, oder dass die Politik den Bärenpart übernimmt und Quotenregelungen einführt. So viel Biss wie die Ur-Thusnelda hat die heutige Tussi längst nicht. Sie ist eine Möchtegern-Thusnelda.

Die Vorstellung von der Bärin, die sich auf ihre Hinterbeine stellt und ihre mächtige Pranke erhebt ..., diesen Gedanken, dass das Ende der Männer gekommen sein könnte, findet die typische Tussi zwar einen Moment lang aufregend, winkt dann aber doch gleich ab: »So weit sind wir noch nicht. Leider.« Unermüdlich rufen die Tussi und ihre Freundinnen einander dazu auf, Karriere, Karriere, Karriere zu machen (was auch immer das genau sein soll). »Frauen bei uns sind noch immer strukturell benachteiligt«, sagt sie beim freitäglichen Cuba Libre, »und ich spreche nicht nur vom Kinderkriegen.« Sie fängt an aufzuzählen, mit welchen Mitteln Frauen heute unterdrückt, ausgenommen, verarscht werden. Die Schönheitsindustrie, Männerseilschaften, das Old Boys Network, gläserne Decken, durch die die Frauen, obwohl sie längst besser ausgebildet sind als Männer, beim Aufstieg behindert werden.

Angefangen hat auch die Tussi vielleicht als hübsches, begabtes Ding, das im Job die Vorteile mitnahm, welche Rehaugen und ein forscher Auftritt mit sich bringen. Doch dann kamen die ersten Rückschläge. Für die Kollegen war sie wohl *zu* begabt, sagt ihre Freundin. (Alle Tussis denken von sich, dass sie karrieremäßig längst viel weiter sein sollten; und sie sagen, ohne mit der Wimper zu zucken: »Ich denke schon, dass ich eine gute Chefin abgeben würde, wenn die mich lassen würden.«) Stellen wir uns eine Girl's Night in der Bar mit einer Runde typischer Tussis vor: Die anwesenden Mädels sind sich einig, dass Männer mit weiblicher Konkurrenz einfach nicht umgehen können und dass Frauen, je länger sie im Job sind, es doppelt und dreifach schwer haben. Erstens wegen der Kinderfrage, weil Kinder immer noch in erster Linie für Frauen (und nicht für Väter) ein »Karrierekiller« sind. Weil Kinder Zeit fressen, und weil die Väter sich diese Zeit nicht nehmen. Und zweitens, weil Frauen mit zunehmender Kompetenz (weil Männer fähige Frauen nicht aushalten können) und auch mit zunehmendem Alter sowieso immer mehr von der Gesellschaft ausgeschlossen werden. Die Tussi zittert jetzt schon ein wenig vor dem, was Bascha Mika in ihrem Buch *Mutprobe*[10] beschreibt: vor dem Älterwerden, das für Frauen ungleich härter ausfällt, weil ihnen dann laut Mika automatisch alles abgesprochen wird: ihre erotische Ausstrahlung, die Sichtbarkeit in der Öffentlichkeit, die Chancen in der Arbeitswelt. Die Tussi geht sogar noch weiter: Strukturelle Benachteiligung, meint sie, gibt es ausschließlich wegen überholter Rollenbilder, in die alle Frauen hineingezwungen werden. Sie rät jetzt zu unbedingtem und durchaus gesundem Misstrauen, denn es kann nicht mit rechten Dingen zugehen, wenn Männer und Frauen in den Statistiken so unterschiedlich abschneiden. Frauen werden diskriminiert von Rollenbildern und anderen Strukturen. Dass es eine Herdprämie gibt, beweist das ebenso wie die komplett unbezahlte und vorwiegend von Frauen erledigte Hausarbeit. Auch Minijobs sind ein Zeichen, denn die Mehrzahl der Minijobs machen Frauen, so wie Frauen insgesamt den Löwenanteil an schlecht bezahlter Arbeit machen. Nicht zu vergessen das Ehegattensplitting, das die Einverdienerehe unterstützt und dadurch dazu führt, dass Frauen zu niedrige und Männer zu hohe Renten haben. »Und«, seufzt die Tussi, »die Gehaltsdiskriminierung: Männer bekommen fast ein Viertel mehr die Stunde. Und das alles«, schließt die Tussi mit einem besonders festen Blick in die Runde ihrer Freundinnen, »findet seinen Höhepunkt in Vergewaltigungen.« Was soll man darauf antworten? Wer wagt, ihr zu widersprechen, ein paar Grautöne in ihr Schwarz-Weiß-Kino zu bringen, ohne sich des Hochverrats an allen Frauen schuldig zu machen?

Freitagabend, in der Happy Hour, nippen die Mädels zustimmend an ihren Drinks. Alle finden, dass die Welt für Frauen immer noch ungerecht ist und dass damit Schluss sein muss. Was ließe sich dem noch hinzufügen?

Die Tussi ist der vollen Überzeugung, auf der moralisch richtigen Seite zu stehen. Jedenfalls kann sie es so verkaufen. Offiziell bekennt sie sich ja zum Feminismus, und offiziell vertritt sie die Belange *der Frauen,* das heißt: aller Frauen. Und offiziell verlangt sie *Gerechtigkeit.* Zum Beispiel Quoten, Frauenförderung, Gleichstellung. Im Grunde verlangt sie also, jedenfalls für die nächste Zeit, eine Steuerung der Geschlechterverhältnisse von oben, vielleicht sogar eine Besserbehandlung der Frauen – was sie nur gerecht findet, weil es ja längst fällig ist, dass die Männer ihre Reparationszahlungen leisten, nachdem sie Frauen jahrtausendelang unterdrückt haben. Dass nun gerade sie davon profitieren könnte, wenn zum Beispiel Quoten in ausgerechnet ihrer Branche eingeführt würden, das findet die Tussi nicht bedenklich. An einen muss ja die Gunst der geschichtlichen Stunde abfallen, und dann doch lieber nicht schon wieder an die Männer ... Schon spricht sie weiter so laut von Emanzipation und Toleranz und Gerechtigkeit, dass die Frage, wie viel Freiheit wirklich übrig geblieben sein wird, wenn die Tussi die Gesellschaft erst mal mit ihrem großen Statistikkamm auf *Gleichstellung der Geschlechter* gestriegelt hat, gar nicht erst aufkommt.

Auch weitere Fragen weiß die Tussi tunlichst zu unterbinden. Zum Beispiel in ihrem Blog. Natürlich hat sie einen Blog und natürlich ist sie mediensensibel und vorgewarnt, dass Frauen – und um wie viel mehr die aufstrebenden Frauen mit eigener Meinung – sich auch im Internet auf härtere, personenbezogene statt sachliche Kritik gefasst machen müssen, als man ihren männlichen Gattungsgenossen entgegenbringen würde. Diese Einstellung hat die Tussi neulich erst durch den Fall von Susanne Gaschke bestätigt gesehen (oder war es umgekehrt?), die den Grund für ihr Scheitern als Kieler Oberbürgermeisterin darin sah, dass der Politikbetrieb von den vielen Männern darin einfach verdorben sei, »testosterongesteuert«[11]. Für die Tussi ist es natürlich nicht *typisch weiblich,* wenn sie kritische Kommentare zu ihrer Arbeit gemein und verborgen sexistisch findet, sondern *typisch Männer,* dass diese die Frauen nirgendwo, sei es in der Politik oder im Internet, zu Wort kommen lassen wollen.

Die Tussi selbst ist viel solidarischer. Vor allem mit Frauen. Sie hat einen großen Freundinnenkreis und versucht, ein speziell weibliches Netzwerk aufzubauen. Sie hat sich auch um Stipendien extra für Frauen beworben und votiert ganz klar und aus Prinzip für die weibliche Kandidatin, wenn in ihrer Firma eine Stelle frei ist. Unter Frauen fühlt sie sich sicherer als unter Männern, sie findet Bestätigung bei ihren Geschlechtsgenossinnen, und es ist ihr wichtig, dass die Frauen keinen Keil zwischen sich treiben lassen. Sie und ihre Mitstreiterinnen geben sich gegenseitig das unangenehme, in der geteilten Form aber dann wieder faszinierende Gefühl, dass nicht einfach das Leben als solches nicht immer so spielt, wie sie es gerne hätten, sondern dass es andere, strukturelle, gesellschaftliche und meistens männliche Gründe dafür gibt. »Er hat zur Bärin mich gemacht!«, sagt schon Kleists Thusnelda. Der Mann hat sie so behandelt, dass sie sich nicht anders wehren kann. Heute sagt sie: Es sind die männlichen Strukturen, es ist die Gesellschaft.

Die Einsicht, dass wir alle sozial konditioniert und wahrscheinlich nur deshalb noch nicht Boss sind, findet die heutige Tussi beruhigend und gleichzeitig aufputschend. Sie nennt das Gefühl gerechte Wut, und sie übt diese emsig mit ihren Freundinnen an Frauenabenden mit Rotwein, an denen mal so richtig offen alles gesagt werden kann über den Chef und über den Freund und über den blöden Chef, den alten Sexisten. Aber wenigstens ist der neue Praktikant doch eigentlich gar nicht übel, das kleine sexy Ding ... (An dieser Stelle kreischen die Tussis kurz und halbwegs ironisch auf.)

Sie stellen sich außerdem vor, dass sie dann, wenn sie Chefinnen wären, einen Freund hätten, den sie alle Hausarbeit machen lassen würden. Das wäre für die Tussi, jedenfalls offiziell im Kreise ihrer Freundinnen, das Höchste: ein Mann im Haus, der alles putzen muss. »Nee wirklich«, sagt die Tussi am Mädelsabend, »solange er einen Knackarsch hat, brauche ich nicht mehr von einem Mann, als dass er meine Wäsche nicht verfärbt.« An Liebe traut sie sich nur noch verhalten zu glauben, und vor allem knüpft sie sie an allerlei Bedingungen: Er muss ihr schon etwas bringen. Ein Mann im Leben der Tussi verliert nach wenigen Wochen, maximal Monaten seinen Platz, wenn er keine brauchbare Funktion erfüllt. Insgeheim findet sie es deshalb ziemlich abtörnend, wenn ein Mann nicht nach Erfolg aussieht. Natürlich ist sie unabhängig und frei – aber wenn es hart auf hart kommt, sollte er sie schon auffangen können. Schließlich ist er ein Mann, und für Männer ist es ja sowieso viel einfacher, in dieser Gesellschaft Erfolg zu haben.

Die Liebe ist heute eine so beängstigende Sache, weil sie scheinbar nicht zum Eigenverantwortungsgebot der Gesellschaft passt, in der wir leben. Man will und soll ein unabhängiges Subjekt sein: Jeder muss für sich selbst sorgen und ist idealerweise ständig bereit, sein Geld ab dem Ersten des nächsten Monats an einem anderen Ende der Welt zu verdienen. Liebe, Fürsorge, Leidenschaft; am selben Ort sein wollen; sich für andere aufopfern wollen und ihre Nähe brauchen – all die Arten von Verbindlichkeit, die Familie, Freundschaften und Romantik in unser Leben bringen, stören da scheinbar nur. Die beruflich erfolgreiche Version der Tussi ist dann die Frau, die Sandra Tsing Loh im Magazin *The Atlantic* satirisch beschrieben hat:[12] Je mehr Erfolg diese Frau im Beruf hat, desto weniger begreift sie, warum sie eigentlich noch einen Kerl an ihrer Seite durchfüttern sollte. Sie geht am liebsten allein ins Bett, mit einem Glas Wein und einem guten Buch, ihr Sextoy in Lippenstiftform erlöst sie unkompliziert von ihrer Lust und passt sogar in die Handtasche.

Selbst wenn wir einen Moment lang davon absehen, dass uns das wie eine grauenhaft ereignislose Biographie vorkommt, fragen wir uns beim »Traumbild« dieser Frau: Wie berechenbar ist der dafür nötige wirtschaftliche Erfolg heutzutage überhaupt? Wahrscheinlich verdienen oder erben die meisten von uns *keineswegs* genug Geld, um ein eigenes Haus zu kaufen, in dem sie sich dann bei Gefallen ihre Hausmännlein halten können. Dieser Fall ist so unwahrscheinlich, dass der permanente »Bleibt unabhängig!«-Sermon der Tussi, so gut er auch gemeint sein mag, mehr und mehr wie ein Schrei der Verzweiflung klingt und nicht wie ein praktikabler Rat. Viele Menschen sind nunmal nicht so unabhängig, wie die Tussi sich das zu wünschen scheint. Wir sind verstrickt in Netze aus gewollter und ungewollter Abhängigkeit. Es wäre gut, diese Einsicht zuzulassen, denn dann könnten wir endlich, bitte, darüber sprechen, wie man in Würde oder vielleicht sogar blind auf andere vertraut – das wäre doch mal interessant – und wie man umgekehrt gut mit Menschen, auch Männern, umgeht, die de facto auf unser Geld oder andere Hilfen von uns angewiesen *sind*. Der Mann, der der Frau »auf der Tasche liegt«, ist heute nicht mehr unbedingt der rücksichtslose Spieler, der aus Dummheit seinen Job verloren hat. Nicht nur Frauen, sondern auch vielen ihrer Brüder, besten Freunde und Liebsten ist es heutzutage oft nicht möglich, das zu verdienen, was man braucht, um ein Leben zu führen, in dem Platz für Liebe, Familie und andere Abenteuer ist. Und übrigens wollen wir selbst dann, wenn genug Geld im Haus ist, lieben.

Manchmal sieht es aber dann doch so aus, als würde die Tussi all das verstehen. Denn wenn man genau hinschaut und ganz genau zuhört, erkennt man etwas Überraschendes an der Tussi: Sie ist eigentlich nicht männerfeindlich. Sie ist nur gegen eine ganz bestimmte Systemstelle, von der aus meistens die Fäden gezogen werden und die meistens von Männern in mehr oder weniger gut geschnittenen Anzügen besetzt sind: Die Tussi ist gegen das, was Soziologen die »hegemoniale Männlichkeit« nennen,[13] die Art von Männlichkeit, mit der man bei uns viel Geld und Einfluss bekommen kann. Es hat eine Weile gedauert, bis wir das verstanden haben, weil die Tussi sich höchst missverständlich ausdrückt und meistens einfach von *Männern* redet, anstatt klarer zu fassen, was sie genau stört: dass manche einfach *über* vielen stehen (finanziell, machtmäßig), ohne dass es dafür echte Gründe oder gar eine Legitimation gäbe.

Leider jedoch scheint auch die Tussi in manchen Momenten zu

vergessen, dass ihr eigentliches Problem ein ganz spezielles Erfolgsmodell ist und nicht die Männer als solche. Sie scheint auch nicht immer im Blick zu haben, dass immer weniger Männer überhaupt Zugang zum Club derer haben, die allen anderen überlegen sind, jedenfalls finanziell. Dass sie ganz einfach unter einem Klassen- und nicht nur unter einem Genderproblem leiden könnte. Vielleich hat sie es sich auch noch nicht so klargemacht. In ihrem jetzigen Zustand ist sie einfach gegen *Männer* oder redet jedenfalls so. Interessanterweise sieht die Tussi auch nicht, dass sie auf dem besten Weg ist, eine Art weibliches Pendant zur *hegemonialen Männlichkeit* einzufordern. Sie will so etwas wie eine hegemoniale Tussigkeit: eine Macht, die unantastbar ist und die man nur in ihrem Club bekommt, in dem man allen anderen überlegen ist – jedenfalls moralisch.

Oft ist es aber gar nicht so furchtbar moralisch, was die Tussi so sakrosankt vertritt, sondern nur ein bisschen zu kurz gedacht. Sie fragt sich zum Beispiel nicht, wie viel emanzipatorische Kraft ihr großer Karrierewille eigentlich besitzt, wenn die Karrieren, die man heutzutage machen kann, vielleicht grundsätzlich schlecht für den Menschen sind. Unterm Strich bedeuten die Karriereschritte, die die Tussi mit höchster Priorität zu nehmen wünscht, eine Affirmation bestehender Verhältnisse und Entwicklungen, wenn auch mit vertauschtem Geschlecht. Wenn die Tussi aber endlich einsehen oder deutlicher sagen würde, dass es nicht das Patriarchat ist, unter dem sie zu leiden hat, sondern die Wirtschaft, dann könnte sie erkennen, dass sie potenziell viele männliche Mitstreiter hat.

Die Tussi steckt in jeder und jedem von uns. Sie ist die amerikanische Studentin, die »ihr Liebesleben wie ausgebuffte Kopfjäger« organisiert (wie Hanna Rosin es in *Das Ende der Männer* beschreibt): »Ehrgeizige Frauen gehen davon aus, dass eine Beziehung ähnlich aufwendig ist wie ein Hauptseminar, und dafür haben sie nicht immer Zeit.«[14] Tussis sind Frauen, die sich ihren Freund warmhalten, obwohl sie wissen, dass er bis 30 heiraten und Kinder haben will – und dass sie ihn vorher abservieren werden. Vor lauter Angst, ökonomisch von einem Mann abhängig zu werden, will sie es auch emotional nicht sein. Man muss aber nicht bis nach Amerika reisen, um die Tussi zu treffen. Sie wohnt auch hier, bei uns um die Ecke, und findet es genau richtig, dass die Uni Leipzig künftig auf die Berufsbezeichnung *Professor* verzichten und nur noch die Bezeichnung *Professorin* verwenden will. »Jetzt läuft es mal andersherum«, hat sie das in der Universitätszeitung *duz* kommentiert.[15] Sie hängt beim Latte in ihrem Lieblingscafé rum und sagt gern Sachen wie:»Ich bin wirklich für Gleichberechtigung – meine beiden Mädchen wachsen im dem Glauben auf, dass sie auf jeden Fall besser sind als alle Jungs dieser Welt zusammen«, und meint das nur halb ironisch. Die Tussi war auch bei unserer letzten Grillparty, als wir mit den anderen Mädels am Tisch saßen, während die Jungs das Essen machten und das Geschirr abräumten – und wir uns dabei mit den anderen Tussis herablassend dachten: »Die sollen das ruhig lernen.« Die Tussi nämlich liebt ihren Partner vielleicht, aber er ist eben auch ein Mann, und daher leider immer auch ein bisschen ihr Gegner. Immerhin steht er ihr als Katalysator für ihren allgemeinen Lebensfrust zur Verfügung und natürlich auch als Sündenbock, wenn sie in der Zeitung eine schreckliche Meldung liest: Eine Frau in Pakistan wurde von ihren Verwandten gesteinigt, weil sie ein Handy besaß? An die Steiniger selbst kommt die Tussi nicht heran, also lässt sie ersatzweise ihren Schatz ein bisschen Verachtung spüren: Schau sie dir an, die Welt. Wegen EUCH sieht sie so aus.

Dank der Tussi ist aus der Frauenbewegung eine Art der Diskussionsführung zwischen den Geschlechtern geworden, bei der von vornherein klar ist, dass Männer sich für ihr tumbes, fäusteschwingendes Geschlecht entschuldigen müssen und Frauen fordernd, unabhängig, wild und schön sind. Darüber anders denkende Frauen werden stumm gestellt, so wie Monika Ebeling, die Gleichstellungsbeauftragte der Stadt Goslar, die 2011 auf Druck einer Handvoll Tussis ihres Amtes enthoben wurde – weil sie sich zu sehr für Formen und Möglichkeiten auch der Männer- und nicht nur der Frauenförderung interessierte. Vielleicht hätte Monika Ebeling ja einen Weg gefunden, an der *hegemonialen Männlichkeit* anzusetzen sowie auch die Männer zu Wort kommen zu lassen, die unter dieser leiden – aber auf diese Idee sind die Tussis in Goslar nicht gekommen. Und weil Monika Ebeling also eine andere Idee hatte, musste sie weg. Tussikratie ist eben auch die Vorstellung, dass eine Frau niemals eine individuelle Entscheidung über ihr Leben trifft, sondern dies immer stellvertretend für alle anderen Frauen tut. Frauen, die so diskutieren, haben immer die leise Angst, dass Männer schon strukturell bedingt Gegner sind. Frauen, die so diskutieren, denken, Männer wollten ihnen etwas wegnehmen oder antun, deshalb müssen sie ständig ihr Revier verteidigen und sich in der Hackordnung nach oben arbeiten.

In einem hat die Tussi ja recht: In dieser Welt wird einem nichts geschenkt, und Frauen müssen zusehen, dass sie ihr eigenes Geld nach Hause bringen. Und ja: Es ist toll, wenn Frauen wichtige Jobs machen. Niemand will das heute verhindern. Aber: Soll es das schon gewesen sein mit der großen Revolution? Dass jetzt halt ein Mensch mit zwei Brüsten auf dem einzigen teuren Stuhl in der Abteilung sitzt und nicht mehr einer mit einem Penis?

Tussi, Thusnelda, Thusschen. Was machen wir nur mit dir? Man kann Kleists Thusnelda so oder so deuten. Im Theater wird sie in neueren Inszenierungen des Stücks manchmal als Gewinnerin interpretiert: als starke Frau, die den Spieß umzudrehen weiß, als sie erkennt, dass sie ausgenutzt wird. Man kann in Thusnelda aber auch eine Frau sehen, die es bis zum Ende nicht schafft, ihren Opferstatus zu überwinden. Dann ist sie eine Frau, die erniedrigt wird und hilflos überreagiert, weil sie sich in ihrer Eitelkeit verletzt fühlt – und ihre Rache ist paradoxerweise spektakulär exzessiv und vollkommen wirkungslos zugleich. Schließlich darf man nicht vergessen, dass es in der Thusnelda-Geschichte noch einen weiteren Mann gibt, Hermann, ihren Ehemann. Dieser weiß von Anfang an, das Techtelmechtel zwischen seiner Frau und Arminius zu manipulieren und für sein eigenes Komplott gegen die Römer zu nutzen. – Und dass Thusnelda den Römer letztlich zerfleischen lässt, wird am Ende des Stückes sein – Hermanns – Sieg sein. Kleist hat darauf verzichtet, uns die eigentliche Varusschlacht zu zeigen, so dass in seinem Stück Thusnelda stellvertretend für Hermann die titelgebende Hermannsschlacht gewinnt. Für ihre eigene Sache gewinnt sie nur wenig. Ihr abschließender, ernüchterter Kommentar über ihren Kampf mit Ventidius ist, dass ihr dieser Sieg nur »so geschehen«, und nicht etwa eine große Leistung sei. Am System konnte ihr Racheakt nichts ändern, und ihre Stellung in der Welt, die Art, wie darin die Menschen miteinander umgehen, hat sich kaum verändert.

Uns scheint, dass auch eine Tussikratie auf kein Happy End zusteuern kann. Wir beschreiben in diesem Buch, eine gesellschaftliche Situation, in der Frausein allzu leicht zum Argument gemacht werden kann, und in dem eine bestimmte Art von Kultur schlichtweg *männlich* heißt, was *schlecht* bedeuten soll. Das aber kann alles nur schlimmer (wenn vielleicht auch: anders schlimmer) machen. Frauen haben sich in einem halben Jahrhundert Frauenbewegung ein scharf gestochenes Bild von den Geschlechterverhältnissen gemalt. Darauf zu zeigen, bringt ihnen jetzt viele konkrete Vorteile – aber nicht das, was sie eigentlich wollten: Gleichheit. Ja, es gibt sie immer noch, die blöden alten Männer oder die gedankenlosen Grapscher, für die Frauen zum hübschen Mobiliar gehören. Aber dieses Patriarchat liegt längst mit dem Gesicht nach unten und hört, wie seine letzten menschheitsgeschichtlichen Sekunden gezählt werden. Und zwar nicht einfach deswegen, weil die Frauen den Geschlechterkampf gewonnen haben, sondern weil auch die Männer begreifen, dass ihnen die jetzige Ordnung kein Glück bringt.

Dies ist kein Buch gegen Frauen. Eigentlich soll es nicht mal speziell über Frauen und schon gar nicht für Frauen-im-Gegensatz-zu-Männern sein. Es geht uns auch nicht darum, einzelne Personen als *Tussis* zu etikettieren. Alle Jahre wieder erscheint in Deutschland ein Buch, in dem eine weibliche Autorin »die Frauen« angreift, sie als feige (Bascha Mika), dämlich (Barbara Bierach) oder überempfindlich (Birgit Kelle) bezeichnet. Wir haben kein Interesse daran, uns diesem Reigen anzuschließen. Wir sind weder *frauenfeindlich* noch *antifeministisch*. Dies ist ein Buch gegen ein gesellschaftliches Klima, das Männer und Frauen gleichermaßen betrifft, wenngleich Frauen momentan möglicherweise mehr oder jedenfalls sichtbarer dazu beizutragen scheinen (oh, wie wünschten wir uns mehr Männer, die das Thema auch als ihres begriffen!). Es ist ein Klima, das uns allzu oft »die Männer« sagen lässt, wenn wir eigentlich eher *einige* Menschen meinen, zum Beispiel diejenigen, die bestimmen, wie wir arbeiten und Geld verdienen. Es geht uns um ein Klima, für das wir vielleicht besonders deshalb empfindlich sind, weil wir nur zu gut wissen, wie unendlich schwierig es heute ist, eine Liebesbeziehung ohne den Satz: »Denk nicht, dass ich deine Unterhosen bügle« anzufangen oder den Aufsteiger unter den Kollegen vorschnell als »Günstling« abzuwerten, der nur durch »Männergehabe« und nicht durch Fleiß und eigentlich auch gar nicht so schlechte Ideen nach oben gekommen ist. Wir müssen auch zugeben, dass uns ein bisschen kalt wird auf der Stirn, wenn wir daran denken, was das für harmlose Problemchen sind im Vergleich zu denen, die mit Kindern in die Welt kommen: Wofür könnten wir dann noch garantieren?

Die vielleicht unangenehmste Entdeckung, die wir beim Schreiben dieses Buchs gemacht haben, ist also die, dass wir selbst öfter, als uns lieb ist, in die Rolle der Tussi schlüpfen. Es ist ein Automatismus, der einigermaßen bequem sein kann, weil er einfache Antworten auf Fragen und in Situationen liefert, die sonst wesentlich komplexer wären. Tussi sein heißt, dass Frau *alles* wollen und einfordern darf und soll und dass sie diese Forderung an alle Männer, die sie nur zu fassen bekommt, stellen darf. Welcher Mann darf eigentlich *alles* fordern? Und haben Männer selbst in Zeiten, in denen eine Frau und ein Sofa ungefähr die gleichen Rechte hatten, darum jemals *alles* gehabt?

Wir haben dieses Buch aus der Intuition heraus geschrieben, dass die Geschlechterdebatte zwar auf schmerzhaft wirkliche Probleme reagiert, dabei aber oft Maximen ausruft, die wir in unserer Wirklichkeit nicht leben können oder wollen. Feminismus und Geschlechterfragen gehörten immer zu den Dingen, die wir gern leben wollten. Und wir fanden, dass diese Themen eine bessere Behandlung verdient hatten als die, die sie heutzutage so häufig bekommen, wenn sie zum Grabenkampf verzerrt werden und angebliche Argumente für Gleichheit eigentlich individuelle Karrierewünsche verschleiern sollen. Bei der Arbeit an diesem Buch verstärkte sich dann der Eindruck, dass viele Probleme als Geschlechtersache etikettiert werden, die aus anderen Perspektiven sinnvoller zu betrachten sind. Um zum Beispiel mehr über Verteilungsfragen zu lernen – also über die Verteilung von Gütern und Freiheiten etwa zwischen Arm und Reich oder zwischen Beschäftigten und Unternehmern –, müssten wir unsere Gedanken von der fixen Idee lösen, es ginge immer und überall um die Verhältnisse zwischen den Geschlechtern. Und wie befreiend wäre es, wenn wir öfter von der Perspektive Abstand nehmen würden, dass wir der Welt stets »als Frau« oder »als Mann« begegnen müssen?

In den folgenden Kapiteln schreiben wir über unsere Begegnungen mit dem Tussihaften und über unsere – oft hilflosen, ja geradezu kläglichen – Versuche, für uns selbst andere Lösungen zu finden: uns dem Druck, den wir von der geschlechterbezogenen Denkweise spüren, zu entziehen und sowohl Männern als auch Frauen möglichst natürlich zu begegnen. Herauszufinden, was *wir* eigentlich wollen und nicht andere – aber auch herauszufinden, was *andere* wollen. Lieben, Geld verdienen, Kompromisse finden. Mit Männern und mit anderen Frauen zusammenleben und -arbeiten. Die folgenden Kapitel handeln von Fragen und Begegnungen mit Menschen – manchmal unter echtem Namen, manchmal mit veränderten –, die uns bei unserer Auseinandersetzung mit dem Tussihaften beschäftigt oder beeindruckt haben. Wir wünschen uns, dass die Möglichkeit dieser (Gedanken-)Freiheit damit für alle greifbarer wird, die wie wir in keiner Tussikratie leben wollen.

Würde man die Tussi fragen, würde sie vielleicht sagen, dass all das höchst naiv sei. Sie hat auch gute Argumente dafür. Sowieso sehen viele ihr Verhalten als legitim oder als den einzig gangbaren Weg an. Als junge Frau ist es heutzutage verdammt schwer, keine Tussi zu werden. Wir wollen es trotzdem versuchen.

GEHIRNPOP

Was uns die Natur (nicht) über Männer und Frauen lehrt

Vier Männer – alle mit hohen weißen Hemdkrägen und langen Backen-bärten, einer mit schwarzem Zylinder – stehen um einen schweren Holztisch herum, an dem eine mittelgroße Familie Platz hätte. Der Mann mit dem Zylinder isst im Stehen ein Croissant. Fahle Sonnenstrahlen fallen von einem Fenster an der linken Wand auf die Männer, eine ein-zelne Lampe wirft ihr Licht auf eine weiße Metallwage. Neben ihr auf dem Tisch stehen große Einmachgläser, in denen menschliche Gehirne schwimmen. Der jüngste der Männer nimmt eines heraus und wirft es in die Waagschale. Ihr Zeiger schlägt aus.»1150 Gramm«, verkündet er. Die drei anderen Männer sehen einander vielsagend an.»Wieder ein Weibsbild«, sagt der mit dem Zylinder, während Brösel des Gebäcks in seiner Bart fallen, wie Fliegen im Spinnennetz kurz zucken, dann zur Ruhe kommen.

Bestimmt ging es in Wirklichkeit anders zu, als Paul Broca, Pro-fessor für klinische Chirurgie an der medizinischen Fakultät von Paris, im 19. Jahrhundert das Gewicht von Männer- und Frauenhirnen miteinander verglich. Dennoch wirkt der große Ernst, mit dem Broca die Schlussfolgerungen aus seinen Ergebnissen verkündete, aus meiner heutigen Sicht so lustig, dass ich mir die Szenen seiner Maßarbeit ohne Einmachgläser und Croissants kaum vorstellen kann. Ziemlich respektlos von mir, zumal Broca bei seinen Messungen eine Genauigkeit walten ließ, vor der ich nur den Hut respektive den Zylinder ziehen kann: Für 292 männliche Gehirne, die er bei seinen persönlich vorgenommen Autopsien abwog, errechnete Broca ein Durchschnittsgewicht von 1325 Gramm, die 140 obduzierten weiblichen Gehirne wogen dagegen durchschnittlich nur 1144 Gramm. Frauen, folgerte Broca fix, hätten deshalb weniger im Kopf – nicht nur an Masse, sondern auch an Intelligenz.

Brocas Thesen gelten mittlerweile als weit überholt. Man weiß heute, dass Intelligenz sich ungefähr so zuverlässig an der Größe oder dem Gewicht von Gehirnen festmachen lässt, wie sich Schnelligkeit an der Größe von Füßen erkennen lässt. So ist es nur folgerichtig, dass das ganze Fach der Anthropometrie (Vermessung des menschlichen Körpers) ziemlich aus der Mode gekommen ist. Immer noch angesagt ist es dagegen, absurde Schlussfolgerungen aus wissenschaftlichen Forschungsergebnissen über Männer- und Frauengehirne abzuleiten. Nur werden die Gehirne heute nicht mehr vermessen, sondern stattdessen zum Beispiel mithilfe bildgebender Verfahren kartografiert, bis jede menschliche Regung genau einem Hirnareal zugeordnet werden kann. Statt auf die Ergebnisse der Anthropometrie stützen sich die Verfechter des biologischen Determinismus jetzt auf die Ergebnisse der Neurowissenschaft. Das wirkt ungemein modern und vertuscht die Tatsache, dass eine scheinbar längst eingemottete Denkweise wieder in

Es ist hipper denn je, Frauen und Männern anhand ihrer biologischen Unterschiede auch unterschiedliche Fähigkeiten zuzuschreiben.

neuem Glanz erstrahlt: Es ist hipper denn je, Frauen und Männern anhand ihrer biologischen Unterschiede auch unterschiedliche Fähigkeiten zuzuschreiben.

Obwohl sich mittlerweile die Erkenntnis durchgesetzt haben müsste, dass es die Menschheit nicht wirklich weiterbringt, wenn wir zu jedem Schnipsel männlich-weiblichen Alltagsbetragens einen scheinbar passenden Fetzen Gehirnforschung herbeizitieren, ist genau das zur Reflexhandlung einer breiten Masse geworden. Manchmal habe ich das Gefühl, *die Gehirnforschung*, also das, was davon übrig bleibt, wenn es aus dem Frühstücksfernsehen schallt und in der Zeitschrift beim Zahnarzt angekommen ist, manchmal also habe ich das Gefühl, die angeblichen Ergebnisse dessen, was wir Laien uns unter Neurowissenschaft vorstellen, sind die Bauernweisheiten unserer Zeit. »Ist's ein kalter Februar, wird's ein kaltes Roggenjahr« – solche Sprüche klingen gut und sind eigentlich nie so richtig unpassend. Genauso verhält es sich seit einigen Jahren mit den Hirnsprüchen: Sie sind genauso allgegenwärtig und haben genauso wenig Aussagekraft. Und das Beste an ihnen ist, dass man nur dann und wann durch Twitter gescrollt haben muss, um nie um eine Antwort verlegen zu sein. Ergebnisse aus der Neuroforschung sind tatsächlich überall, und sie erklären so gut wie alles, was man vom Menschen wissen will. Dabei sind sie normalerweise so absurd einfach gestrickt, dass sich jeder Laie seine eigenen, plausibel klingenden Interpretationen ausdenken kann. Anders lässt sich die große Popularität »evolutionärer Erklärungen« für geschlechtliche Eigenarten kaum erklären. Wie wäre es zum Beispiel mit dieser: Die kleineren Gehirne von Frauen beweisen, dass sie auf einer höheren Entwicklungsstufe stehen als Männer. Ähnlich wie Festplatten, die mit jeder Weiterentwicklung kleiner wurden, haben Frauen gelernt, Daten auf weniger Raum abzuspeichern. Sie haben also schlanke Hightech-Hirne, während männliche Denkapparate immer noch vorsintflutlich-riesig sind. Das ist natürlich Blödsinn. Aber auch nicht viel dümmer als die laut Internetmeldungen angeblich tatsächlich von chinesischen Wissenschaftlern vertretene These, Männer würden die Farbe Blau mögen, weil sie gutes Jagdwetter verheißt, während Frauen rosa Farben bevorzugen, weil Steinzeitfrauen einst Beeren sammelten (und Beeren rosarot sind).[16]

Seit John Gray vor zwei Jahrzehnten mit *Männer sind vom Mars, Frauen sind von der Venus*[17] einen internationalen Bestseller schrieb, gehört das faszinierte Betrachten der Unterschiede zwischen Männern und Frauen zu den beliebtesten Formaten der Ratgeberliteratur und überhaupt der Selbsthilfeindustrie. Einen neuen Schub hat das in den letzten Jahren dann doch langsam ermüdende Genre bekommen, als Autoren wie die beiden Psychologieprofessoren Simon Baron Cohen[18] und Steven Pinker[19] Bücher schrieben, in denen sie erklärten, Frauen und Männer seien von Natur aus in gewissen Bereichen grundsätzlich verschieden verdrahtet. Soweit keine neue Idee. Neu waren die Quellen, die diese These belegen sollten: Wissenschaftliche Erkenntnisse, ja Durchbrüche in den Neurowissenschaften und der Evolutionspsychologie sollten beweisen, was Urgroßeltern schon vor Jahrhunderten mit Sicherheit zu wissen glaubten: Frauen und Männer hätten nicht nur verschiedene Körper, sondern würden auch völlig anders denken.

Wieder werden heute wissenschaftliche Forschungsergebnisse also so interpretiert, dass daraus allgemeine Feststellungen über das Wesen und die Fähigkeiten von Männern und Frauen abgeleitet werden können. An den biologistisch-determinierenden

Inhalten hat sich nichts geändert, nur die Quellen sind neu. Mehr noch: Weil Wissenschaftler heute nicht mehr darauf angewiesen sind, pfundweise Nervenzellen abzuwiegen, sondern viel ausgefeiltere Verfahren wie etwa eine MRT verwenden können, erscheinen die Ergebnisse aktueller und bieten eine höhere Legitimation für diese Inhalte. Wie einst bei Broca sind nicht die Messergebnisse das Problem, sondern die Schlüsse, die daraus gezogen

An den biologistisch-determinierenden Inhalten hat sich nichts geändert, nur die Quellen sind neu.

werden. Auch Broca hat genau gemessen. Ganz ähnlich benutzen wir die Ergebnisse der Neurowissenschaften und Evolutionspsychologie, um sinnlos scheinenden männlich-weiblichen Verhaltensweisen einen Zweck zuzuordnen. Aus einer zufälligen Auswahl von Medien, von in der U-Bahn liegenden Zeitungsresten bis zu Wissenschaftssendungen im Fernsehen, lernte ich allein innerhalb der letzten Monate, dass Männer blonde Frauen bevorzugen, weil diese mehr Östrogen produzieren, und dass Frauen fremdgehen, weil sie von starken Männern schwanger und von fürsorglichen Männern beschützt werden wollen – dieses Verhalten ist also nicht mies, sondern ganz klar ein evolutionärer Vorteil. Natürlich ist uns auch sonnenklar, dass Frauen halt Schuhe kaufen, um ihrem Sammlertrieb zu folgen, während Männer Fußbällen und Dekolletés hinterhergucken, um ihren Jagdinstinkt zu befriedigen. Um diese Dinge zu wissen, müssen wir weder Gehirnforscher noch Evolutionspsychologe sein oder auch nur Biolehrer. Niemand braucht heute wissenschaftliche Fachzeitschriften zu wälzen, um mit allerlei Forschungsergebnissen über die biologisch bedingten Unterschiede zwischen Männerverhalten und Frauengehabe konfrontiert zu werden. Vielleicht nicht zufällig fand man gerade zur gleichen

Zeit, in der die Rede vom neuen Feminismus die Runde zu machen begann, besonders viel Material über weibliche Hirne und männliche Denkstrukturen in der Ratgeberabteilung der Buchhandlungen oder in Männer- und Frauenmagazinen gleich neben Schminktipps und Bauchmuskelübungen. Die Autoren argumentieren meistens so: Der Mensch habe den größten Teil seiner Stammesgeschichte als Jäger und Sammler in der Steinzeit verbracht. Da wir im großen weltgeschichtlichen Maßstab betrachtet erst vor etwa acht Sekunden das Rad erfunden hätten, sei unsere Denkstruktur der eines Höhlenmenschen noch sehr ähnlich. Unser Erbgut nämlich habe sich seit 100 000 Jahren nicht geändert. Anders gesagt: Wir denken also noch immer wie Jäger und Sammler, obwohl heute nur wenige Menschen wissen, wie man ein Reh ausnimmt, welche Pilze satt und welche tot machen. Folgt man diesem Hirnpop, ist das Gehirn des Menschen von heute immer noch an die Lebensweise von damals angepasst. Nur dadurch, heißt es, lasse sich wirklich verstehen, warum Menschen heute seltsame Dinge tun, die bei näherem Hinsehen keinen klaren Sinn ergeben. Warum etwa Männer dicke Autos mögen und Frauen ihre Brüste in Wonderbras stopfen – und warum es Aufgaben gibt, an denen auffallend häufig entweder Männer oder aber Frauen scheitern. Ein Steinzeitoberstübchen navigiert uns durch das 21. Jahrhundert und weist den Frauen ganz natürlich einen anderen Weg als den Männern.

Die Autoren solcher Werke, beispielsweise das australische Paar Allan und Barbara Pease oder die französische Forscherin Louann Brizendine[20], beteuern in ihren Arbeiten immer wieder freundlich, einer der schönen Effekte am Lesen ihrer Bücher sei, dass Frauen und Männer sich danach viel besser verstehen könnten – weil das eine Geschlecht das andere nun so akzeptiere, wie es eben sei. Wir dürfen demnach also unser ganzes Vertrauen in die Wissenschaft setzen: Das Verhalten unserer Geschlechtsgenossen wäre, so das Versprechen der Neuro-Bestseller, bald so kartiert, dass es uns nicht mehr verwirren oder verletzen könnte. Schuld an unserem Versagen sind damit nicht mehr wir Stadtplan-Analphabeten und chronischen Fremdgeher – schuld ist die Evolution. In Zeiten, in denen die Geschlechtergrenzen immer mehr verschwimmen und längst nicht mehr klar ist, ob Männer oder Frauen besser Geld scheffeln oder Kinder hüten können, liefert der allgemeinverpflichtende neue Biokurs willkommen einfache Schablonen.

In Zeiten, in denen die Geschlechtergrenzen immer mehr verschwimmen und längst nicht mehr klar ist, ob Männer oder Frauen besser Geld scheffeln oder Kinder hüten können, liefert der allgemeinverpflichtende neue Biokurs willkommen einfache Schablonen.

Diese Denkart mag in privaten Beziehungen unter Umständen hilfreich sein, aber sie ist mehr Glaubenssache als Tatsachenbeschreibung. Die Mars-Venus-Literatur hat zunächst ein kollektives Aufseufzen ausgelöst: Wenn wir nicht anders können, als uns unserem biologischen Programm gemäß zu verhalten, dann hat es keinen Sinn, einander zu kritisieren. Eheberater weisen Paare meistens schon in den ersten Sitzungen darauf hin, dass sie nicht versuchen sollten, ihren Partner zu ändern. Es mag also helfen, wenn ich mir sage, dass mein Mann nichts dafür kann, wenn er nachts unkommunikativ seinen Computer anstarrt: Er ist sein Lagerfeuer. Er wiederum dürfte entsprechend nicht über meinen außer Rand und Band geratenen Drang zum Onlineshopping lachen – meinen Sammlertrieb kann ich ja schließlich nicht unterdrücken. Wenn ich an biologischen Determinismus glaube, ist es für mich also unter Umständen dadurch einfach leichter, meinen Partner so zu akzeptieren, wie er ist, ähnlich wie es einem religiösen Menschen helfen kann, etwas als »gottgegeben« hinzunehmen.

Außerhalb privater Beziehungsnavigation, aufs große Ganze gesehen also, richten biologistische Erklärungen für männlich-weibliche Verhaltensweisen aber mehr Schaden als Nutzen an, zumal sie ja auf dem Weg zum Normalkonsumenten populärwissenschaftlich aufgemotzt werden. Seriösem wissenschaftlichem Anspruch jedenfalls entspricht das nicht, was von den Forschungsergebnissen noch übrig ist, nachdem sie erst einmal aus dem Zusammenhang gerissen und auf eine knackige Zeile reduziert worden sind. »Männer wechseln ihre Bettlaken nicht, weil sie von Natur aus keine Nestbauer sind«, erspähte ich vor Kurzem in dem amerikanischen Frauenmagazin, das auf dem Schoß meiner Sitznachbarin in der U-Bahn lag. Sollte eine Frau sich also verständnisvoll in die ketchupverkrusteten Laken ihres Liebsten kuscheln?

Derlei Erkenntnisse eignen sich für Heftchen, die neben dem Klo liegen, aber nicht als ernst gemeinte Anleitungen für menschliches Zusammenleben. Dennoch werden sie genau so verstanden. Ein gutes Beispiel dafür, wie populärwissenschaftlich verbrämte Erkenntnisse der Hirnforschung als Anleitung für das Zusammenleben missverstanden werden können, ist ein Freitagabend vor einem Jahr, an dem ich mit einem Freund sein Wohnzimmer umräumte. Es ging unter anderem darum, ein Bücherregal in seinem Wohnzimmer anzuschrauben. »Halte du das Regal hin, und ich schaue, ob es passt. Männer können das besser«, sagte Tim. Ich stand vor ihm, in meiner Hand die Bohrmaschine, mit der ich die Löcher für die Halterung des Regals bohren wollte, das er mir jetzt auffordernd entgegenstreckte.

»Wie jetzt?«, fragte ich verdutzt.

»Männer können besser räumlich denken als Frauen.« Er seufzte. »Das ist Veranlagung«, setzte er hinzu und klang dabei, als wüsste ich nicht, dass Kakao braun ist. Tim ist nicht das, was man einen typischen Macho nennen würde. Er hat Philosophie studiert, beim Kochen hört er Simon & Garfunkel, während des letzten Almodóvar-Films hat er geweint und neulich, nach der langen Nachtfahrt auf schwarz geregneten Autobahnen von München nach Hamburg auch.

»Tim«, sagte ich. »Haha, oder?«

»Es ist wissenschaftlich erwiesen«, sagte er.

Eine Stunde später hing das Regal immer noch nicht, dafür sah das Wohnzimmer wie der Game-over-Bildschirm eines Tetris-Anfängers aus, weil Tim sich nicht entscheiden konnte, in welcher Position seine Möbel optimal den Raum bestimmten. Tim und ich saßen in der Küche und starrten einander schlecht gelaunt über zwei Kaffeebecherränder hinweg an. »Dass du das Sofa gerade so hinstellen wolltest, dass es den Weg zum Balkon blockiert hat, hatte das vielleicht auch einen evolutionären Vorteil, den nur du mit deinem überlegenen räumlichen Denken erkennen kannst?«, fragte ich.

Die Autoren, die mit populären Sachbüchern Ideen wie »Frauen können nicht gerade gucken« in die Köpfe ihrer Leser setzen, stützen sich auf oft vage Forschungsergebnisse und können die Wahrheit problemlos im Sinne der Pointe ein wenig zurechtschneidern. Mit der Realität haben sie danach nur noch wenig zu tun, wie wahrscheinlich jeder anhand seines ganz normalen Alltags sehen kann: Ich zumindest war schon oft mit Männern unterwegs, die Norden und Süden mit oben und unten verwechselt haben, obwohl die Evolution laut Ratgeberliteratur

GPS-gleiche Programme in Männergehirne gebaut hat. Ich weiß, dass auch diese Männer sich nach Liebe sehnten, und dass es wiederum in meinem Leben Phasen gab, in denen ich Sex deutlich interessanter fand als romantische Spaziergänge. Versuche ich dagegen, gleichzeitig Tee zu kochen, Wäsche aufzuhängen und zu telefonieren, wozu mein angeblich multitasking-affines weibliches Gehirn bestens in der Lage sein sollte, produziere ich Stakkato-Gespräche und Feuersbrünste. Sollten ich und die Menschen in meiner Umgebung allesamt seltene Ausnahmen sein, wunderbare Wesen, an denen die Naturgesetze abprallen wie Fliegen an einer Fensterscheibe? Offenbar taugt der Hirnpop doch nicht dazu, reale Unterschiede zwischen den Menschen zu belegen. Was die Neuroforschung über Unterschiede zwischen Männern und Frauen herausgefunden hat, mag für Wissenschaftler interessant sein, für Individuen haben die Beobachtungen keine Aussagekraft.

Tatsächlich ist es so, dass Unterschiede zwischen Männern und Frauen, die wissenschaftlich festgestellt werden, uns überhaupt nicht dabei helfen, die Fähigkeiten von individuellen Menschen einzuschätzen. Zwar lassen sich bestimmte allgemeine Unterschiede zwischen Männer- und Frauenhirnen ziemlich einfach messen. Anders als früher sind Wissenschaftler heute nicht mehr darauf angewiesen, pfundweise Nervenzellen abzuwiegen, um Unterschiede zwischen Männer- und Frauenhirnen auszumachen. Die moderne Gehirnforschung arbeitet mit feineren Instrumenten, und daran

Was die Neuroforschung über Unterschiede zwischen Männern und Frauen herausgefunden hat, mag für Wissenschaftler interessant sein, für Individuen haben die Beobachtungen keine Aussagekraft.

liegt es auch, dass wir heute tatsächlich mehr darüber wissen, in welcher Weise Gehirne funktionieren – und welche Unterschiede es tatsächlich zwischen Männer- und Frauenhirnen gibt. Einer davon ist, dass Frauen in ihren Hirnen mehr Nervenzellen im Areal der Sprachverarbeitung und einen größeren Bereich für das räumliche Gedächtnis haben. Dennoch zeigt sich bei Tests, dass Frauen schlechter abschneiden.[21] Wie kommt diese Diskrepanz also zustande? Sieht man genauer hin, so zeigt sich, dass die Differenzen gar nicht im Ergebnis liegen. Es gibt Tests, in denen die Fähigkeit geprüft wird, Gegenstände in einem dreidimensio nalen Raum mental zu drehen, also per Vorstellungskraft zu verstehen, wie ein Objekt aus verschiedenen Winkeln aussieht. Männer schneiden in diesen Tests besser ab. Aber das heißt nicht, dass Frauen es gar nicht können – sie brauchen, statistisch gesehen, nur mehr Zeit dazu, was wahrscheinlich daran liegt, dass sie andere Gehirnareale nutzen. In dem Buch *Warum Frauen glauben, sie könnten nicht einparken – und Männer ihnen Recht geben*[22] nehmen Claudia Quaiser-Pohl, Psychologie-Professorin an der Universität Koblenz, und die Neurobiologin Kirsten Jordan einige von Ratgeberautoren propagierte Geschlechterunterschiede mühelos auseinander. So schreiben die Autorinnen etwa, Basis für das immer wieder nachgebetete Postulat, Frauen könnten aufgrund ihres schlechter ausgeprägten räumlichen Denkens nicht einparken und hätten Probleme, in fremder Umgebung ihren Weg zu finden, seien gezielt ausgewählte, meist ältere und zum Teil falsch interpretierte wissenschaftliche Befunde. Es gebe einerseits keine Nachweise dafür, dass alle Frauen grundsätzlich schlechter räumlich denken können als alle Männer. Andererseits hätten wissenschaftliche Tests nachgewiesen, dass Männer und Frauen, die einen einmal gegangenen Weg in einer fremden Umgebung wieder zurück finden sollen, das Ziel gleich schnell erreichen würden. Der Unterschied zeige sich nicht in der Leistung, sondern in der Strategie – Männer dächten eher abstrakt in Metern und Himmelsrichtungen, Frauen orientierten sich häufiger an Bäumen und Supermärkten. Bei genauer Betrachtung sind die Unterschiede zwischen Männern und Frauen also kleiner als gedacht und liegen in anderen Bereichen, als die Ratgeberliteratur behauptet.

Ebenso zeigt sich, wenn man genauer hinschaut, dass die Unterschiede innerhalb einer gleichgeschlechtlichen Gruppe oft größer sind als die zwischen zwei Menschen unterschiedlichen Geschlechts. Mein Mann und der Postbote können sich also durchaus stärker in ihrer Begabung zum räumlichen Denken unterscheiden als mein Mann und ich. Und übrigens ist auch der Anteil der Männer und Frauen, die beim mentalen Rotieren gleich gut sind, beträchtlich. In der Spitzenklasse finden sich aber mehr Männer, weswegen Männer im Durchschnitt besser abschneiden. Nach wissenschaftlichen Standards ist es unzulässig, aus diesen Durchschnittsmeldungen Rückschlüsse auf einzelne Menschen zu ziehen. Die verkürzten Ergebnisse haben keine Aussagekraft für das Individuum.

Das Gehirn ist kein Geschlechtsorgan. Es legt uns also nicht darauf fest, in bestimmten Bereichen auf eine männliche oder weibliche Weise zu funktionieren. Selbst wenn in einer Studie herauskommt, dass Frauen schlechter räumlich denken oder besser Foxtrott tanzen können, kann man dieses Ergebnis nicht auf einzelne Frauen oder Männer übertragen. Janet S. Hyde, Professorin an der University of Wisconsin, hat Daten von 124 ausführlich erforschten psychologischen Merkmalen, welche die Unterschiede zwischen Männern und Frauen zeigen, analysiert. Dabei stellte sie fest, dass die meisten gefundenen Differenzen ziemlich winzig waren. Zu den statistisch relevanten Unterschieden zählte, dass Frauen insgesamt schlechter warfen, seltener One-Night-Stands hatten, weniger zu körperlicher Aggression neigten und seltener masturbierten – was aber wieder keinerlei Aussagekraft für einzelne Menschen besitzt.[23]

Tatsächlich müsste die Botschaft der Ratgeberliteratur also lauten: Männer- und Frauengehirne sind nicht gleich. Auch innerhalb der Gruppe der Frauen hat jede einzelne eine andere Struktur im Kopf als ihre Nachbarin, und Gleiches gilt für Männer. Die biologisch bedingten Unterschiede zwischen den Geschlechtern lassen sich zwar teilweise verallgemeinern – aber immer nur im Durchschnitt. Diese Botschaft ist aber natürlich etwas komplizierter als *Warum Männer lügen*[24] – und damit weniger bestsellerfähig.

Weil Ratgeberliteratur sich aber verkaufen soll, macht sie etwas zu ihrem Konzept, das aus wissenschaftlicher Sicht unseriös und unhaltbar ist: Sie schließt von statistischen Mittelwerten auf die Fähigkeiten und das Verhalten einzelner Menschen. Weder Neuroanatomen noch Psychologen aber können aus den Gehirnstrukturen oder Testergebnissen eines Individuums schließen, ob die Versuchsperson ein Mann oder eine Frau ist. Die Mars-Venus-Literatur schneidet die Wahrheit über biologisch bedingte Geschlechterunterschiede gerne kurzerhand zurecht, bis sie zu den Klischees passt. Dabei ist sie nicht gerade zimperlich und greift dabei sogar auf Quellen zurück, deren Fragwürdigkeit bereits

Die Mars-Venus-Literatur schneidet die Wahrheit über biologisch bedingte Geschlechterunterschiede gerne kurzerhand zurecht, bis sie zu den Klischees passt.

nachgewiesen wurde. So zitieren die entsprechenden Bücher zum Beispiel mit besonderer Vorliebe einen wissenschaftlichen Mythos, mit dem Mark Libermann, Phonetikprofessor an der University of Pennsylvania, längst aufgeräumt hat: dass nämlich Frauen mehr reden als Männer.[25]

Frauen benutzten je nach Quelle pro Tag angeblich zwischen 7000 und 50 000 Wörter, Männer dagegen zwischen 2000 und 25 000. Diese Zahlen sind weit verbreitet und sind selbst von wissenschaftlichen Autoren immer wieder zitiert worden. Libermann jedoch widerlegte ihre Gültigkeit. »Ein wenig Tiefenrecherche«, schrieb er, »zeigt, dass keiner der Autoren dieser Behauptungen tatsächlich nachgezählt zu haben scheint, und keiner zitiert irgendjemand anderen, der gezählt hat.« Tatsächlich gibt es laut Libermann keine einzige wissenschaftliche Studie, die fundiert nachweist, dass Männer im statistischen Mittel am Tag mehr oder weniger reden als Frauen. Auch Elizabeth Spelke, Psychologieprofessorin in Harvard, versuchte ein biologistisches Geschlechterklischee zu überprüfen: Weil ein Konsens im Lager der Fans des neuen biologischen Determinismus lautete, Männer und Frauen hätten unterschiedliche kognitive Fähigkeiten, widmete Spelke diesem Thema eine jahrelange Forschungsarbeit. Am Ende stellte sie fest: »All diese Forschung kommt zu dem erstaunlich langweiligen Schluss, dass es keinen wesentlichen Unterschied zwischen den kognitiven Fähigkeiten von Männern und Frauen gibt.«[26]

Obwohl also eigentlich feststeht, dass die Ratgeberliteratur nicht mehr Wahrheitsgehalt besitzt als eine Bauernweisheit, ist ihre Attraktivität ungebrochen. Man könnte meinen, dass Männer und Frauen am laufenden Band wie Strudel in einer Wiener

Bäckerei in Röhren geschoben werden, und selbst die kleinsten Unterschiede, die sich dabei zeigen, werden wie längst fällige, endgültige Erklärungen verkauft. Oft schwingt dabei ein gewisser Ton klammheimlicher Freude in dieser Feststellung mit: Tja, wir können halt nicht anders! Evolutionär bedingte Gehirnstrukturen, heißt es, hätten uns derart fest im Griff, dass wir gar nicht anders könnten, als unserer geschlechtlichen Bestimmung zu entsprechen. Allen geschlechtsneutralen Erziehungsversuchen zum

Obwohl also eigentlich feststeht, dass die Ratgeberliteratur nicht mehr Wahrheitsgehalt besitzt als eine Bauernweisheit, ist ihre Attraktivität ungebrochen.

Trotz könnten wir Frauen und Männer unsere wahre Natur letztlich nicht verleugnen. Ungeachtet unserer Businesskostüme, Kochmützen und Designerbrillen, unberührt von italienischen Opern und der UN-Charta, ganz egal also, wie kultiviert und fortschrittlich wir tun, folgt unser Verhalten noch immer den Mustern, die sich in der Urzeit bewährt und die unsere Hirnstruktur geformt haben. Man könnte glatt meinen, die Natur hätte für die gesamte Menschheit exakt zwei Programme geschrieben: eins für Männer, eins für Frauen. Jeder von uns wird damit per mehr oder minder wissenschaftlicher Verlautbarung in sehr grobe Kategorien gesteckt, die vielen von uns überhaupt nicht entsprechen.

Neuerdings geht der Trend dahin, biologistische und evolutionspsychologische Erklärungen für die angebliche Überlegenheit von Frauen zu bemühen. Wir haben, scheint's, noch immer das dringende Bedürfnis, der halben Menschheit eine natürliche Unterlegenheit zu attestieren. Nur schwingt das Pendel jetzt in die andere Richtung. Statt des Geschlechterfriedens, den manche Autoren von Neurobestsellern vorhergesagt haben, und der daher kommen sollte, dass Männer und Frauen ihre biologischen Unterschiede und die daher rührenden Verhaltensweisen endlich akzeptieren würden, gibt es nun eine Tussikratie-Variante der Diskussion. Dabei werden in guter alter Tradition durchaus interessante Beobachtungen so verbogen, dass ein *natürlicher* Vorteil für eines der beiden Geschlechter herausspringt. Nur sind es diesmal die Frauen.

Wir haben, scheint's, noch immer das dringende Bedürfnis, der halben Menschheit eine natürliche Unterlegenheit zu attestierten. Nur schwingt das Pendel jetzt in die andere Richtung.

»Männer haben eine große Tendenz, Dinge auf der kämpferischen, ja sogar auf der körperlichen Ebene auszutragen. Das sieht man ja bei Jungs sehr gut, die ihr Selbstgefühl gern über Kraftentfaltung organisieren. Frauen positionieren sich eher über die Beziehungsebene, schaffen Kontakte, vernetzen sich. Das sind die Qualitäten, die wir heute brauchen. Körperkraft, die braucht man vielleicht noch für die Müllabfuhr«, erklärte der Psychoanalytiker Wolfgang Schmidbauer 2009 dem *Spiegel*.[27] Jetzt sind also die Frauen *von Natur aus* besser, weil sie *von Natur aus* kommunikativer, friedlicher, beziehungsfähiger sind, alles Qualitäten, die in der heutigen Arbeitswelt gefragt sind. Das Bindungshormon Oxytocin, über das Frauen in großzügigeren Mengen verfügen als Männer, macht Frauen zudem angeblich friedlich und beziehungsfähig, weshalb sie, wie man landauf, landab hört, die fähigeren Chefs, Kanzler, Regenten sind.

Natürlich ist es nur dann okay, Hormone als Argument in der Frage um weibliche Fähigkeiten anzuführen, wenn Frauen dadurch besser dastehen. Genau das ist eine Tussi-Haltung: Denn Tussis wehren sich gegen biologistische Erklärungsmuster nur dann, wenn Frauen dabei schlechter wegkommen, akzeptieren sie aber gerne und verbreiten sie weiter, wenn Männern bestimmte Talente abgesprochen werden. Letztlich geht es dabei in keiner Weise darum, dass Frauen das bekommen, was Ihnen zusteht, sondern nur darum, die Karte *Frau* so gründlich und effizient wie möglich zum eigenen Vorteil auszuspielen. Das ist auch gesellschaftlich akzeptiert.

Lange Zeit galten Frauen aufgrund ihrer Hormonschwankungen als ungeeignet für öffentliche Ämter. Wer das heute noch behauptet, darf sich zu Recht auf einen Shitstorm gefasst machen. Klüger geworden sind wir anscheinend leider trotzdem nicht, denn nun wird einfach über Männer verkündet, was man über Frauen nicht (mehr) sagen darf: So erklärten amerikanische Medien, nachdem ein republikanischer Abgeordneter ein Unterhosenfoto von sich selbst über Twitter verschickt hatte, dass Männer aufgrund ihrer Penisfixierung für – tadaa – öffentliche Ämter ungeeignet seien. Leslie Benetts schrieb auf der Internetseite *The Daily Beast:* »Es gibt so viele Männer, deren Namen zu Markenzeichen für unerhörte Sexskandale geworden sind, dass es schwierig ist, sie sich alle zu merken ... Jetzt versuchen Sie mal, an eine Frau in einem öffentlichen Amt zu denken, die wegen sexueller Fehltritte abtreten musste. Aber halten Sie dabei nicht den Atem an: Sie können tot umfallen, bevor ihnen eine einfällt.«[28] Ist das wirklich der klügste Schluss, den wir aus der biologistischen Diskriminierung von Frauen gezogen haben: dass wir den Spieß jetzt einfach umdrehen?

> **Tussis wehren sich gegen biologistische Erklärungsmuster nur dann, wenn Frauen dabei schlechter wegkommen, akzeptieren sie aber gerne und verbreiten sie weiter, wenn Männern bestimmte Talente abgesprochen werden.**

Das kann unmöglich unser Ernst sein. Wer diese Haltung sinnvoll findet, hat eigentlich kein Interesse an Gerechtigkeit, sondern möchte im Machtgerangel der Geschlechter Frauen auf der Gewinnerseite sehen. Waren wir nicht schon mal weiter? Selbst die katholische Grundschule, die ich als Kind besuchte, hat mir zu vermitteln versucht, dass ein Kind nicht deswegen in Mathe oder Kunst gut war, weil es ein Junge oder ein Mädchen war, sondern weil es eben bestimmte Talente und Interessen besaß.

Ist das wirklich der klügste Schluss, den wir aus der biologistischen Diskriminierung von Frauen gezogen haben: dass wir den Spieß jetzt einfach umdrehen?

Wenn wir jetzt wieder darauf bestehen, einem Geschlecht pauschal bestimmte Fähigkeiten abzusprechen, haben wir uns nicht wirklich weiterentwickelt. Wir haben nur die Richtung gewechselt.

Die Behauptung, männliche Gesprächslahmheit und weibliche Konsumgier seien biologisch verankerte Verhaltensweisen, legt außerdem den Schluss nahe, dass dieses Verhalten moralisch richtig, weil natürlich sei. So etwas nennt man einen naturalistischen Fehlschluss. Jeder Versuch, uns selbst und die Gesellschaft, in der wir leben, zu verändern, wäre damit zum Scheitern verurteilt – wir könnten ja nicht anders, als unser immer gleiches Steinzeitprogramm abzuspielen. Dieses Spiel können wir trefflich noch ein paar Hundert Jahre weiter spielen – wobei es eine gewisse Hoffnung gibt, dass es irgendwann langweilig wird. Denn kein Mensch hat etwas davon, wenn man ihm erklärt, dass geschlechtsbedingte Gehirnstrukturen bestimmte Bereiche seines Lebens versiegeln, dass er also niemals einparken, niemals führen, nie echte Liebe finden wird oder immer lügen, lebenslänglich Schuhe kaufen und von Natur aus seinen Partner missverstehen muss. Im Gegenteil: Schlimmstenfalls hindern diese wissenschaftlichen Halbwahrheiten den Menschen daran, sich weiterzuentwickeln – und zwar gerade in den Bereichen, in denen es nicht auf Anhieb klappt, zuversichtlich zu bleiben. Es geht dabei nicht nur um Frauen, die Physikvorlesungssäle meiden lernen, sondern auch um Männer, denen kommunikative Fähigkeiten abgesprochen werden oder die wie zweitranginge Erzieher und Elternteile behandelt werden. Genau deshalb sind Ratgeberbücher, die behaupten, Männer könnten dies nicht und Frauen seien zu jenem nicht in der Lage, gar nicht so harmlos, wie man denken könnte. Denn was passierte, als Tim schließlich doch den Bohrer in die Wand schob, um das Regal aufzuhängen, das kann ich mit Worten einfach nicht beschreiben – auch wenn ich als Frau natürlich kommunikativ besonders begabt bin.

WER ZIEHT IN BARBIES TRAUMHAUS?

Von Freiheit, die sich nach freiem Fall anfühlt, und Gräben, die schon im Kindergarten gezogen werden

Ich habe eine Nichte, die schon mit vier Jahren ein klares Gespür für Farbkombinationen hatte, und jetzt, mit sieben Jahren, sämtlichen Familienmitgliedern mit Hingabe Pediküren verpasst. Manchmal sehe ich ihr dabei zu, wie sie Nagellack auf meinen Fußnägeln verteilt, der Farbton genau auf den meiner Sandalen abgestimmt. Für ein perfektes Ergebnis fehlt es ihr noch an Geduld, das tröstet mich über dieses unbehagliche Gefühl hinweg, dass ich vielleicht irgendwie weniger Frau bin als dieses kleine Mädchen. Und ich merke wieder, was in meinem Kopf für eine Spaltung herrscht: Ich bin gleichzeitig berührt von dem Verhalten meiner Nichte und etwas verstört. Die Selbstverständlichkeit, mit der sie sich mädchenhaft verhält, muss mir schon vor langer Zeit abhandengekommen sein. Wenn ich mir Schuhe mit Absätzen anziehe oder Lippenstift auftrage, fühle ich mich verkleidet und habe das Gefühl, dass es jeder andere auch so empfinden muss. Ich kann mich nicht entscheiden: Kommt bei meiner Nichte etwas natürlich Mädchenhaftes durch, das auch in mir irgendwo schlummert? Etwas, das unschuldig und unverfälscht von Vorstellungen darüber, wie ein Mädchen, wie eine Frau heutzutage zu sein hat – also eher *on top of things*,

ehrgeizig und unabhängig statt verträumt, verspielt und unbeschwert? Sind ihre Vorlieben Zufall, ist ihr Persönlichkeitsmix
einfach anders als meiner? Oder sind kleine Mädchen heutzutage so, weil wir nicht mehr in den 80ern leben, in denen kleine
Jungen lange Haare und kleine Mädchen grüne und dunkel-
blaue Hosen und Pullis trugen? Mit anderen Worten: Schwimmen wir mehr oder minder mit dem
gesellschaftlichen Strom, der definiert, wie Mädchen und Frauen, wie
Jungs und Männer zu sein haben –
oder kann jede(r) von uns nur die Tanzschritte nachmachen, die unser genetisches Datenblatt vorzeichnet?

Vieles spricht dafür, dass Weiblichkeit
und Männlichkeit flexible Begriffe
sind, die je nach Zeitgeist definiert
werden. Die Genderforscherin Melanie Groß, die als Professorin in Kiel
lehrt, erklärte in einem Interview mit
der *Süddeutschen Zeitung,* dass eine
»massive Regulierung der Geschlech-
ter«[29] stattfinde, die täglich spürbar sei. Um das nachzuvoll-
ziehen, muss man nicht selbst an einer Universität lehren, man
kann überall die Akzente sehen, die schon den Alltag von Kindern rosa-blau färben. Ein aufgrund seiner schieren Größe besonders beispielhafter Auswuchs der Gendervorsortierung war
das 2013 eröffnete Barbie Dreamhouse in Berlin. In dieser Aus-
stellung wurden die Besucher auf 2500 Quadratmetern mit so
viel Pink auf einmal konfrontiert, wie es sonst vielleicht nur ein
überdimensionales Modell des menschlichen Darms hergeben

**Mit anderen Worten:
Schwimmen wir mehr
oder minder mit dem
gesellschaftlichen Strom,
der definiert, wie
Mädchen und Frauen,
wie Jungs und Männer zu
sein haben – oder kann
jede(r) von uns nur die
Tanzschritte nachmachen,
die unser genetisches
Datenblatt vorzeichnet?**

würde, dort allerdings mit weniger Glitzer. Bei der Eröffnung protestierten feministisch gesinnte Männer und Frauen, auch eine »Femen«-Aktivistin war da und rannte halb nackt, im Spitzenröckchen brennende Fackeln schwingend, vor den Kameras dankbarer Fotografen herum. Diese Demonstranten gingen klar davon aus, dass Kinder beim Betreten von Barbies Bude eine rosa Gehirnwäsche erhalten würden, dass der Puppentraum zum Lebenstraum der weiblichen Kinderbesucher werden könnte. Denn Barbies Traumhaus ist natürlich ein Symbol: Unter der rosa Farbe seiner Fassade verbirgt sich der goldene Käfig des Ultraweibchens, das sein Glück in einer harmlosen Welt aus Make-up, Klamotten und Cupcakes findet. Barbie geht nicht in die Politik, sondern in ihren begehbaren Kleiderschrank.

Ein alltäglicheres Beispiel für das, was Melanie Groß mit massiver Regulierung meint, ist das Spielzeugangebot von Amazon: Dort gehören zu den beliebtesten Kategorien *Spielzeug für Jungen* und *Spielzeug für Mädchen*. Klickt man entsprechend weiter, sieht man zwei völlig unterschiedliche Spielzeugwelten. Jungen oder deren Eltern finden eine »riesige Auswahl an Fahrzeugen, Modellen, Helikoptern«.[30] Für Mädchen gibt es auch eine »riesige Auswahl«, aber diesmal an »Puppen, Plüschtieren, Stoffspielzeug«.[31]

Entsprechend sehen die Seiten aus: einmal sehr rosa und plüschig, einmal schwarz-bunt und technisch-sportlich. Groß hat dafür eine interessante Erklärung: »Mit der Freiheit – mehr Wahlmöglichkeiten, weniger Tradition – steigt die soziale Verunsicherung der Gesellschaft. Indem wir die Geschlechterbilder verfestigen, versuchen wir, unsere identitäre Sicherheit zu untermauern, zu verdeutlichen, wer wir sind.«[32]

Bleiben wir kurz bei diesem Gedanken: Dass die Geschlechtertrennung heute stärker denn je visuell betont wird, könnte also eine Reaktion auf eine soziale Verunsicherung sein, die paradoxerweise eine Folge der Emanzipation ist: Die traditionellen Geschlechterrollen verlieren seit dem 20. Jahrhundert mehr und mehr an Orientierungskraft und jeder Girls' Day in einem Industriebetrieb bringt sie ein wenig mehr zum Bröckeln. Man könnte meinen, dass Männer und Frauen deshalb stärker zusammenrücken wollen würden und dass wir auch äußerlich betonen würden, dass es weit, weit mehr Gemeinsamkeiten zwischen uns gibt als Unterschiede.

Dass die Geschlechtertrennung heute stärker denn je visuell betont wird, könnte also eine Reaktion auf eine soziale Verunsicherung sein, die paradoxerweise eine Folge der Emanzipation ist.

Stattdessen werden nach der kurzen Unisex-Phase vor drei Jahrzehnten die Unterschiede zwischen Jungen und Mädchen, zwischen Frauen und Männern wieder geradezu cartoonhaft überzeichnet. Es ist heute schwer, wenn nicht unmöglich geworden, unzweifelhaft männliche oder weibliche Eigenschaften zu bestimmen. Geblieben ist eine Art Geschlechtervakuum, das den Einzelnen zumindest theoretisch die Wahl darüber lässt, ob er X, Y oder sogar Z sein möchte (und wie er X, Y und Z definiert). Leider bietet dieser leere Raum herzlich wenig Halt, und die Freiheit fühlt sich manchmal arg nach freiem Fall ins Ungewisse an. Je weniger klar ist, was eigentlich eine Frau ist, was einen Mann ausmacht, desto mehr verlegen wir uns darauf, unser Geschlecht durch äußere Symbole ganz deutlich zu machen (und desto früher glauben wir, damit anfangen zu müssen). Je weniger Männer und Frauen sich in ihren Lebensvorstellungen, Berufswünschen, Elternrollen unterscheiden desto mehr signalisieren wir nach außen, dass wir trotzdem unterschiedlich sind. Bei Kindern sind die Lager durch die Farben Rosa und Blau klar umgrenzt, ab dem Teenageralter besteht die von den großen Bekleidungsketten vorgeschriebene Standarduniform für Frauen in Push-up-BHs und hohen Absätzen, Männer tragen Drei- oder Mehrtagebart und ein nach wie vor ziemlich eng abgegrenztes Spektrum an Farben.

Je weniger Männer und Frauen sich in ihren Lebensvorstellungen, Berufswünschen, Elternrollen unterscheiden desto mehr signalisieren wir nach Außen, dass wir trotzdem unterschiedlich sind.

Allerdings sind die Grenzen für Männer und Frauen nicht gleich eng gezogen. Frauen und Mädchen haben die gesellschaftliche Erlaubnis, ihre Rolle viel weiter auszulegen, als dies Jungen und Männer dürfen. Sie haben nicht nur die Freiheit, zwischen Hose und Rock zu wählen, sondern ihre Freiheit umfasst ein viel breiteres Spektrum. Und das bekommen bereits Kinder zu spüren:»Mädchen können heutzutage alles machen ... Mit Jungs ist es schwieriger, weil unsere Gesellschaft noch immer sehr homophob ist und glaubt, dass Ballettklassen Jungs schwul machen. Man kann also damit davonkommen, seine Tochter in einem breiteren Genderspektrum zu erziehen, aber Jungs werden in immer kleinere Ecken gedrängt«,[33] schreibt die Neurobiologin Lise Eliot, Autorin des Buchs *Pink Brain, Blue Brain*.

Immerhin entsteht dafür langsam ein gesellschaftliches Bewusstsein – wenn auch wohl eher aus praktischen und wirtschaftlichen Gründen, als aus dem Wunsch heraus, Jungen freier zu machen. Wenn Frauen den Empfehlungen von Berufsberatern und Zeitungskommentatoren folgen und sich zunehmend aus den klassischen, pflegenden und sorgenden Frauenberufen und -rollen verabschieden, entstehen Lücken, die eine Gesellschaft kaum verkraften kann. Würden Jungen und Männer einspringen und sich bereit erklären, diese Rollen zu übernehmen, Alte zu pflegen und Kinder zu wickeln, wäre das – wirtschaftlich gesehen – eine praktische Lösung. Vielleicht gibt es auch deswegen seit 2011 neben dem Girls' Day, der Mädchen in naturwissenschaftliche und technische Berufe ziehen soll, auch einen Boys' Day, der Jungen für Berufe interessieren soll, die *weiblich konnotiert* sind. Zur Frage »Warum gibt es den Boys' Day – Jungen-Zukunftstag?« steht auf der Internetseite des Boys' Day jedenfalls die Antwort: »Mehr als die Hälfte der Jungs entscheidet sich für einen von zwanzig jungentypischen Ausbildungsberufen. Und das, obwohl es insgesamt etwa 350 davon gibt. Unter den zehn am häufigsten gewählten Ausbildungsberufen ist kein einziger Beruf aus dem sozialen, erzieherischen/pflegerischen Bereich.«[34]

Würden Jungen und Männer einspringen und sich bereit erklären, diese Rollen zu übernehmen, Alte zu pflegen und Kinder zu wickeln, wäre das – wirtschaftlich gesehen – eine praktische Lösung.

Jungen und Mädchen sollen sich also für Jobs entscheiden, die ihre Mütter und Väter wahrscheinlich nicht hatten. Natürlich ist nichts verkehrt daran, wenn Mädchen Platinen löten und Jungen Kindergärtner werden wollen, wenn man also Kinder dazu ermutigt, die Geschlechtergrenzen in der Berufswelt noch beherzter niederzureiten, als dies bisher der Fall war. Aber gleichzeitig sind Girls' Day und Boys' Day perfekte Symbole dafür, warum das Denken in Geschlechterlagern bis auf Weiteres bestehen bleiben wird.

Denn obwohl diese Zukunftstage den Abgrund zwischen Männer- und Frauenrollen kleiner machen sollen, wird letztlich so der Graben durch die nächste Generation weitergeführt: Am Boys' Day dürfen nur Jungen teilnehmen, am Girls' Day nur Mädchen. Die Heidelberger Geschlechterforscherin Monika Sieverding kritisierte das in einem *Spiegel*-Gespräch: »Wenn sich ein Mädchen vorstellt, dass es später mal die einzige Frau unter lauter Männern in der Werkstatt sein wird oder der Junge der einzige Mann in der Kita, dann kann das nach hinten losgehen.«[35]

Diese Form der Berufsorientierung vermittelt außerdem eine bestimmte Botschaft an die Kinder: Mädchen braucht man nicht für Pflegeberufe zu interessieren, weil sie diese nicht ergreifen sollen, Jungen dagegen sollen Werkstätten und Labore endlich den Mädchen überlassen. Frauen haben die frauendominierte Berufswelt zu räumen, Jungen die männerdominierte. Barbie soll raus aus dem Traumhaus, und Ken soll darin einziehen. Genau das passt ins Weltbild der Tussikratie: Sie will Kindern ihre traditionellen Rollen klar aberziehen. De facto werden die Kinder so in ihrer Wahl wieder eingeengt, diesmal allerdings unter umgekehrten Vorzeichen.

Genau das passt ins Weltbild der Tussikratie: Sie will Kindern ihre traditionellen Rollen klar aberziehen. De facto werden die Kinder so in ihrer Wahl wieder eingeengt, diesmal allerdings unter umgekehrten Vorzeichen.

Besonders perfide ist dabei die Tatsache, dass jene Berufe, die traditionell von Männern gemacht wurden, viel höher geschätzt werden als die klassischen Frauenberufe. Mit anderen Worten versucht man also, den Jungs Berufe schmackhaft zu machen, deren Wahl bei Mädchen als Niederlage verstanden würde. Dass Jungen die neuen Rollen, die man ihnen anbietet, nicht freudiger ergreifen, liegt also auch daran, dass Kindergärtner und Pfleger eher selten wie Ingenieure und Ärzte bewundert werden. Kaum ein Beruf ist in den letzten Jahrzehnten derart abgewertet worden wie die unendlich wichtigen, aber unsäglich statusarmen»Frauenberufe«, bei denen es um Gesundheit und Soziales geht. So absolut dringend diese Stellen besetzt werden müssen – schließlich muss ja irgend jemand die vergreisende Bevölkerung pflegen und in den Kindertagesstätten arbeiten, deren Ausbau vehement gefordert wird – so seltsam ist die Idee, dass dies bevölkerungsübergreifend als niedere Arbeit empfunden wird und Frauen nicht mehr zugemutet werden kann (selbst nicht, wenn sie es möchten). Schon klar: Wenn man Kinderhorte aufbaut, damit Frauen nach der Geburt nicht von der Karriereleiter fallen und in ihre hoffentlich geschlechteruntypischen Jobs zurückfinden, fühlt es sich komisch an, die Horte mit weiblichen Erziehern zu besetzen. Deswegen gilt es unter Tussis als selbstverständlich ausgemacht, dass jetzt die Männer ranmüssen – die haben schließlich ein paar Tausend Jahre Windelwechseln nachzuholen. Abgesehen davon, dass Jungs und Männer sich davor hüten werden, dieser Aufforderung Folge zu leisten, würde die Welt auf diese Weise natürlich nicht einmal gerechter. Man würde lediglich die Nachteile, die Frauen hatten und haben, auf Männer umwälzen. Warum auch sollte irgendein Mensch einen Beruf machen, der als gesellschaftlicher Abstieg verstanden wird? Gleichzeitig werden Mädchen, die Lust haben, diese Arbeit zu machen, mit gesellschaftlichem Mitleid überzogen. Wenn eine junge Frau Kindergärtnerin werden will, ist das ja lieb und nett – aber eigentlich kann und vor allem soll sie mehr wollen. Worin dieses *Mehr* besteht, ist nicht klar, sicher ist aber, dass hier mit zweierlei Maß gemessen wird: Männer, die Pflegeberufe ergreifen, leisten lobenswerte Wiedergutmachungsarbeit, Frauen dagegen, die Kinder wickeln, haben den Aufstieg in die Wirtschaftswelt nicht geschafft.

Männer, die Pflegeberufe ergreifen, leisten lobenswerte Wiedergutmachungsarbeit, Frauen dagegen, die Kinder wickeln, haben den Aufstieg in die Wirtschaftswelt nicht geschafft.

Frauen, die sich also mit »typisch weiblichen Domänen« wie der Mutterschaft oder dem Haushalt begnügen, gelten als Versagerinnen und werden mit gesellschaftlicher Verachtung gestraft. Und wer ihnen gar »natürliche« Vorlieben und Tendenzen in Richtung Nestbau oder Brutpflege bescheinigt, wird ohne größere Umstände in die rechtskonservative Ecke der Gesellschaft komplimentiert. Am Biertisch lassen sich derlei Dinge eventuell noch verkünden, aber für einen Experten – welcher Fachrichtung auch immer – gibt es kaum etwas Provokanteres, als Frauen irgendwelche Tendenzen zu attestieren, die zu traditionellen Frauenbildern passen. Studien wie jene an grünen Meerkatzen, in welcher Wissenschaftler zeigten, dass männliche Affen lieber mit Autos spielen, Äffinnen dagegen mit Puppen und Kochtöpfen, erzeugen empörte Aufschreie.

Denn die Studie kann, wenn man sie so interpretieren möchte, wie der Versuch gesehen werden, Frauen lebenslänglich und diesmal endgültig in einen Teilbereich der Gesellschaft zu verbannen, der gefühlt einem Hochsicherheitsgefängnis gleicht:

Dem Reich der drei Ks, die heute nur andere Namen zu tragen scheinen – nicht mehr Kinder, Küche, Kirche, sondern Betreuungsgeld, Teilzeitarbeit, »Frauenberufe«.

Obwohl wir uns also inzwischen sehr bewusst über männlich-weibliche Rollenbilder und ihre Einflüsse sind und dem auch in der Erziehung (sowohl zu Hause als auch außerhalb, zum Beispiel durch Girls' Days) entgegenzuwirken versuchen, verhalten sich heutige Kinder noch immer überraschend traditionell rollenkonform. Ich kenne viele Eltern, die bestürzt waren, als sie erkannten, dass ihre Kinder sich trotz bester Elternvorsätze und klischeewidersprechenden Spielzeugs nicht politisch korrekt, also kindlich neutral entwickeln. Auf einer Spielplatzbank in Berlin sitzend, erzählten meine Freunde Martin und Anna mir neulich von den gescheiterten Versuchen, ihre Tochter geschlechtsneutral zu erziehen. Nicht nur hüllte sich Pauline am liebsten jeden Tag in rosafarbene Feengewänder, wenn sie in den Kindergarten geht, sondern sie stopfte auch den großen Plastiktraktor, den sie zum Geburtstag bekam, kurzerhand in den Kinderwagen und sang ihm Wiegenlieder vor. »Wenn man Kinder kriegt, verliert man alle Illusionen«, sagte Anna in einer Mischung aus Resignation und Achselzucken. »Ich dachte mal, wenn wir Pauline statt Prinzessin-Lillifee-Kram einen Werkzeugkasten kaufen, würde sie diese ganzen rosa Mädchenaccessoires und Babypuppen links liegen lassen. Aber irgendwie sind Mädchen halt doch von Natur aus so.«

Auch die Mädchen, die ich näher kenne, ziehen in der Spielzeugabteilung meist kuschelige Hundewelpen madigen Monstern vor und brechen ihre Rippen eher selten beim Skateboarden. Ebenso selten lackieren sich Jungs, die ihre Windeln abgelegt haben, noch freiwillig die Zehennägel oder tragen Kleidchen –

außer sie haben eine Seltenheit wie Nils Pickert als Vater, der internationale Berühmtheit erlangte, weil er selbst in der Öffentlichkeit Röcke anzog, damit sein Sohn, der Kleider mochte, sich nicht einsam oder komisch fühlte. Die Kinder, die ich kenne, wenden sich eher mit allen Zeichen der Verachtung von Dingen ab, von denen sie glauben, dass sie ihr eigenes Geschlecht entehren könnten, da ihrer Meinung nach nur Jungen blaues Eis essen dürfen oder nur Mädchen Brotdosen mit Bratz-Aufdruck besitzen sollten. Auch habe ich schon manches mit Söhnen gesegnete Elternteil seufzen hören: »Mit Mädchen hätte ich es leichter. Die sind nicht so wild.«

Man könnte vermuten, dass mein persönliches Umfeld eben besonders konservativ erzieht (was mir beim Anblick mancher anarchistisch von Kindern regierten Häuser von Freunden und Verwandten allerdings schwerfällt). Aber diese Erfahrung geht über meine persönlichen Einsichten hinaus, wissenschaftlich gilt sie sogar als recht sicher erwiesen: Schon mit weniger als 18 Monaten spielen kleine Jungen lieber mit Spielzeugen wie Bällen und Autos, während kleine Mädchen im gleichen Alter Puppen spannender finden.[36] Woher kommt das? Wir wissen ja nun, dass die Unterschiede in der Psychologie und im Verhalten von Männern und Frauen größer sind als die körperlichen Unterschiede. Wir wissen auch, dass die Denkapparate einzelner Menschen gleichen Geschlechts sich stärker unterscheiden als die von Männern von Frauen. Sind also kleine Mädchen, die mit bestem Vorsatz geschenkte Rennautos zur Teestunde bitten, und kleine Jungen, die Puppen wie Bälle durchs Zimmer kicken, vielleicht doch der letzte und unumstößliche Beweis dafür, dass Veranlagung, nicht Erziehung die Verhaltensmuster von Kindern und später Erwachsenen formt?

Dass diese Frage keineswegs leicht zu beantworten ist, fand auch die Neurobiologin Lise Eliot heraus – auch sie eine Mutter, die einst fasziniert ihre kleinen Kinder beobachtete. Sie berichtet zu Beginn ihres Buchs,[37] wie ihre Tochter Julia einen typischen Abend damit verbrachte, Feen zu zeichnen, während Julias Brüder einander mit Lichterschwertern bearbeiteten, und gesteht, dass sie geglaubt hatte, ihre Kinder würden sich weniger klischeegerecht verhalten. »Wir haben Julia ganz bestimmt nicht dazu ermutigt, nur mit den Mädchenspielsachen zu spielen, und Sam und Toby nur mit den Jungenspielsachen.«[38] Trotzdem stellte sie fest: »Ja, Jungs sind anders als Mädchen. Sie haben unterschiedliche Interessen, Aktivitätslevel, Sinneswahrnehmungen, körperliche Stärke, emotionale Reaktionen, zwischenmenschliche Verhaltensweisen, Aufmerksamkeitsspannen und intellektuelle Neigungen. Die Unterschiede sind nicht riesig, und in vielen Fällen viel kleiner als die Gräben, die erwachsene Männer und Frauen trennen. Kleine Jungs brechen in Tränen aus, kleine Mädchen treten und schubsen. Aber die Unterschiede zwischen Jungs und Mädchen summieren sich und führen zu den beunruhigenderen Statistiken, die die Art und Weise beeinflussen, wie wir über die Erziehung unserer Kinder nachdenken.«[39]

Eliot hat in ihrer Arbeit festgestellt, dass die Unterschiede zwischen Jungen und Mädchen viel kleiner sind als die zwischen Männern und Frauen. Etwas muss also in der Zeit des Heranwachsens passieren, das die Gräben zwischen den Geschlechtern tiefer aufreißen lässt. Sie ist nicht die Einzige, die die Frage danach bewegt, ob eher Natur oder Erziehung der Schlüssel zu dieser Entwicklung ist. Schon seit den 70er-Jahren zieht dieser Streitpunkt, bekannt geworden als Nature-vs.-Nurture-Debatte, harte Gräben zwischen den Lagern: Auf der einen Seite steht die Nature-Partei, welche die Natur als Strippenzieher sieht, die durch Selektion bestimmte Verhaltensweisen geformt und biologisch in Menschen einprogrammiert hat, weswegen, so die Logik, schon Kleinkinder diese Muster abspielen. Auf der anderen die Nurture-Partei, die Neugeborene als flexibel-neutrales Menschenmaterial betrachtet, welches die Umgebung ihrem gesellschaftlichen Gusto gemäß formen kann. Für diese Seite spricht, dass anfänglich kleine Verhaltensunterschiede zwischen den Geschlechtern mit den Jahren immer größer werden, was den Schluss nahelegt, dass die Unterschiede zwischen den Geschlechtern von Erziehung und Umwelt geschaffen werden.

Grundlage dieses Schwarz-Weiß-Denkens ist der Unterschied zwischen *Sex* und *Gender*. Ohne diese beiden Begriffe ist seit Jahrzehnten keine halbwegs ernst gemeinte Diskussion über Rollenbilder mehr vorstellbar. Mittlerweile haben wir uns auch jenseits der Geschlechterbühne daran gewöhnt, dass Geschlecht zweierlei sein kann: *Sex* beschreibt das unveränderliche körperliche Geschlecht, das einwandfrei biologisch bedingt und vorprogrammiert ist, bei *Gender* handelt es sich um Verhaltensweisen, die eine Gesellschaft mehr oder minder willkürlich als männlich oder weiblich definiert. Ein Penis ist demnach ein Sexmerkmal, Freude an Strickarbeiten gehört in die Genderkategorie. So weit ist diese Trennung also nachvollziehbar und nicht einmal dumm. Unser Problem entsteht eigentlich erst dann, wenn wir diese Kategorien für unvereinbar halten, wenn wir also meinen, was Sex ist, könne nicht Gender sein und umgekehrt. Zwar versuchen Wissenschaftler schon seit Langem, diese (künstliche) Differenz aufzulösen oder wenigstens zu verwischen, aber außerhalb der Universitätsmauern zeigt dieses

Bemühen bisher noch keinen Erfolg. Spätestens seit Judith Butlers aufsehenerregenden Büchern der 1990er-Jahre ist außerdem klar, wie klein der Bereich eigentlich ist, der es verdient, eindeutig der Kategorie Sex zugeordnet zu werden und wie viel Kultur, Gewohnheit und Sprache auch in unseren Köpfen steckt. Die Allgemeinheit geht dennoch davon aus, dass alle Unterschiede, die Forscher und Mediziner an den Körpern von Männern und Frauen feststellen, von Natur aus dahin gehören und sich nicht ändern können.

Es war zuletzt natürlich der Hype um die Hirnforschung, die dieser Idee Vorschub leistete, weil Unterschiede in den Gehirnen, die ja zweifelsfrei zum Körper gehören, also in die Kategorie Sex fallen müssten – und damit per Definition unveränderlich wären. Bei Genderfans löste diese Erkenntnis eine kurze Depression aus, bei Freunden biologistischer Determinierung ein freudiges Händereiben. Die ollen Feministinnen, hieß es, hatten eben doch unrecht. Sie hatten versucht, die Geschlechtergrenzen zu verwischen, hatten ihren Mädchen Schlabberpullis gekauft und sie zum Fußball geschickt, ihre Jungen Sticken und Ballett gelehrt – aber unter den Unisex-Haarschnitten der Kinder steckten, verkündete man, weiterhin eindeutig männliche oder weibliche Gehirne.

Eigentlich gibt es für beide Perspektiven gute Argumente, und man kann sich nicht hundertprozentig auf eine Seite schlagen, ohne einen Teil der Wahrheit zu vernachlässigen. Die Nature-vs-Nurture-Debatte quillt über vor widersprüchlichen Fakten, flammenden Plädoyers, wissenschaftlichen Studien und pseudo-wissenschaftlichen Aufsätzen. Ihre Teilnehmer haben mit den Jahren einen wilden Märchenwald an Antworten gepflanzt, durch den sich jeder den Weg suchen kann, der zu seinen bevorzugten Schlüssen führt. Wer der Meinung ist, dass Mädchen und Jungen von Natur aus Spielzeuge wählen, die scheinbar zu ihren Geschlechtern passen, kann dafür mühelos Beweise finden. Zu dieser Gruppe gehören jene, die biologischen Determinismus beruhigend oder zumindest unverkennbar finden – wie vielleicht der Journalist Burkhard Straßmann, aus dessen 2007 erschienenem Text in der *Zeit* fast schon hörbare Seufzer steigen:»Alle erzieherischen Versuche, aus Jungen und Mädchen geschlechtsneutrale Wesen zu machen, sind gescheitert.«[40]

Andere wehren sich mit Händen und Füßen gegen jede Vorstellung natürlicher Vorbestimmung und Neurosexismus und finden Beweise dafür, dass aller Glaube an biologische Determinierung engstirniger Humbug ist. Da wären etwa die Gegner der oben genannten Affenstudie, die mit einigem Recht darauf hinweisen, dass weibliche Meerkatzen in ihrem normalen Affenalltag eigentlich eher selten Kochgeschirr benutzen, weswegen man ihren Griff zum Kochlöffel nicht als Adaption all jener Assoziationen interpretieren sollte, die wir mit Kochtöpfen verbinden: Wenn weibliche Affen sich für Kochtöpfe interessieren, kann man daraus noch längst nicht ableiten, dass weibliche Menschen von Natur aus glückliche oder auch nur gute Hausfrauen wären. Auch die Psychologin Cordelia Fine setzt sich kritisch mit der Weise auseinander, wie Biodeterminismus propagiert wird, und analysiert in ihrem Buch *Delusions of Gender* die wissenschaftliche Basis, auf der Geschlechterunterschiede getestet werden. In sozialpsychologischen Studien, sagt Fine, zeigten Männer und Frauen immer genau dann geschlechterstereotypes Verhalten, wenn das Element Geschlecht in irgendeiner, selbst subtilen Weise betont würde.[41] Rücke das Geschlecht aber in den Hintergrund, gleiche das Verhalten von Männern

66

und Frauen sich auf magische Weise aneinander an. Die Idee, dass Männer und Frauen sich von Natur aus unterschiedlich verhalten, entspringe dem, was Sozialpsychologen das *Systemrechtfertigungsmotiv* nennen – das zutiefst menschliche Bedürfnis also, den Status quo in einer Gesellschaft natürlich, erstrebenswert und unumgänglich zu finden.

So langsam zeichnet sich ab, dass diese Debatte niemand gewinnen kann. Beide Aspekte – Erbe und Sozialisation – spielen eine Rolle. Was sich in den letzten Jahren aus ihr herausschält, ist viel spannender als ein eindeutiger Punktsieg für das Nature- oder Nurture-Team: Es scheint, dass Hormone und Veranlagung zwar durchaus gewisse Voraussetzungen für unser Verhalten schaffen – Jungen und Mädchen sind also tatsächlich von Geburt an ein bisschen unterschiedlich –, aber Kultur und Ausbildung, unser Umfeld und unsere Erziehung wirken sich ebenfalls auf unser Gehirn aus und verändern wiederum die Gehirnschaltkreise. Das menschliche Gehirn ist, anders als man früher glaubte, kein statisches Organ, sondern wird von seiner Umgebung beeinflusst. Es kann die Zuordnung seiner Zellen ständig ändern. Wie der Rest unseres Körpers auch ist das Gehirn wandelbar: Es reagiert auf das, was wir ihm zur Gewohnheit machen, wir beeinflussen es durch Übung, plötzliche Schocks und neuen Input wie einen Muskel im Fitnesstudio. Deshalb haben das Umfeld und die Rückmeldungen, die Kinder zu bestimmten Verhaltensweisen bekommen, Einflüsse auf die Gehirnschaltkreise.

Das stellt auch Lise Eliot fest, die in ihrem Buch *Pink brain, blue brain* nach Antworten auf die Frage sucht, was aus Kindern Jungen beziehungsweise Mädchen macht, und feststellt: »Es ist alles

Biologie, egal, ob die Ursache Natur Erziehung ist.«[42] Damit meint sie, dass die unterschiedlichen Verhaltensweisen von Jungen und Mädchen immer auch bedeuten, dass es Unterschiede in ihren Gehirnen gibt. Aber je älter die Kinder sind, desto weniger klar lässt sich feststellen, ob die Ursache für diese Unterschiede Veranlagung oder Umfeld sind. Sozialisation und genetische Determination hängen viel enger miteinander zusammen, als wir annehmen, denn alles, was wir erleben oder erlernen, verändert unser Gehirn. Das heißt: Ob ich die *Bild*-Zeitung lese, Kaffeemaschinen gestalte, Kränze flechte oder Trüffeln sammle – jede dieser Aktivitäten bewirkt eine Veränderung meiner neuronalen Schaltkreise. Kinder entwickeln sich also tatsächlich so, wie sie gefördert werden, und diese Entwicklung zeigt sich dann in mehr oder minder trainierten Hirnstrukturen. Mit anderen Worten: Wenn ein Kind – ob zu Hause oder in Kindergarten und Schule – zu geschlechtertypischem Verhalten erzogen wird, so werden die entsprechenden neuronalen Verknüpfungen verstärkt, die anderen vernachlässigt. Und genau das würden wir auch bei einer späteren Untersuchung des Gehirns sehen.

Kinder entwickeln sich also tatsächlich so, wie sie gefördert werden, und diese Entwicklung zeigt sich dann in mehr oder minder trainierten Hirnstrukturen.

Auch Sexualhormone gelten als wichtiger biologischer Faktor, der unser Verhalten beeinflusst. Dabei wird besonders oft das Androgen Testosteron geschmäht. Es wird gern für alles verantwortlich gemacht, was Männer angeblich schlechtere Menschen sein lässt (das Bedürfnis, die halbe Welt zu vögeln und den Rest zu verprügeln), ebenso wird es herangezogen, um zu erklären, was sie angeblich erfolgreicher macht (Durchsetzungskraft, Lust am Wettbewerb). Es stimmt, dass erwachsene Männer etwa zehnmal mehr Testosteron im Körper haben, als Frauen. Wie sich das auf ihr Verhalten auswirkt, ist jedoch nicht klar und hängt stark von den Umständen ab. Es stimmt jedenfalls nicht, dass hinter jeder Prügelei oder jeder Firmenfusion ein testosterongetränkter Mann steckt. Die Wirkung, die Testosteron während der Schwangerschaft auf ein ungeborenes Kind hat, ist vermutlich wesentlich ausgeprägter als die Wirkung von Testosteron auf erwachsene Menschen. »Während pränatales Testosteron eine ziemlich dramatische Wirkung auf das Spielverhalten und vielleicht die spätere sexuelle Orientierung hat, haben die Sexhormone, deren Wert während der Pubertät steigt und bei Erwachsenen erhöht bleibt, einen erstaunlich bescheidenen Effekt auf unser Denken – abgesehen vom Sextrieb, den Testosteron sowohl bei Männern als auch bei Frauen verstärkt«,[43] fasst Lise Eliot den Forschungsstand zusammen.

Eltern, die in den Verhaltensmustern ihrer Söhne und Töchter den endgültigen Beweis sehen, dass Kinder aller egalitären Gegenstimmen zum Trotz, schon fix und fertig als Junge oder Mädchen verdrahtet auf die Welt kommen, unterschätzen den Einfluss ihrer Erziehung und auch ihre eigenen, oft unbewussten Vorurteile, die sie in diese Erziehung einbringen. Frei ist davon niemand. »Was auch immer wir öffentlich predigen«, meint Eliot, »Eltern behandeln Jungs und Mädchen implizit unterschiedlich – und sind unbewusst voreingenommen, was Rasse, Alter und alle anderen Charakteristiken von Gruppen betrifft.«[44] Und sobald das Kind das Haus verlässt, nehmen nicht mehr nur Mutter, Vater und Geschwister Einfluss, sondern auch Eltern Kindergärtner, Fußballtrainer und Blockflötenlehrer. Es ist einfach unmöglich, das Geschlecht eines Kindes nicht zu sehen oder zumindest einzuschätzen, genauso wie es unmöglich ist, die Hautfarbe eines Menschen zu übersehen.

Hat die fast spürbare Freude, die meine Nichte beim Betreten eines Nagelsalons und beim Anblick von Glitzernagellack versprüht, ihre Vorliebe für Rosa, also etwas mit einer natürlichen, biologisch programmierten Weiblichkeit zu tun? Oder lebt sie in einer barbiefreundlichen Umgebung, die Mädchenhaftigkeit und gepflegte Nägel fördert? Dagegen sprechen ihre zwei Brüder und ihre Mutter, meine Schwester. Keiner von uns hat Geduld oder Interesse an ausgefeilten Kosmetikexperimenten.

Ich muss gestehen, dass ich keine Antwort auf diese Frage so befriedigend finden könnte wie die, dass die Frage sich nicht eindeutig beantworten lässt. Nature und Nurture beeinflussen uns beide, aber gerade weil keines von beiden alles bestimmt, kann es keine klaren Grenzen zwischen Jungen und Mädchen, Männern und Frauen geben. Zwar ist klar, dass für den Lebensweg unserer Kinder nicht egal ist, ob sie als Mädchen oder als Jungen geboren werden. Ihre geschlechtliche Veranlagung wird ihre Biografie bis zu einem gewissen Grad auch unabhängig davon beeinflussen, in welchen Kindergarten sie gehen und ob wir sie mit Röcken oder Hosen auf den Weg schicken. Trotzdem sind Gehirne bei Kindern, aber auch bei Erwachsenen erstaunlich flexibel und entwickeln sich so, wie sie benutzt und beeinflusst werden.

Es wird Zeit, dass diese Flexibilität auch darin Ausdruck findet, welche Möglichkeiten wir Kindern vermitteln. Wenn wir unsere Jungs und Mädels zu Girls' und Boys' Days schicken, ist das sinnvoll, um ihren Horizont zu erweitern. Aber die Existenz solcher

Veranstaltungen macht den Kindern auch klar, dass es in bestimmten Berufen ein Problem mit ihrem Geschlecht gibt. Das Ziel kann nicht sein, Kindern das Gefühl zu geben, dass sie aufgrund ihres Geschlechts bestimmte Jobs nicht oder andere unbedingt machen sollten. Idealerweise tragen solche Bildungsangebote dazu bei, dass einzelne Mädchen und Jungen ein kritisches Bewusstsein für Männer- und Frauenrollen entwickeln. Auf keinen Fall sind sie aber dazu geeignet, diese Rollen zu überwinden.

Zu viel progressives und emanzipatorisches Genderbewusstsein schlägt irgendwann ganz automatisch in sein eigenes Gegenteil um. Dies kann man daran sehen, dass Jungen und Mädchen, Männer und Frauen in der Tussikratie nur für das Anerkennung bekommen, was nicht ihren Rollenklischees entspricht.

Zu viel progressives und emanzipatorisches Genderbewusstsein schlägt irgendwann ganz automatisch in sein eigenes Gegenteil um. Dies kann man daran sehen, dass Jungen und Mädchen, Männer und Frauen in der Tussikratie nur für das Anerkennung bekommen, was nicht ihren Rollenklischees entspricht: Mädchen lernen in dieser Denkart, dass sie alles tun dürfen, was einst als männlich galt. Sie können pöbeln, saufen, anderen Menschen auf den Arsch starren, Physik studieren, nach Einfluss streben und bei alldem Stöckelschuhe tragen – solange sie nur nicht die Todsünde begehen, im bloßen Muttersein Erfüllung zu finden (was ist schon dabei, wenn man im Leben zwei-, dreimal ein neues Leben in die Welt wirft – ein derart alltägliches Wunder sollte uns nicht zu lange beschäftigen). Alles was weich, liebevoll, fürsorglich, aufopfernd, selbstlos ist, also lauter Eigenschaften besitzt, die eigentlich Ehrfurcht einflößen sollten und zu dem Schönsten zählen, wozu ein Mensch überhaupt fähig sein kann – all das gilt nicht mehr als erstrebenswert, weil es »typisch weiblich« ist und damit als Loser-Qualität abgewertet wird.

Bei Jungen werden derartige Eigenschaften vielleicht noch mit einem gewissen Wohlwollen betrachtet – ein weicher, liebevoller Mann erscheint der Tussi zwar nicht unbedingt als sexy, aber wenigstens wirkt er ungefährlich und lässt sich eventuell sogar zur Kinderpflege einsetzen (unter Vorbehalt allerdings, so ganz traut sie es den Männern ja doch nicht zu). Für Frauen dagegen gilt: je tougher, desto besser. Ein Baby ist schließlich kein Statussymbol.

Was dagegen früher als »männlich« galt, ist in der Tussikratie nur noch als modisches Abziehbild duldbar. Männer dürfen zwar wie Kerle aussehen, sollen Wildheit und Raubeinigkeit aber bitte auf gelegentliches Grillen oder Kicken beschränken. Vor allem aber sollen sie ihre Schulden bezahlen, die sich durch ihre übermächtige Rolle im Laufe einer menschheitsgeschichtlichen Ewigkeit angesammelt haben. Sie sollen den Frauen Platz überlassen und freiwillig die Arbeit machen, die Frauen nicht mehr länger zugemutet werden kann. Das wird Jungen heutzutage teilweise schon früh vermittelt. Solange diese Arbeit aber so negativ besetzt ist, ist es kein Wunder, wenn Jungs nicht in die sozialen- und Gesundheitsberufe drängen.

Wir sollten endlich damit aufhören, Menschen von Beginn ihres Lebens an aufgrund ihres Geschlechts in eine bestimmte Richtung zu schieben. Wenn Mädchen nur noch Ingenieure werden dürfen und Jungen aus Prinzip an Kindergruppen Freude haben müssen, entsteht keine echte Freiheit. Und um diese Freiheit wäre es doch jammerschade: Die Plastizität unserer Gehirne birgt viel zu viele Möglichkeiten, um uns in eng definierte, weibliche oder männliche Rollenbilder zu zwängen, ganz egal, ob es alte oder neue Bilder sind. Unser volles Potenzial, die erstaunliche, beängstigende und beglückende Freiheit unserer Entfaltungsmöglichkeiten können wir erst dann ausschöpfen, wenn wir nicht nur die alten, sondern auch die neuen Rollenbilder über Bord werden.

WER, WIE, WAS

**Manchmal muss man erst die richtigen Fragen finden,
bevor man nach den Antworten suchen kann**

1 Wer hat ein Interesse daran, dass es eine »gläserne Decke« gibt,
die Frauen am beruflichen Fortkommen hindert?

2 Sind Frauenzeitschriften für Männer vielleicht interessanter als
für mich?

3 Wie könnte eine »Bewegung«, die sich um die Rechte von Frauen
UND Männern kümmert, heißen?

4 »Familismus?«

5 GEM (Gender Equality Movement)?

6 Equalismus?

7 Oder, wie von den Lesern des US-Blogs *Jezebel* vorgeschlagen:
Genitalsdontmakeuswhoweareism?

8 Echt wahr, dass Jungs um die Wette onanieren?

9 Echt wahr, dass Mädchen auch außerhalb des Fernsehens zusammen
aufs Klo gehen?

10 Wer macht uns interessantere Männermode?

11 Weiß mittlerweile jemand, wann ein Mann ein Mann ist?

12 Welche Menschen sind gute Vorbilder für Kinder?

13 Wie wäre es, wenn Frauen nicht weinen dürften?

14 Um was beneiden Männer Frauen?

15 Echt wahr, dass Frauen einander immer heimlich Konkurrenz machen?

74

16 Echt wahr, dass Männer unter sich ganz anders reden?

17 Wollen Männer mehr Sex?

18 Wollen Frauen besseren Sex?

19 Wann dürfen Fußballspieler offen schwul sein, ohne dass es jeden Tag in der Zeitung steht?

20 Wieso kennen wir so wenige Lesben?

21 Brauchen wir die Pille für den Mann?

22 Wenn Merkel ein Mann wäre, würde sie eine andere Politik machen?

23 Wann haben Sie sich zuletzt für jemanden herausgeputzt?

24 Und wie war das – »sich zum Objekt zu machen«?

25 Würden Politikermänner »unmännlich« genannt, wenn sie lange Haare und bunte Jacken tragen würden?

26 Ist Liebe heute immer etwas melancholisch – im etwas traurigen Andenken an die aufgegebenen Möglichkeiten?

27 Wollen Männer später Kinder?

28 Was ist Macht?

29 Stimmt es, dass jeder Mensch ein Künstler ist?

30 Würden wir immer noch von *Geschlechterverhältnissen* reden, wenn wir weniger rechneten und mehr wagten?

31 Wollen wir wirklich alles?

VON GEHÄLTERN UND GEHALTLOSIGKEIT

Über die manchmal sinnlose Angst vor dem *Gender Pay Gap*

An der Supermarktkasse hat eine Kundin ihre Lebensmittel auf das Förderband gelegt. Die Kassiererin zieht ein Produkt nach dem anderen über den Scanner – und öffnet dann jedes einzelne, um je ein Stück davon wegzunehmen. Dann reicht sie es der Kundin zum Eintüten weiter. Die Kassiererin rupft ein paar Blumen aus dem Strauß, den die Frau kaufen möchte, und wirft sie in einen Mülleimer neben der Kasse. Sie öffnet den Saft der Frau, gießt etwas in den Eimer aus und gibt die dreiviertelvolle Flasche dann freundlich an die Kundin. Sie zieht die Kinderjeans über den Scanner und schneidet danach mit einer großen Schere ein halbes Hosenbein weg. Die Kundin nimmt jedes Überbleibsel einzeln entgegen, manchmal taucht ein Ausdruck flüchtiger Irritation auf ihrem Gesicht auf, aber auf die Idee, dass hier etwas nicht stimmt, kommt sie offenbar nicht. Alles paletti, ihr geht's gut, und im Hintergrund läuft lustig-entspannte Vibrafonmusik. Die Frau zahlt und schiebt mit freundlicher Miene in Richtung Parkplatz ab.

»Weniger als 100 Prozent bekommen?«, hat die Europäische Kommission als Abspann auf dem Video einblenden lassen. »Im Durchschnitt verdienen Frauen in Europa 17 Prozent weniger als Männer.«[45] Statistisch gesehen machen Frauen immer noch weniger Karriere als Männer. Für weniger Lohn. Die EU-weite Lohnlücke von knapp 17 Prozent klafft in Deutschland auf eine Größe von 22 Prozent auf.[46] Frauen arbeiten gern in *weichen* Branchen und viel häufiger in Teilzeit als Männer, sie leisten mehr unbezahlte Arbeit im Haushalt, und sie rücken selten in die echten Powerränge auf.

Statistisch gesehen machen Frauen immer noch weniger Karriere als Männer. Für weniger Lohn.

Wenn ich an den Lohnunterschied und die Art denke, wie darüber geredet wird, wird mir immer etwas schwummerig. Ich fühle mich hin und her gerissen. Denn die Zahlen zur Geschlechter-Lohnlücke, dem sogenannten *Gender Pay Gap*, sind nicht einfach verblüffend, sondern nachhaltig beunruhigend. In einem gewissen Maß bedeutet Geld Freiheit und Unabhängigkeit, gegebenenfalls sogar Gesundheit – und zu wenig Geld kann Formen von ungewollter Unfreiheit und Abhängigkeit entstehen lassen. Wer weniger verdient, kann auch im Alter schlecht versorgt sein. Wie handfest die Unterschiede sind, die sich aus verschiedener Erwerbstätigkeit ergeben können, sieht man an der aktuellen Rentnergeneration. Die hat sich noch stark an traditionellen Rollenmustern orientiert – Frauen arbeiteten eher in der Familie, Männer eher in Unternehmen –, und die Folge ist, dass die gesetzliche Rente für Frauen empfindlich niedriger ist.

Über die Zahlen zu Lohn- und Rentenunterschied so laut und deutlich zu reden, dass sie bis in den Bundestag geschallt sind, war also wichtig. Andererseits hat dieser Ruf ein Echo, das durch die Straßen geistert und das dem Geschlechterdenken einen neuen Ton der Ernsthaftigkeit verliehen hat. Sätze der Bauart »Männer tun dies, Frauen wollen jenes« sind jetzt wieder öfter zu hören; die statistischen Unterschiede zwischen den Geschlechtern werden ganz genau ausgeleuchtet. Was ich ziemlich unbequem finde. Wollten wir nicht eigentlich alle Menschen werden, Männer wie Frauen, waren wir nicht auf einem guten Weg?

Man wird mir vielleicht vorwerfen, es sei nicht mehr als ein bisschen sentimentales Gejammere, wenn ich mich an Zeiten erinnere, in denen man Männern und Frauen vor allem beibringen wollte, dass sie stark und schwach und gleich genug sein könnten, um einander auf Augenhöhe zu begegnen; als alles Gerede über Männer oder Frauen vor allem etwas war, zu dem ironisch oder spielerisch Distanz zu gewinnen war, weil Brüste und Penisse dann, wenn zum Beispiel eine Exceltabelle auszufüllen war, eine verschwindend geringe Hilfe waren. Und weil Frauen manchmal auch gemeinsame Sache mit Männern machen wollten. Dieser Ansatz gefiel mir, den fand ich ausbaufähig.

Jetzt aber heißt alles Bemühen um eine Art Geschlechtsblindheit-wenn-es-darauf-ankommt abschätzig *gefühlte Gleichberechtigung*. Die jungen Frauen, heißt es dann, lügen sich in die eigene Tasche, wenn sie tatsächlich glauben, dass durch Merkel, von der Leyen, Lagarde, Rousseff, Hillary Clinton, Condoleezza Rice oder andere bewiesen sei, dass Frauen in der westlichen Welt überall landen können. Formalgesetzliche Gleichberechtigung hin, hört man, oder her: Frauen seien strukturell nach wie vor massiv diskriminiert.

Also wird mehr Frauenförderung eingefordert. Es gibt Karriereratgeber extra für Frauen, *Girls Days* in techniknahen Berufen, feministische Blogs, eine feministische Partei (»Die Frauen«), frauenmobilisierende Filme aus Steuergeldern (wie den »Nicht 100 Prozent bekommen?«-Clip) und Zeitungsartikel über die Lage der Frauen sowie Bücher und Fernsehsendungen, in denen über die Statistiken gewettert wird und darüber, dass die Geschlechter darin so unterschiedlich abschneiden. Für die Medienbrache fordert der Verein *ProQuote,* unterstützt von öffentlichkeitswirksamen Gesichtern wie Anne Will, Ursula von der Leyen und Frauke Ludowig, dass binnen fünf Jahren 30 Prozent aller Führungspositionen mit Frauen besetzt werden sollen. Die Vertreter solcher Quoten wollen, dass Frauen massiv rekrutiert werden, um endlich paritätische aus scheinbar immer noch patriarchalischen Verhältnissen zu machen.

Es ist nicht so, dass ich mich von diesen Initiativen und von den Texten, die meistens von Frauen für oder zumindest über sie geschrieben sind, nicht angesprochen fühle, im Gegenteil. Es ist eher so, dass ich mich häufig zu laut angesprochen fühle, gedrängt, bestimmte Haltungen einzunehmen (zum Beispiel, dass Frauen Karriere machen müssen), meinen Freund auf eine bestimmte Weise zu behandeln (bloß nicht in Abhängigkeit von ihm geraten!), bestimmte Sätze über mich als Frau zu sagen (»Wir Frauen müssen einfach viel mehr die Rampensau aus uns rausholen und auch mal die Ellenbogen ausfahren.«) und über meine Arbeit oder das Leben insgesamt nur ja auf diese, aber nicht auf eine andere Weise zu denken. Sieht man allerdings genauer hin, so ist es nicht überzeugend, wie die Situation vor allem der Frauen, aber auch zwischen den Geschlechtern dargestellt wird: dass Frauen so flächendeckend von Diskriminierung betroffen sind, wie es immer wieder dargestellt wird – quasi als käme die Diskriminierung vom Düngeflugzeug, also ganz systematisch und unausweichlich –, das ist eine Interpretation der Lage, die in den letzten Jahren im Mainstream durchgedrückt wurde, ohne dass entscheidende Fragen aufgeworfen worden wären.

Dabei rede ich mir nicht einmal ein, dass die Geschichte der Geschlechterverhältnisse keine Nachwirkungen in unserer Gegenwart hätte. Es ist vielmehr so, dass ich Zweifel habe, ob es wirklich hilft, wenn wir so tun, als seien alle Frauen durch ein und dasselbe Schicksal zu einer homogenen Gruppe verbunden. Hinzu kommt, dass ich nicht glaube, dass überall, wo *Diskriminierung* drauf steht, auch Diskriminierung drin ist.

Nehmen wir mal den Lohnunterschied zwischen Männern und Frauen. Er ist ein gutes Beispiel dafür, wie verstörend unkonkret manchmal mit den vermeintlich präzisesten Informationen umgegangen wird. »Ein Viertel weniger Lohn für gleiche Arbeit«, steht fast einstimmig in den Zeitungen. »Das ist eine Diskriminierung der Frauen«, kann man dann schon mal die Emanzipationsministerin von Nordrhein-Westfahlen, Barbara Steffens, am *Equal Pay Day* sagen hören. Der Equal Pay Day, lese ich auf der Webseite *www.equalpayday.de*, beendet rechnerisch jenen Zeitraum des Jahres, »den Frauen über das Jahresende hinaus arbeiten müssen, um auf das Vorjahresgehalt ihrer männlichen Kollegen zu kommen.«[47] 2014 fiel der Equal Pay Day auf den 21. März. Ziel der Veranstaltung und der jedes Jahr mit mehr Nachdruck vorgebrachten Berichterstattung ist es, im öffentlichen Bewusstsein zu verankern, wie viel Frauen, gemessen am manchmal sogenannten »vollen«, dem durchschnittlichen Männerlohn, unbezahlt arbeiten.

In der Zeitung steht also, dass Frauen 22 Prozent weniger verdienen als Männer. Diese Zahlen geben Anlass, um in der Öffentlichkeit von Diskriminierung zu sprechen, oder auch, es als »beschämend« zu bezeichnen (noch einmal Barbara Steffens), »dass in Deutschland, das so stolz ist auf seine Wirtschaftskraft, Frauen so schlecht bezahlt werden.«[48] Diese Darstellung scheint aber nur so lange naheliegend, wie nicht nach dem Zustandekommen der Zahlen gefragt wird.

Die Prozentzahl von 22 gibt den sogenannten *unbereinigten* Lohnvergleich an. Das steht im Unterschied zum *bereinigten* Lohnvergleich. Beide Vergleiche werden von Organisationen wie der OECD, dem Deutschen Institut für Wirtschaftsforschung oder dem Statistischen Bundesamt durch den Vergleich der Bruttostundenlöhne von Frauen und Männern erstellt. Allerdings bildet der unbereinigte Vergleich den Lohnunterschied zwischen arbeitenden Frauen und Männern insgesamt ab; wohingegen man von bereinigten Lohnvergleichen erst dann spricht, wenn die Gegenüberstellung sich auf solche Gehälter bezieht, die an Frauen und Männer mit denselben Merkmalen, welche sich auf die Bezahlung auswirken können, gezahlt werden. Als bereinigt gelten also erst Vergleiche der Bruttostundenlöhne von Frauen und Männern mit dem gleichen Bildungsniveau und der gleichen Berufserfahrung, im gleichen Job, in der gleichen Branche, mit der gleichen Stundenwoche und so weiter.

Weil strittig ist, ab welchem Feinheitsgrad ein solcher Lohnvergleich bereinigt genannt werden kann, vertreten manche Statistiker die Auffassung, es seien 8 Prozent, andere Studien errechneten 12 Prozent. Berechnungen der *Vereinigung der Bayerischen Wirtschaft e. V.* aus dem Jahr 2010 kamen sogar zu dem Schluss, dass in Deutschland zwischen jungen Männern und Frauen (25 bis 35 Jahre), die nur eine kurze Babypause machen, statistisch kein Gender Pay Gap nachweisbar sei.[49] Es wurde außerdem ausgerechnet, dass in Bayern Frauen mit hohen Bildungsabschlüssen – statistisch gesehen – sogar einen leichten Lohnvorteil gegenüber Männern haben. Bei der Betrachtung der bayerischen Ballungszentren konnten die Lohnunterschiede vollständig auf Merkmale wie Teilzeitarbeit zurückgeführt werden – aber nicht auf Gruppendiskriminierung, das heißt: nicht auf die Diskriminierung von Frauen oder Männern, weil sie Frauen oder aber Männer sind.

Die 22 Prozent sind im Gegensatz dazu also herausgekommen, als man alle arbeitenden Frauen in Deutschland zusammen genommen, ihre Gehälter addiert und diese Summe auf den Lohn, den eine einzelne Frau pro Stunde im Durchschnitt verdient, umgerechnet hat: Dann bekommt die Durchschnittsfrau knapp ein Viertel – eigentlich ist es etwas mehr als ein Fünftel – weniger in der Stunde als der Durchschnittsmann. Dabei gibt es ein deutliches Gefälle zwischen West- und Ostdeutschland: Im Westen ist der Durchschnittslohn von Frauen teilweise knapp ein Drittel niedriger als der der Männer (bis zu 27 Prozent in Baden-Württemberg), und im Osten liegt die Lohnlücke – und zwar die unbereinigte – seit einigen Jahren konstant in einstelligen Prozentbereichen (am niedrigsten in Mecklenburg-Vorpommern mit 4 Prozent).[50] Offenbar ist es also nicht zwangsläufig so, dass Frauen und Männer verschieden viel Einkommen haben. Man muss sich vielmehr ganz genau ansehen, welche anderen Gründe (jenseits von Geschlechtsunterschieden) das unterschiedliche Einkommen haben könnte.

Weil hier das Reich von Kombination und Spekulation betreten wird, gibt es natürlich verschiedene Erklärungsmodelle. Meistens werden folgende Ursachen für die Lohnunterschiede angeboten:

Erstens. Viele Frauen wählen schlecht bezahlte Jobs. Häufiger als Männer gehen Frauen in die eher schlecht bezahlten Branchen, und das macht den größten Teil des Lohnunterschieds aus.

Zweitens. Pflege ist billig, Technik teuer. Dass Frauen die falschen Berufe wählen, kann man auch umformulieren: Typische »Frauenberufe« werden schlecht bezahlt oder als minderwertig betrachtet – weil sie historisch als *Hinzuverdienerjobs* betrachtet werden oder als »wenn das eine Frau schafft, kann es ja nicht schwer sein« oder auch, weil es häufig Tätigkeiten sind, die Frauen traditionell unentgeltlich verrichtet haben, zum Beispiel Kinderbetreuung oder, sagen wir, gegenseitige Haarpflege. Dass das so sein muss, ist alles andere als klar: Warum soll die körperliche Belastbarkeit, die auf dem Bau nötig ist, besser bezahlt werden als die Lärmbelastung in einer Grundschule? Warum soll man wenig Geld bekommen, wenn man was mit Menschen oder Kultur macht, und dagegen richtig viel Zaster, wenn man was mit Kabeln oder Exceltabellen macht?

Drittens. Top-Männer bekommen statistisch mehr Geld als Top-Frauen, und zwar nach den neuesten Zahlen des Statistischen Bundesamtes ganze 30 Prozent. Bislang sind es meistens Männer, die auf den richtig gut bezahlten Führungspositionen sitzen, und die wenigen Frauen in Toppositionen erhalten im Durchschnitt weniger Gewinnbeteiligungen und sonstige Prämien – zum Beispiel weil sie durchschnittlich kleinere Betriebe oder solche in weniger finanzkräftigen Bereichen führen.

Viertens. Frauen nehmen häufiger sowie längere Familienpausen vom Job. Das kann sich über die Pause hinaus negativ auf das Einkommen auswirken, denn durch jede Unterbrechung sinkt der Marktwert des Arbeitnehmers, der in seiner Abwesenheit den Anschluss in Form von Kontakten oder neuestem Wissen verliert.

Fünftens. In vielen Positionen zählt nicht unbedingt die Qualität der Arbeit, sondern eine bestimmte Quantität. »Karriere in Deutschland«, hat der Trendforscher Matthias Horx einmal geschrieben, »ist ein Wettbewerb um Anwesenheitszeiten, um kommunikative Präsenz. Wer führt, muss nach dem Acht-Stunden-Tag noch für Meetings und Absprachen an der Bar zur Verfügung stehen. Kann sein Wochenende vergessen. Muss immer erreichbar sein.«[51] Karrieren unterliegen also häufig einer eigentümlichen Zeitrechnung. Dazu gehört, dass, wer nur selten da ist, in der Regel auch nicht die Beförderung bekommt, die alle wollen – und meistens sind es Frauen, die nicht da sind: Nur 13 Prozent der Teilzeitbeschäftigten sind Männer, und auch Mutterschutz und Elternzeit führen häufig dazu, dass man langsamer vorankommt.

Sechstens. Oft arbeiten Frauen unter Wert. Nicht nur, dass zeitlich befristete Arbeitsstellen und Jobs mit Mindestlohn überwiegend mit Frauen besetzt sind. Laut einer Studie der Uni Hohenheim ist fast jede vierte Frau für ihre Stelle auch noch überqualifiziert.[52] Die einen sagen: weil sie sich unklug verhalten, indem sie sich und gewissermaßen auch ihre Branche unter Wert verkaufen. Die anderen sagen: weil sie nur schlecht bezahlte Jobs angeboten bekommen. Häufig steigen Frauen schon mit weniger Gehalt in den Job ein als männliche Berufsanfänger. Und zwar selbst dann, wenn sie in eher gut bezahlte Branchen gehen. Zu diesem Ergebnis kam die Non-profit-Organisation *Catalyst Inc.*, die sich für Frauenförderung am Arbeitsplatz einsetzt und 2010 die Ergebnisse einer repräsentativen Umfrage herausgab, die sie unter den Absolventen renommierter MBA-Programme durchgeführt hatte.[53] Frauen steigen laut der Catalyst-Studie oft auf niedrigerem Level ein als Männer, sie sind öfter unzufrieden mit ihrem Chef, und im Durchschnitt verdienen sie monatlich 380 US-Dollar weniger als ihre männlichen Kollegen. Besonders einschneidend wirken sich Kinder auf das Gehalt von Frauen aus: Nach einer Kinderpause nehmen Frauen häufig besonders niedrige Löhne an, um überhaupt wieder im Job Fuß zu fassen, wohingegen frischgebackene Väter ihr Arbeitspensum und damit auch ihre Karrierechancen steigern: denn einer muss ja die Brötchen verdienen.

Siebtens. Schlechtere Teilzeitlöhne. Die Stundenlöhne in Teilzeitjobs, die, wie gesagt, in den meisten Fällen an Frauen gezahlt werden, sind, obwohl wissenschaftlich bewiesen ist, dass Teilzeitmitarbeiter meist besser organisiert und produktiver arbeiten,[54] im Schnitt niedriger als Vollzeitstundenlöhne. Zwar sind Lohnabschläge für Teilzeit, also die gehaltsmäßige Herabstufung derselben Tätigkeit, nur weil sie weniger als 38 Stunden wöchentlich ausgeübt wird, gesetzlich verboten. Allerdings werden viele der gut bezahlten Jobs schlichtweg nicht in Teilzeit vergeben.

Achtens. Die liebe Kollegin, der gerissene Kollege. In einer Harvard-Studie haben Chefs weibliche Jobbewerber, die hart um ihr Gehalt feilschten, nicht gemocht.[55] Diese Bosse wollten Frauen lieber dann einstellen, wenn sie sich genügsam und bescheiden präsentiert hatten. Männliche Kandidaten wurden nicht schlecht eingeschätzt, wenn sie über Gehalt verhandelten.

Neuntens. Schwangerschaftsgefahr. Es gibt immer wieder Personaler, die mit unkenntlich gemachtem Namen in der Zeitung behaupten, dass eine Frau bis zu einem gewissen Alter in Jobverhandlungen häufig schon allein deshalb schlechte Karten hat, weil die Chefs sich sagen: Prinzipiell finden wir Arbeitnehmerinnen ja super, aber wenn überhaupt bekommt die den Job nur mit einem Lohnabzug fürs Frausein. Sorry, aber sie scheint gebärfähig zu sein, und auch wenn die jetzt ein qualifiziertes und hoch motiviertes Gesicht macht, ist uns die statistische Wahrscheinlichkeit einfach zu hoch, dass sie bald aussetzen muss, um sich um einen neugeborenen Schreihals zu kümmern und an weitere Schreihälse zu denken.

Zehntens. Nicht nur der Lohn zählt. Und noch andere sagen: Männern geht es häufig mehr um Geld und Karriereerfolg, Frauen um Zufriedenheit, angenehme Rahmenbedingungen und persönliche Identifikation mit ihrem Job. Die Catalyst-Studie etwa zeigte, dass Frauen häufiger als ihre männlichen Kollegen aus Unzufriedenheit insbesondere mit der Unternehmensleitung den Job wechseln, während jene eher für ein größeres Gehalt oder eine höhere Position in ein anderes Unternehmen gehen. Es gibt also mehr Frauen als Männer, die einen geringeren Lohn in Kauf nehmen, damit das Drumherum stimmt.

Elftens. Arbeitnehmer ist nicht gleich Arbeitnehmer. Eine wirkliche Bereinigung der Lohnlücke gibt es nicht. Keine zwei Arbeitnehmer sind identisch. Einfaches Beispiel: Nicht erhoben wird, wie viele Stunden die einzelnen Mitarbeiter wöchentlich am Arbeitsplatz verbringen – inklusive Überstunden. Dementsprechend gibt es sogar Vermutungen, dass Männer – die statistisch gesehen mehr Überstunden machen als Frauen – länger arbeiten, um denselben Lohn zu bekommen wie ihre Kolleginnen.

Tatsächlich ist also alles weniger eindeutig und auch weniger niederdrückend, wenn man sich klarmacht, was man über diese 22 Prozent eigentlich weiß und was man bedenken muss, um die Frage, wo die Diskriminierung anfängt, überhaupt sinnvoll stellen zu können. Emanzipationsministerinnen und andere Experten äußern scheinbar vollkommen unbesorgt nur einen kleinen Teil der Wahrheit über diese Zahlen. Die Situation ist relativ komplex und trotzdem sagen sie bloß, dass Frauen immer noch 22 Prozent weniger für die gleiche Arbeit verdienen als Männer. Das klingt so, als würde beispielsweise Jana ein Viertel weniger Lohn bekommen als Jens, obwohl beide im letzten Herbst an derselben Gesamtschule als Lehrer angefangen haben.

Das klingt so, als würde beispielsweise Jana ein Viertel weniger Lohn bekommen als Jens, obwohl beide im letzten Herbst an derselben Gesamtschule als Lehrer angefangen haben.

Es klingt auch so, als würde ich, wenn ich einen Schlips und einen Bart hätte, am Monatsende 22 Prozent mehr auf dem Konto haben – und als sei das bei meinen männlichen Kollegen längst der Fall. Das ist es, was ich meine, wenn ich sage, dass ich mich von der Debatte häufig unangemessen gedrängt, ja, auf eine perfide Weise unter Druck gesetzt fühle und mir mehr Gelassenheit und Differenzierung wünschen würde.

Mit einem differenzierteren Blick kann man auch das Video anders ansehen, das die Europäische Kommission zum Thema Lohnungleichheit gedreht hat. Der kleine Film ist gut gemacht und nett anzusehen. Obwohl es um das schwere Thema *Diskriminierung* geht, ist der Clip nicht sauertöpfisch oder bitter. Ziemlich siegesgewiss kommt der kurze Gleichstellungsfilm mit seinem spielerischen Humor daher. Botschaft: Und *das* soll nicht geändert werden? Und *dazu* macht die Frau gute Miene? Die statistische Lohnlücke, das ist der Konsens, muss weg; längst werden bestimmte Formulierungen der Menschenrechte zitiert, um die Dringlichkeit des Themas deutlich zu machen. Wenn man den Clip aber mit ein paar Überlegungen, wie die niedrigeren Gehälter von Frauen eigentlich zustande kommen, unterfüttert, dann bröckelt die Eindeutigkeit, mit der in Bezug auf den Gender Pay Gap von Diskriminierung gesprochen wird.

Wenn man den Clip aber mit ein paar Überlegungen, wie die niedrigeren Gehälter von Frauen eigentlich zustande kommen, unterfüttert, dann bröckelt die Eindeutigkeit, mit der in Bezug auf den Gender Pay Gap von Diskriminierung gesprochen wird.

Zunächst einmal muss klar sein, dass die Frau in dem Video, obwohl sie aussieht, als könnte sie meine Nachbarin sein, nicht für irgendeine Frau aus Fleisch und Blut steht, die morgens für die Arbeit aufwacht, abends die letzten E-Mails schreibt und dazwischen ihr Leben einstielt. Die Frau, der im Clip so viel von ihrer Kaufkraft genommen wird, ist kein Individuum, sie steht nicht mal metaphorisch für *eine von uns.* Sondern sie verkörpert etwas Abstraktes, nämlich ein Balkendiagramm. Die Frau ist eine Statistik; sie steht für die Gesamtheit der Frauen in Europa, die man natürlich nicht in einem Frauenkörper unterbringen kann, ohne dabei alle, einzeln genommen, etwas falsch abzubilden: Diejenigen zum Beispiel, die gar nicht arbeiten gehen, oder diejenigen, die mehr verdienen als ihre männlichen Kollegen, müssten in der Videoclipwelt der Europäischen Kommission ein vollkommen anderes Einkaufserlebnis haben.

Schon bei der Frau, die man im Clip sieht, ist das Bild sehr verkürzt. Um die Story komplett zu machen, hätte man zum Beispiel zeigen müssen, dass die Frau, die ja hier statistisch präsentiert wird, typischerweise etwas wie Kunstgeschichte oder Kommunikation studiert hat – und sie kann nicht geglaubt haben, dass es leicht werden wird, mit italienischer Operngeschichte schnell reich zu werden. Im Anschluss hat sie wahrscheinlich als Projektleiterin in einem Jugendhaus gearbeitet und dann, nach der Pause anlässlich der ersten zwei Lebensjahre von ihrem Sohn Finn, ist sie auf eine 25-Stunden-Stelle gerückt. Es hätte auch gesagt werden müssen, dass sie nicht gerade mit der Brechstange verhandelt hat, als es um ihren ersten Vertrag ging, und schon gar nicht, als der zweite hermusste.

Natürlich gibt es Arbeitnehmer, die von handfester Diskriminierung betroffen sind. Diskriminierung ist verboten, das ist gut so, Diskriminierung gehört bestraft. Als Indiz für Diskriminierung gegen Frauen kann es etwa gewertet werden, wenn wichtige Beförderungen in einem Betrieb ständig an Männer vergeben werden, obwohl die Mehrheit der Belegschaft weiblich ist und sich erfolglos um Beförderungen bemüht.[56] Auch wenn eine Stelle nicht geschlechtsneutral ausgeschrieben war und eine weibliche Bewerberin den Job als »Geschäftsführer« dann nicht bekommt, gibt es Anlass zu der Vermutung, dass die Entscheidenden von vornherein einen männlichen Mitarbeiter vor Augen hatten.[57] Um noch ein Beispiel zu nennen: Bei einem Vorstellungsgespräch wurde meine Schwester gefragt: »Und wenn sie dann mal schwanger werden, was machen sie dann?« – astreine Diskriminierung. Benachteiligungen aufgrund des Geschlechts sind verboten, so steht es im Allgemeinen Gleichbehandlungsgesetz. Wenn eine Frau schlechtere Chancen hat oder weniger Lohn erhält als ein gleich qualifizierter männlicher Kollege im gleichen Job, kann sie ein juristisches Verfahren anstoßen und sich auf das Allgemeine Gleichbehandlungsgesetz berufen, um die Hölle aus ihrem Arbeitgeber herauszuklagen (oder wenigstens eine Entschädigung).

Es gibt also Diskriminierung – und es gibt das, was Menschen wie Barbara Steffens Diskriminierung nennen. Es ist wahrscheinlich, dass diese zweite Art der Diskriminierung, also die Emanzipationsministerinnendiskriminierung, den Löwenanteil der Lohnlücke ausmacht. Man könnte auch ganz einfach davon sprechen, dass mehr Frauen als Männer sich nicht den Erfolgsgesetzen des Jobmarkts, so wie er im Moment gestaltet ist, anpassen können – oder wollen. Dass es vielen Frauen beeindruckend wenige Schwierigkeiten bereitet, finanziell riskante Entscheidungen zu fällen, Entscheidungen also, mit denen sie später dann oft finanziell weniger gut dastehen als andere, und dass das auch mit Rollenbildern zu tun haben kann, scheint auf der Hand zu liegen. Aber ist das wirklich Diskriminierung?

Wie viel Diskriminierung ist es, wenn der eine Kinderpfleger wird und die andere Elektroingenieurin? Klar: Es kann von den Rollenbildern beeinflusst sein. Aber trotzdem könnten Frauen sich mehr Mühe geben,

Man könnte auch ganz einfach davon sprechen, dass mehr Frauen als Männer sich nicht den Erfolgsgesetzen des Jobmarkts, so wie er im Moment gestaltet ist, anpassen können – oder wollen.

die Konturen dieser Bilder zu dehnen und in lukrativere Branchen und Berufe vordringen, wenn sie wirklich so unzufrieden mit ihrer Stellung in der Gesellschaft – und das heißt wohl vor allem: mit ihrem Einkommen – sind. Denn es ist nicht so, dass Frauen auch dann ein Viertel weniger verdienen würden, wenn sie ebenfalls zum Werkzeugkasten griffen und Raketen reparierten – oder klarmachen würden, wie wichtig traditionelle oder heute sogenannte *Frauenarbeit* für unsere Gesellschaft ist. Denn es sind nicht ausschließlich Frauen, die schlecht bezahlt werden, sondern massenhaft Mitarbeiter ganzer Branchen.

Ich meine: Man erinnere sich bitte für einen Moment an die Umstellung auf den Euro. Ein Euro gleich zwei Mark. Und dann rechne man sich aus, wie viel die heutige Miete oder ein Samstagseinkauf in Mark wäre: abartig viel. Das Leben kostet immer mehr, während Arbeit für die meisten immer weniger Geld einbringt, und das auch noch zunehmend prekär. Wir haben uns weismachen lassen, dass die Wirtschaft einfach kaputt sei, marode, und dass wir es akzeptieren müssen, dass der Wohlstand nicht mehr wächst. Das kann schon sein, und es ist gut möglich, dass die Wirtschaft komplett überholt werden muss. Aber bis auf Weiteres darf man doch bitte auch feststellen, dass für die Reichen trotzdem – selbst wenn sie aufgrund schlechter Zeiten Milliarden verlieren können – immer noch genug da zu sein scheint. Es gibt immer noch viel Geld, die Tycoone und Topmanager und Investoren haben es ja. Es arbeitet sogar angeblich für sie, während sie in ihrem Haus am See selbst geschossene Rehe essen. Es ist nur so, dass alle anderen – also zum Beispiel die, die nicht zufällig Facebook erfunden oder zwei feste Standbeine im Bankensektor haben – niemals ähnlich viel Asche pro Stunde »machen«

Schlechte Bezahlung ist eigentlich kein Gender-problem, wird aber als solches verhandelt.

werden. Schlechte Bezahlung ist eigentlich kein Genderproblem, wird aber als solches verhandelt.

In Wirklichkeit ist es genauso abhängig von politischen Vorlieben und Ansichten wie bei anderen Themen auch, wie die Lage der Frauen interpretiert wird. Es ist eine Frage der Perspektive: Man kann auch finden, dass Berlin – um ein anderes Beispiel heranzuziehen – voll ist mit armen Schluckern, die kein Büro haben, sondern nur einen Haufen Projekte und ein Laptop im Café –, oder man kann diese Menschen *digitale Boheme* nennen und eine neue Art der Selbstbestimmung darin sehen, wenn Menschen auf die Festanstellung pfeifen. Die 22 Prozent Lohnunterschied rundheraus als Diskriminierung zu bezeichnen – und nicht stattdessen zum Beispiel zu sagen »nach wie vor verbringen Frauen statistisch mehr Zeit mit der Familie als Männer, und weniger Zeit am Arbeitsplatz« –, erfordert jedenfalls so viel Deutung, Abkürzung und Vereinfachung wie sonst vielleicht nur die Blümchen-und-Bienchen-Aufklärung.

Die Sprache der Statistiken ist eine Sprache der Tropen. Und es ist wichtig, das im Kopf zu behalten, denn es ist eine Sprache, die in der Tussikratie ständig verwendet und dabei normativ funktionalisiert wird. Als Tropen bezeichnete man in der klassischen Rhetorik ein Verfahren, bei dem über das eigentlich Gemeinte uneigentlich, also mit nicht wörtlich passenden Ausdrücken gesprochen wird. Es ist eine Art Verschlüsselung. Häufig wird dabei eine Größenverschiebung vorgenommen: Man sagt »Frauen« – zum Beispiel: »Frauen werden in Deutschland schlecht bezahlt« –, meint aber *viele Menschen, die in den sogenannten Frauenberufen arbeiten* oder *manche Frauen* oder *Menschen, die für Familienarbeit ihre Karriere drosseln*. Man zeigt eine Frau an der Supermarktkasse – meint aber ein Balkendiagramm. Eine Frau sagt: »Wir Frauen lieben es, Blumen geschenkt zu bekommen.« Sie meint: *Ich* liebe es, Blumen geschenkt zu bekommen. Es ist nicht notwendigerweise schlecht, dass die Geschlechterdebatte voll ist von Tropen. Es ist praktisch, weil durch dieses Verfahren die an sich ja ziemlich wirre Welt in sehr einfache und doch stark meinungshaltige Sätze zu bringen ist, jedenfalls versuchsweise. Das Reden in Tropen provoziert vielleicht auch Rückfragen und Gegeninterpretationen und ganz sicher ist es eine hilfreiche Strategie, um Dinge schön dramatisch klingen zu lassen und ihnen so die nötige Wucht zu verleihen, damit alle hinhören und möglichst schnell verstehen, was zu tun ist. Allerdings frage ich mich, bis zu welchem Grad wir uns bei dem ganzen Männer-Frauen-Gerede dessen noch bewusst sind und ob es uns hilft, das Richtige zu tun.

Rhetorik gibt es nicht seit gestern, sondern seit der Antike; sie systematisiert und lehrt Techniken, mit denen Redner durch Sprache bestimmte Wirkungen und Reaktionen bei einem Publikum erzielen können. Rhetorik gehört zum politischen Tagesgeschäft, und die *Frauen*-Rhetorik soll angeblich emanzipatorisch und progressiv sein. Sie soll die Frauen mobilisieren, ihnen Mut machen, sich Karrieren zu wünschen und gemeinsam Forderungen zu stellen. Trotzdem denke ich manchmal, dass die Geschlechterdebatte uns mehr und anders über unser Geschlecht nachdenken lässt, als das gut ist. Man hat jetzt das diffuse Gefühl, vielleicht Opfer von Diskriminierung zu sein, wenn man nicht hart und schnell genug Karriere macht. Auch das hemmende Gefühl: Vielleicht sollte ich mich lieber in Acht nehmen,

Man hat jetzt das diffuse Gefühl, vielleicht Opfer von Diskriminierung zu sein. Das hemmende Gefühl: Vielleicht sollte ich mich lieber in Acht nehmen, vielleicht lauern da Gefahren, die ich nur nicht sehe, vielleicht sind die ja alle gegen mich, diese *Männer*.

vielleicht lauern da Gefahren, die ich nur nicht sehe, vielleicht sind die ja alle gegen mich, diese *Männer*. Ich stelle mir eine Frau vor, die morgens mit einer Schale Milchkaffee am Küchentisch sitzt und missmutig in den beschissenen Hinterhof starrt, während das Radio in ihrem Kopf »This is a man's world« jault.

Wenn ich sage, dass das viele Nachdenken und Reden über Männer und Frauen aus dem Bereich der Lösungen in den der Probleme übergegangen sein könnte, dann meine ich, dass es eher Verunsicherung und Misstrauen anstatt Mut und Tatkraft verbreitet hat. Oder, anders gefragt: Welche Wirkungen hat die Geschlechterrhetorik wirklich? Aus der Psychologie kennt man das Phänomen des »stereotype threat«.[58] Es besteht darin, dass Frauen genau dann, aber auch nur dann schlechtere Ergebnisse bei mathematischen Aufgaben erzielen als Männer, wenn man ihnen vorher sagt, dass sie eine natürliche Mathebehinderung hätten. Was für eine Wirkung, frage ich mich, hat es auf eine Vierzehnjährige, wenn sie hört: »Frauen verdienen in Deutschland ein Viertel weniger Lohn für gleiche Arbeit«? Ich denke, dass schon genug Missverständnisse entstanden sind aus der Art und Weise, wie wir derzeit über die Bevölkerung reden. In einem feministischen Blog las ich neulich einen Text über den Gender Pay Gap. Die Autorin hatte ihren Text mit der bissigen Bemerkung eingeleitet, dass sie – sie schrieb wirklich »ich« – bekanntlich ein Viertel weniger Gehalt bekomme als ihre männlichen Kollegen. Vielleicht dachte die Bloggerin tatsächlich, dass ihre männlichen Kollegen 22 Prozent mehr Lohn bekämen, vielleicht wollte sie sich nur die Mühe ersparen auszuformulieren, dass sie einen Begriff vom Frausein hatte, dem gemäß alle Exemplare dieser Gattung einander repräsentieren. Ich weiß nicht, ob es Wirkung war, ein Missverständnis der Tropensprache – oder nur selbst wieder Rhetorik. Ich weiß aber, dass es, genau genommen, falsch war, und selbst wieder falsche Wirkungen erzeugt haben dürfte.

Die Art, wie über Gehaltsstatistiken gesprochen wird, impliziert ganz bestimmte Werte. Monetäre. Folgt man der Logik der Lohnlückendiskussion, dann hat das beste Leben der, der am besten verdient, alle anderen werden diskriminiert. Bis zu einem gewissen Grad spiegelt das wahrscheinlich die Geldwünsche oder auch -nöte unserer Gesellschaft wider – aber es ist weder die einzig mögliche Lösung noch unbedingt gesellschaftlich sinnvoll, allen aufzutragen, promt und bedingungslos nach stattlichen Verdiensten und dem Leben, das solchen Verdiensten im heutigen Wirtschaftssystem vorausgehen muss, zu streben. Klare Sache: Wir alle wollen Geld und das gute Leben, das man sich damit kaufen kann. Aber das heißt nicht, dass wir bereit sein müssen, alles dafür zu tun. Und schließlich ist längst nicht gesagt, dass es eine reine Frauensache ist, auf Distanz zu den Verhaltensregeln des »entfesselten Kapitalismus« zu leben, der derzeit herrscht. Wir könnten auch sagen, dass das eine Position in der Gesellschaft ist, die wir unbedingt erhalten möchten: diese ironische Figur, die den Einzelnen einen individuellen Wert gibt und nicht immer das Allgemeine im Blick hat. Vielleicht würden wir in der klassischen Frauen- oder Geringverdienerrolle viel mehr gesellschaftskritisches Potenzial sehen, wenn der Ruf der Hausfrau nicht so gründlich herabgezogen worden wäre von Kapitalisten und Feministen. Das gilt für Männer wie für Frauen gleichermaßen: Die Gesellschaft kann nur

Vielleicht würden wir in der klassischen Frauenrolle viel mehr gesellschaftskritisches Potenzial sehen, wenn der Ruf der Hausfrau nicht so gründlich herabgezogen worden wäre von Kapitalisten und Feministen.

davon profitieren, wenn wir verschiedene Lebensentwürfe erlauben. Die Unternehmen und die Banken vielleicht nicht – aber das muss ja nicht unbedingt schlecht für alle sein. Wer weiß, was passieren würde, wenn zum Beispiel die Frau, die mit kleinen Kindern auf einem klammen Familienbudget sitzt, und der Mann, der keine Arbeit findet, und die Prekären, die zwar Arbeit, aber trotzdem keine Sicherheit haben, ihre Gemeinsamkeiten entdecken würden?

Entsprechend ist es auch längst nicht klar, dass es nur gut wäre, wenn Männer und Frauen in den Statistiken endlich genau gleich abschließen würden. Sympathischer ist mir die Formel, dass die Gesellschaft genau dann gut ist, wenn statistische Gleichheit zwar *möglich,* aber nicht *notwendig* oder erzwungen ist. Und falls aber die Statistiken doch ein Problem bergen, dann kann die Lösung nicht selbst wieder in den Statistiken liegen, das heißt, in der Hauruckernennung von so und so vielen Frauen zum Boss, bis eine bestimmte Prozentzahl erreicht ist. Denn an den Hintergründen der Zahlen wird sich dadurch nicht automatisch etwas ändern. Eher sind Änderungen an dem, was man *das System* nennen könnte, nötig: zum Beispiel daran, dass Kinder in unserer Gesellschaft immer an die Peripherie gedrängt werden, also daran, dass viele Eltern den ganzen Tag weg sein müssen, um sie zu ernähren, und daran, dass Karrieren angeblich so früh im Leben beginnen müssen.

Im Gegensatz zu einer echten Veränderung, erst mal dafür zu sorgen, dass die Statistiken sich angleichen – zum Beispiel durch Quoten –, ist eine Strategie, die an eine Szene aus *The Big Bang Theory* erinnert: Das nette Girl Penny will den halb autistischen Sheldon dazu überreden, sich einen neuen Anzug zu kaufen. Sie sagt: »You know, sometimes when I'm feeling all stressed about something, I go out and buy a cute top or a fun skirt, and

I have a whole new outlook on life.« Sheldon sagt: »Don't you eventually realize that you're just the same stressed-out person in a cute top or a fun skirt?« Sie sagt: »Yeah, that's when I buy shoes.« Eins sollte klar sein: Dass die Strategie nicht aufgeht, liegt nicht einfach daran, dass der Schuhverkäufer von den Schuhen die Hälfte absäbelt.

ZU ENG GEZIRKELT

Über die Gemeinsamkeiten von Frauenzirkeln,
Old-Boys-Network **und (tatsächlich!)**
Anti-Harassment-**Strategien**

Eine Idee, die seit Längerem kursiert, ist die, dass Frauen untereinander besonders solidarisch sein sollen, und zwar solidarischer als gegenüber Männern. Denen wird schließlich nachgesagt, dass sie mehr oder weniger institutionalisierte *Old Boys Clubs* hätten, in denen sie eine ebensolche gegenseitige Bevorzugung praktizieren sollen. Es scheint also nur fair zu sein und eine Art von Realpolitik, wenn sich auch die Frauen zu ihren eigenen Zirkeln zusammentun.

Ich fürchte, für mich ist das nichts. Die Urform des Frauenzirkels ist der Mädelsabend, und das ist, wenn tatsächlich so benannt, eine Institution, die meiner Meinung nach längst den Bach der Geschichte hätte heruntergehen müssen. Ich habe nichts dagegen, einen Abend nur mit Frauen zu verbringen, verstehen Sie mich nicht falsch! Aber das Geschlecht zum Programm einer Abendveranstaltung zu machen, finde ich hoffnungslos rückständig. Schon die Vorstellung, mit *Mädels* zusammenzukommen, um über Männer, Geburtsvorgänge und Frauenpolitik zu reden – es müssen dann ja bestimmte *Frauenthemen* sein, sonst macht es keinen Sinn, die Männer auszuladen –, schon diese Vorstellung bereitet mir psychische

Erstickungsgefühle. Meiner Ansicht nach sollte es keine Themen geben, die in Anwesenheit von nur einem Geschlecht besprochen werden können. Alles geht alle etwas an: Das ist meine Meinung, und es heißt ja nicht, dass man dann auch ständig über alles reden muss, oder dass dann immer alle gleich viel beizutragen haben.

Lieber als einen designierten Freundinnenkreis möchte ich diverse sinnvolle Beziehungen in meinem Leben haben, solche mit Männern und mit Frauen. Ich verlange Solidarität von beiden Seiten und möchte mich auf Exemplare beiderlei Geschlechts verlassen können. Tue ich auch, und bisher hat es mich noch nicht zu den schmerzhaften Erlebnissen genötigt, die implizit vorausgesetzt werden, wenn nach einer besonderen Frauensolidarität verlangt wird: nämlich dass Männer, bei aller Liebe, doch unsere Gegner sind.

Ich verlange Solidarität von beiden Seiten und möchte mich auf Exemplare beiderlei Geschlechts verlassen können.

Vielleicht wird sich diese Meinung eines Tages rächen, weil ich damit den Anschluss verpasse, den Anschluss sowohl an die Zeichen der Zeit als auch an wichtige Förderinnen. Zurzeit gibt es in vielen Unternehmen und für viele Branchen allerlei Networkingoptionen extra für Frauen, die ich mir mit dieser Haltung entgehen lassen muss. Sie sind eine Form der mal mehr, mal weniger institutionalisierten Frauenförderung. Man kann sich davon Mentorinnen, Verbündete und Tipps versprechen. Vielleicht wird sich das eines Tages ändern, aber bisher ist mir noch nicht klar, warum ich mir diese Tipps in einem expliziten Geschlechtsgehege abholen soll. Ich befürchte, dass dieses Setting vom Wesentlichen abhält und dass man am Ende zu viel über Geschlecht und zu wenig gute Tipps hört.

So ungefähr wie bei jenem Kaffeetrinken unter Kolleginnen, in das ich bei einem früheren Job mal geraten bin. Die Kolleginnen wollten die Geschlechterschieflage in der Abteilung »subversiv« aushebeln und schnellstmöglich die »signifikante« Sitzordnung im Büro und mehr umstürzen. »Signifikant« war, dass auf dem schlechtesten Platz, auf dem man mit dem Rücken zur Tür saß, »natürlich« eine Frau saß. Es tat mir Leid, dass meine Kollegin sich im Büro derart unwohl fühlte. Aber die Idee, deshalb die Ordnung zu »subvertieren«, war mir zu groß gedacht für eine Stuhlordnung und zu wenig pragmatisch. Nach dem Treffen waren wir Kolleginnen trotzdem eine Weile besonders nett zueinander, aber ich denke, das hätte sie auch mit den männlichen Mitarbeitern haben können, wenn sie einen passenden Moment abgewartet hätte, um allen – und nicht nur uns Frauen – zu sagen: »Hört mal, mir geht es hier nicht gut, bitte lasst uns was ändern, damit ich mich wieder besser auf meine Aufgaben konzentrieren kann.«

Eine weitere Geschichte: Neulich aß meine Freundin Lisa mit einer reinen Frauenrunde zu Mittag. Es war kein Zufall, dass keine Männer dabei waren: Dieser Lunch war eine Versammlung nur von Frauen, um über Frauenprobleme und Frauennetzwerke zu sprechen. Einige schon erfahrene, einflussreiche Professorinnen hatten den weiblichen Nachwuchs an ihrer Universität zum semiinformellen Mittagessen eingeladen, einer Veranstaltung gegen die Lecks in der Pipeline, die von hohen Frauenanteilen im Studium zu weniger Frauen mit Doktortitel zu sehr wenigen weiblichen Professoren führten. Obwohl das Frauenforum durch Lisas Universität finanziert wurde, waren die Einladungen nicht über allgemeine E-Mail-Verteiler gegangen wie bei anderen Gruppen, sondern die Dekanin hatte individuelle Adressen nur der weiblichen Belegschaft angeschrieben.

Männer waren nicht eingeladen. Sie hatten aber auch nicht ihren eigenen Lunch, jedenfalls keinen, der von offizieller Seite gesponsert war – so etwas könnten sich Männer bei der heutigen öffentlichen Meinung natürlich niemals erlauben. Aber dass hier von vornherein mit zweierlei Maß operiert wurde, ist eigentlich nur die eine Seite dessen, was mich an der Vorstellung störte.

Um den kompletten Wahnsinn zu verstehen, muss man wissen, dass die Diskussion dann auch noch total schiefging, und man muss auch wissen, inwiefern. Also: Während Lisa und die anderen Frauen mexikanisches Huhn und kalten Fisch aßen, kristallisierte sich schnell als beherrschendes Thema *Kinder und Karriere* heraus, jenes Thema also, das als der Knackpunkt der Geschlechterdebatte gehandelt wird. Eine Doktorandin beklagte sich, dass für sie als alleinerziehende Mutter die Anforderungen bis zur Promotion nicht so modifiziert würden, dass sie gleichzeitig mit ihrem Jahrgang abschließen könnte. Die Forderung entsprach in etwa den Maßnahmen, vor denen Quoten-Gegner warnen: dass für Mütter oder auch Frauen allgemein bei der Bewerberauswahl eigene Standards eingeführt werden. Meine Freundin Lisa hat für eine solche Familien- oder Arbeitspolitik nicht viele Worte übrig:»Ich hätte auch gern mehr Anerkennung für das, was ich in meiner Freizeit tue«, sagt sie mit nach oben gedrehten Handflächen, als sie mir an der Ampel von dem»Ladies' Lunch«, wie sie das Mittagessen nennt, erzählt. Es ist jetzt schon ein paarmal grün und dann wieder rot geworden, und ich ahne, dass Lisa und ich noch häufiger über den Ladies' Lunch sprechen werden. Lisa hat keine Kinder, und die Sache ist, dass sie in ihrer Freizeit meistens arbeitet. Oft liest sie am Wochenende 200 Seiten Fachliteratur. Sie bringt viele Opfer für ihre Bestleistungen, so wie ihre Kollegin sicherlich auch viele Opfer bringt, aber eben nicht alle nur für ihren Job.

Beim Ladies' Lunch entgegnete sie der alleinerziehenden Mutter deshalb:»Warum sollen dir im Job Erleichterungen zustehen, die mir nicht zukommen? Ich sehe es nicht ein, wenn meine Arbeit dadurch abgewertet wird, dass andere einen Mütter-Bonus bekommen.« Was ihr dann entgegenschlug, beschreibt Lisa als einen ausgiebigen, wenn auch akademisch verklausulierten Real-Shitstorm:»Das allgemeine Fazit lautete: Ich bin nicht empathisch genug.«

Die große Entrüstung, die Lisas Kommentar offenbar ausgelöst hat, muss mit dem Gefühl zu tun gehabt haben, dass Frauen untereinander solidarischer sein sollten, weil Frauen, wenn nicht von ihresgleichen, scheinbar von niemandem auf Unterstützung hoffen konnten, erst recht nicht dann, wenn sie sie besonders nötig haben, wie zum Beispiel als Mütter kleiner Kinder, deren Väter sich den Kinderschuh nicht anziehen wollen.

Es ist klar, dass Eltern Unterstützung und Anerkennung dafür verdienen, dass sie der Gesellschaft Kinder schenken. Alle profitieren davon, also sollte keiner damit alleine gelassen werden. Aber es kommt mir weder schlau vor, wenn besonders *die Frauen* für diese Art von Solidarität zuständig gemacht werden, noch scheint mir ein Doktortitel oder eine Beförderung die richtige Art von Anerkennung zu sein. Natürlich müssen auch gehobene Positionen ebenfalls für Menschen mit Kindern offen stehen – aber eben trotzdem nur dann, wenn sie es sind, die den Job am besten machen werden. Bei vielen Jobs wird das der Fall sein, und solche mit einer Leitungsfunktion werden auch dabei sein. Bei manchen Stellen dagegen gehören bestimmte

Natürlich müssen auch gehobene Positionen ebenfalls für Menschen mit Kindern offen stehen – aber eben trotzdem nur dann, wenn sie es sind, die den Job am besten machen werden.

Zeitinvestments zum Wesentlichen des Jobs, an Lisas Stelle ist das zum Beispiel Lektüre, die sie nun mal mit besonderer Ausdauer betreibt. Diese Arbeit kann man nicht einfach dadurch entwerten, dass Lisa sie nicht im Rahmen einer Familie erbringt. In den letzten Jahren sind aber Tabus errichtet worden, bestimmte Differenzierungen vorzunehmen. Tussikratie hat eben auch mit einer moralisierenden Haltung zu tun, weil sie eine Reihe von unantastbaren, weil weder beweisbaren noch widerlegbaren Gedankenfiguren in den Raum gestellt hat. Bevor es zu dem Streit kam, berichtet Lisa zwischen kleinen Schlucken aus einem *To-go*-Pappbecher, wurde bei dem Mittagessen der Frauen über gläserne Decken geredet, die viele Frauen am Aufsteigen hindern würden, von Gehaltsdiskriminierung in typischen Frauenbranchen und von einer Frau, die eine Professur nicht bekommen hatte, weil sie »zu heiß« gewesen sei – so jedenfalls habe das Gerücht gelautet, und man war sich einig gewesen, dass Gerüchte schon aussagekräftig genug seien, um die Laune im Land, den Zeitgeist zu erfassen, der nun mal frauenfeindlich sei.

Ich sehe Lisa an und frage mich, ob wir hier nur deshalb so vertraut sprechen, weil wir beide Frauen sind. Ich hoffe, dass es nicht so ist.

Wie wäre es, wenn wir Kinder hätten? Wir haben keine, vielleicht verstehen wir deshalb sowieso fast nichts. Vielleicht sind wir keine echten Frauen; vielleicht ist die Frauensolidarität, die immer wieder gefordert wird, eigentlich eine Müttersolidarität. Jedenfalls habe ich, seit ich mich für die Frage interessiere, ob und wenn ja, dann wie ich gerne Kinder hätte, von diversen Menschen meines Vertrauens persönliche

Vielleicht sind wir keine echten Frauen; vielleicht ist die Frauensolidarität, die immer wieder gefordert wird, eigentlich eine Müttersolidarität.

Berichte gehört, die bestätigen, was die Statistiken sagen: Wenn Kinder zur Welt kommen, greift das in das Leben der Mütter fast unumgänglich stärker ein als in das der Väter. Dass das Thema *Vereinbarkeit von Beruf und Familie* oft reflexartig im Sinne von *Mütter, das heißt Frauen, und Karriere* ausgedeutet wird, scheint handfeste Gründe zu haben. Denn auch wenn sich junge Männer und Frauen heute als gleich gut Ausgebildete und Selbstständige kennenlernen, werden Paare mit der Geburt eines Kindes typischerweise – und keineswegs immer ganz freiwillig – in Geschlechterverhältnisse katapultiert, die viele gern der Vergangenheit zurechnen würden: Die Mütter schränken dann ihr berufliches Engagement meist ein, während die Väter im statistischen Vergleich einen Gang hochschalten, befördert werden und im Durchschnitt sogar mehr Zeit im Büro verbringen oder, im Fall von Wissenschaftlern, ausgerechnet in der Elternzeit mehr publizieren als ihre kinderlosen Kollegen.

Insofern hätte Lisa als wenigstens potenzielle Mutter sich beim Ladies' Lunch eigentlich wohler fühlen müssen. Insofern hatte sie es wirklich noch nicht verstanden und war ein Hemmschuh für den Wandel der Geschlechterverhältnisse, weil sie eine Leistungsordnung vertrat, an der nicht alle Frauen jederzeit teilnehmen können. Aber ist dieses *jederzeit* denn wirklich sinnvoll einzufordern? Wohl kaum. Eher müsste es darum gehen, die Gehaltseinbußen, welche Familienmenschen hinnehmen, zu kompensieren und auch spätere Karrieren zu ermöglichen – auch zugunsten der ganzen Gesellschaft, schließlich wollen wir, dass es Kinder gibt. Man müsste dafür aber Unterscheidungen treffen und Frauen nicht unbedingt mit Frauen gleichsetzen. Gerade dieser letzte wäre ein Gedanke, den man sogar – wie Lisas Wortbeitrag insgesamt – auch als einen der Erfolge der Frauenbewegung verbuchten könnte: Denn wenn Frauen sich voneinander abgrenzen können, wenn sie unterschiedliche Lebensweisen vorziehen und wenn Frauen Mutterschaft nicht automatisch mit Frausein gleichsetzen, dann zeigt das, wie sehr sie sich darüber im Klaren sind, dass sie heute eine Reihe von Wahlmöglichkeiten haben. Und wenn sie keine gesonderte Förderung verlangen, zeigt das, dass sie sich stark genug fühlen, ohne Extraschutz an ihre Ziele zu gelangen. »Frauen«: so pauschal gibt es diese Gruppe längst nicht mehr – zum Glück!

Frauen: so pauschal gibt es diese Gruppe längst nicht mehr – zum Glück!

Wir leben in einer Zwischenzeit. Frauen haben heute Macht. Nicht jede einzelne. Aber einige. Immer mehr sogar. Die Personalberatung Egon Zehnder hat untersucht, wie Großunternehmen in der jüngeren Vergangenheit Stellen in Vorständen und Aufsichtsräten besetzt haben. In Deutschland gingen 40 Prozent der Führungspositionen an Frauen. Es gibt heute Frauen, die weit einflussreicher sind, als die meisten Männer es bis zu ihrem Tod sein werden; viele haben einen Haufen Untergebene, und genauso wie viele männliche Chefs treffen auch weibliche Bosse nicht immer die richtigen Entscheidungen.

Dieses Gefühl wird aber nicht transportiert von einer – vielleicht typisch deutschen – Debatte, die, den Zeigefinger unverwandt auf die Statistiken gerichtet, eher die Norm als das Individuelle betont, der Regel mehr zutraut als der Ausnahme. Das nimmt bisweilen düstere Töne an, die nicht be-, sondern vorschreiben. Indem sie

Dieses Gefühl wird aber nicht transportiert von einer – vielleicht typisch deutschen – Debatte, die, den Zeigefinger unverwandt auf die Statistiken gerichtet, eher die Norm als das Individuelle betont, der Regel mehr zutraut als der Ausnahme.

lieber an ihrem naiven Glauben festhalten würden, dass sie ihr Leben weitgehend selbst in die Hand nehmen können, anstatt sich endlich zu einer feministischen Großfront zusammenzuschließen, schrieb die FAZ, schaufelten die Frauen »ihr eigenes Grab aus, ohne es zu merken.«[59] Eher moralisierend hat Jana Hensel es in einem Freitag-Artikel mal »selbstverliebt« genannt, auf das Individuum zu setzen, weil Männlichkeit und Weiblichkeit zu großen Teilen kulturell tradiert seien.[60] Lisas Ladies Lunch scheint derselben Logik zu folgen: Frauen sollen sich nicht verschieden fühlen. Sie sollen verstehen, dass sie die gleichen Probleme haben und von derselben Diskriminierung betroffen sind.

Es ist klar, was für eine Erleichterung eine solche Erkenntnis sein kann: die Erkenntnis, dass es nicht unbedingt an mir und meinen Leistungen liegt, dass ich nicht längst eine beeindruckendere Visitenkarte und schnellere Autos habe, sondern dass es auch daran liegen kann, dass mir aufgrund meines Geschlechts bestimmte Dinge nicht gegeben und ermöglicht werden. Das ist die Theorie, der die Tussi folgt. Sie versteckt sich hinter einer statistischen Größe – der durchschnittlich unterdrückten Frau –, die ihr die Legitimation gibt, sich mit allen Frauen zusammenzutun und mit dieser geballten Macht Forderungen an die Gesellschaft zu stellen. Damit kann man, ausgestattet mit dem moralischen Vorteil der Unterrepräsentierten, ziemlich weit kommen.

Andererseits zeigen Menschen wie Lisa, dass dieses Denken nicht unbedingt einen befreienden Effekt hat. Denn die Gruppenstrategie geht nur so lange gut, wie die Frauen wenigstens grob die gleichen Interessen haben. Vielleicht ist längst ein Level erreicht – ein Level an Institutionalisierung, aber auch ein Frequenzbereich –, an dem die Geschlechterdebatte aufhört, hilfreich zu sein. Stattdessen müssen Frauen lernen, dass sie sich in vielen Belangen gerade nicht auf die Lobby *der Frauen* stützen können, sondern ihre Allianzen eher über Themen bilden müssen: etwa unter Kollegen, die besonders gut miteinander auskommen und das Unternehmen ähnlich gestalten wollen, unter berufstätigen Eltern, unter Parteifreunden oder anderen Ähnlichgesinnten.

Vielleicht ist längst ein Level erreicht – ein Level an Institutionalisierung, aber auch ein Frequenzbereich –, an dem die Geschlechterdebatte aufhört, hilfreich zu sein.

Und das heißt: auch mit Männern. Denn dass Kinder nach wie vor in erster Linie für Mütter ein sogenannter »Karrierekiller« sind, ist nur die eine Hälfte der Geschichte. Menschen wie Martin Bujard, der sich als Politikwissenschaftler mit der deutschen Geburtenrate und Familienpolitik beschäftigt, gehen davon aus, dass viele junge Väter alles andere als freiwillig in die traditionelle Ernährerrolle rutschen, sondern dass sie sich schlichtweg gezwungen fühlen, den Gehaltsausfall der Mutter zu kompensieren. In Umfragen bekundet sogar die Mehrzahl der Väter, dass sie gern mehr Zeit mit der Familie verbringen würden.[61] Die Ähnlichkeiten zwischen Männern und Frauen in der gleichen Situation (zum Beispiel als Eltern) ist größer als die Gemeinsamkeit zwischen zwei gleichgeschlechtlichen Menschen in unterschiedlichen Lagen.

Als ich mir Bujards Homepage ansehe, muss ich an meinen Kollegen Jan denken, der von seiner Freundin verlassen wurde, weil die bei seinem Arbeitspensum keine Chance sah, in absehbarer Zeit gemeinsam – das heißt: nicht als quasi alleinerziehende Frau eines bis auf Weiteres prekär und dabei viel zu viel Beschäftigten – eine Familie zu gründen. Als Jan mir von der Trennung erzählte, sagte ich reflexartig etwas Dämliches:

»Wenigstens kannst du als Mann auch noch in deinen Fünfzigern eine Familie gründen.« Theoretisch stimmt das sicherlich, und für die Soziologin Eva Illouz ist das sogar einer der Gründe für die derzeitige Schieflage in den Geschlechterverhältnissen: Männer haben mehr und länger die Wahl auf dem Liebesmarkt, während Frauen sich Familie und Zuverlässigkeit wünschen und nur einen begrenzten Zeitraum haben, in dem aus diesem Wunsch Wirklichkeit werden kann. Allerdings fühlte sich Jan offenbar in dieser Theorie nicht gut aufgehoben. Er entgegnete auf meinen Kommentar etwas, das ich bis vor Kurzem für ein typisches Frauenstatement gehalten habe: »Ich will das Kinderkriegen aber nicht in alle Ewigkeit verschieben und dann *alt* sein, wenn mein erstes Kind kommt.« Die jungen Männer von heute sind in ihrem Denken gar nicht mehr alle so familienfern, wie sie es früher vielleicht einmal waren. Wenn, dann sind sie es eher in ihrem Leben, das sich mal hier, mal dort abspielt, vielfach einfach jobmäßig notgedrungen – eine Erfahrung, die sie mit vielen Frauen teilen.

Nicht alle Frauen, dafür aber viele Männer sind Teil der Erfahrung Familie; als Väter, Kollegen oder Vorgesetzte haben sie mitzureden, ob sie wollen oder nicht; sie haben ihre eigenen Meinungen und ihren Beitrag zu leisten; und alles Wichtige, was sich ändern soll, muss mit ihnen anstatt hinter ihrem Rücken abgestimmt werden. Die Fragen, die bei Gelegenheiten wie dem Ladies' Lunch auf den Tisch gebracht werden, sind rasend interessant – und viele davon sind hochgradig geschlechtsneutral: Wie kann man

Wir diskutieren über die Schwierigkeiten, eine lebenswerte Mischung aus Arbeit, Freizeit und Liebe oder Freundschaft zu leben, und die Strukturen, die dabei helfen würden, zu häufig als Frauensache.

heute Familie leben, und wer muss wem dabei helfen? Darf meine Arbeitsstelle mich ganz, mit Haut und Haaren und rund um die Uhr beanspruchen? Und was, wenn meine Kollegin oder ich das aber gern möchten und sogar können und vielleicht gar keine Familie wollen? Wir diskutieren über die Schwierigkeiten, eine lebenswerte Mischung aus Arbeit, Freizeit und Liebe oder Freundschaft zu leben, und die Strukturen, die dabei helfen würden, zu häufig als Frauensache – zum Beispiel bei Gesprächen wie dem um das mexikanische Huhn. Eine solche Debattenführung entspricht viel zu sehr den Situationen, die die Initiatoren der meisten Instrumente der Frauenförderung als Problem identifiziert haben: dass das Geschlecht für viele Menschen scheinbar doch nach wie vor auch in solchen Lebenslagen eine Rolle spielen kann, die weder erotisch sind noch ein Kreißsaal-Schild vor der Tür haben. So werden wir die Geschlechterunterscheidung nie los. Das Einzige, was so passiert, ist, dass die angebliche *Theorie* Sozialkonstruktivismus sich als eine Praxis entpuppt. Es ist ein klassischer Zirkel: Die Annahme, dass Frauen von der Gesellschaft *gemacht* werden, wird dadurch bestätigt, dass – nun, dass man Frauen *macht*. In etwa so: Man geht davon aus, dass die Gesellschaft dafür sorgt, dass Frauen als solche erkennbar sind, zum Beispiel dadurch, dass sie sich auf eine *weibliche* Art hübsch machen und tendenziell schlecht bezahlte Jobs wählen. Dann sagt man den Frauen Bescheid: Man verklickert ihnen, dass sie ein und dasselbe Schicksal haben und dass es nun eine gemeinsame politische Bewegung gebe. Die so hergestellte Gruppe verwendet man als Beweis, dass es diese Gruppe gibt und dass sie ein geteiltes Schicksal und geteilte Wünsche hat. Und dann kann man anfangen, munter *gemeinsam* Forderungen zu stellen.

Wenn wir dagegen die vielen unterschiedlichen Bedürfnislagen berücksichtigen wollen, die offensichtlich werden, sobald wir Einzelne aus der simplifizierenden Kategorie Geschlecht herausgegriffen haben, dann tauchen plötzlich ganz neue Fragen und Möglichkeiten auf. Wir müssen dann plötzlich nicht mehr debattieren, wie man Frauen besser in den Arbeitsmarkt einbinden kann, sondern ob er uns allen überhaupt noch gerecht wird. Das ist eine Riesenchance, die wir nicht vorbeiziehen lassen sollten!

Wenn wir dagegen die vielen unterschiedlichen Bedürfnislagen berücksichtigen wollen, die offensichtlich werden, sobald wir Einzelne aus der simplifizierenden Kategorie Geschlecht herausgegriffen haben, dann tauchen plötzlich ganz neue Fragen und Möglichkeiten auf.

Doch befindet sich die Genderdebatte derzeit auf einer Höhe (oder ist es nur eine Ecke?), in der es viele gar nicht zu wundern scheint, wenn Männer selbst bei Themen ausgegrenzt werden, an denen sie ein Interesse und Mitspracherecht haben müssten, und Frauen, selbst wenn sie vielleicht gar nicht betroffen sind, ganz pauschal angesprochen werden. Nichts, was sich verändern wird, wird eine Leistung nur von Frauen oder nur von Männern sein. Es gibt sie nicht mehr, diese Fronten.

Was wir versuchen sollten loszuwerden, ist eine sinnlose Debatte, die uns aber doch tief in den Knochen steckt und, zum Beispiel im Jobleben, viel Energie frisst. Es würde ein echtes Umdenken und Andershandeln erfordern, wenn wir es schaffen wollten, eine Kultur, auch eine Arbeitskultur, entstehen zu lassen, in der man gelassen anstatt strategisch miteinander umgehen würde. Momentan ist es

Nichts, was sich verändern wird, wird eine Leistung nur von Frauen oder nur von Männern sein.

verbreitet, Beziehungen zu Kollegen so anzugehen, als seien Verstellung und Misstrauen die wichtigsten Berater im Job. Chefs verbreiten Angst und Schrecken anstelle von Neugier und angstloser Einsatzfreude, und Kollegen verpassen wichtige Gesprächschancen, weil ihnen der Kopf von Konkurrenzängsten schwirrt. Das Geschlechterdenken spielt dabei eine immense Rolle, in den verschiedensten Varianten. Manche Chefs stellen lieber Männer als Frauen ein, andere nehmen sich ausdrücklich vor, nur Frauen zu helfen. Frauen haben Angst, benachteiligt zu werden, Männer wissen nicht, wie sie ihre Kollegin einbinden können, ohne dass das als romantisch-sexuelle Anbahnung aufgefasst wird. Das Niveau, auf dem sich währenddessen die gedankliche Energie verbraucht, ist das von vielleicht, vielleicht aber auch nicht signifikanten Bürositzordnungen.

Auch Männer sind von der Angst, sich Frauen gegenüber am Arbeitsplatz falsch zu verhalten, immens gehemmt. Ein Professor, den ich mit männlichen Studenten wunderbar ungezwungen und zugewandt gesehen habe, beeilte sich, darauf angesprochen, mir zu versichern, dass er seine in Spanien erlernte Herzlichkeit freilich »und aus offensichtlichen Gründen« gegenüber weiblichen Studenten drossele. Schon klar, was die offensichtlichen Gründe sind, oder? Die Furcht, sich eines Tages verwickelt zu sehen in etwas, das eine Studentin sexuelle Belästigung heißt, kannte dieser Professor schon länger als Rainer Brüderle, an dem sich letzten Winter die sogenannte Sexismusdebatte entflamme, nachdem eine Journalistin im *Stern* beschrieben hatte, wie sie bei einer Abendveranstaltung mit Cocktails von Brüderle angegraben worden war. Die Brüderle-Episode wurde als ein Beweis dafür aufgefasst, dass Männer noch nicht reif dafür sind, mit Frauen professionell anstatt persönlich umzugehen. Man konnte sie gewissermaßen als Rechtfertigung für eine verschärfte

Zusammenarbeit unter Frauen nehmen: weil wir mit den Männern ja nicht weit kommen würden. Aber auch so kommen wir aus der Geschlechtertrennung nicht heraus.

Ein Vorschlag, der in der Debatte immer wieder auftauchte, läuft darauf hinaus, die Erfahrung vom Geschlecht möglichst vollständig aus dem (Berufs-) Alltag herauszustreichen, es nach dem Vorbild der USA quasi zu unterbinden, denn dort gebe es ein ausgefeiltes Register an Regeln zur Vorbeugung von *sexual harassment*, sexueller Belästigung. Den Arbeitsalltag weniger sexy zu machen, wenn es immer wieder Streitigkeiten über Sexyness gibt: Diese Idee leuchtet mir schon ein. Ich muss allerdings sagen, dass das »Anti-harassment-Training«, das ich vor kurzem gemacht habe, mit meinem Arbeitsalltag das genaue Gegenteil gemacht hat: Erst nachher sah ich plötzlich den Sex in meiner Arbeit, überall. Ich hatte gelernt, dass es sexuelle Belästigung sein kann, das Äußere eines/r Mitarbeiter(s)in zu kommentieren oder zu zweit in einem Raum sein, dessen Tür geschlossen ist. Anfassen am Arm ist das höchste der Gefühle: Alle anderen Berührungen von Kolleg(inn)en sind Tabu ... Jetzt, da ich die Regeln kannte, war mein Arbeitsalltag plötzlich hoch ironisch. Es gab fast nichts, das man nicht irgendwie mit Sex in Verbindung bringen konnte. Einmal errötete ich sogar, als mir ein brasilianischer Autor zur Begrüßung höflich die Hand gab, während ich erwartete, dass er mich, wie in Brasilien üblich, auf die Wange küssen würde, was, gemessen an *Harassment*-Standards, eigentlich verdammt verboten wäre ... Alles hatte mit Sex zu tun, und das, abstruserweise, als Ergebnis einer völlig verkopften Gedankenoperation: Ich traf Männer, ich traf Frauen, und immer kombinierte ich: »Achtung Sex!«. Etwa hunderttausend andere mögliche Verbindungen zwischen Männern und Frauen und anderen Frauen waren aus meinem Gedächtnis gelöscht.

Der Versuch, die Kategorie *Geschlecht* zu entschärfen, war in das Gegenteil umgeschlagen.

Ich bin froh, dass ich inzwischen über das »Anti-harassment-Training« hinweg bin. Geschlecht ist jetzt wieder eine Nebensache in meinem Arbeitsalltag. Für meine Erfahrung, die sich ja auch aus dem speist, was mir andere Frauen erzählen, hat die Mehrzahl der Männer sich heute daran gewöhnt, dass ihnen in beruflichen Kontexten Frauen begegnen, auch mal solche, die einen Bleistiftrock und High Heels tragen. Ich habe den Eindruck, dass das heute die meisten Männer kalt genug lässt, sich trotzdem auf zu besprechende Inhalte zu konzentrieren. Vielleicht tun sie es manchmal sogar umso intensiver. Das wäre zwar eine Art positive Diskriminierung, aber von einem pragmatischen Standpunkt könnte man es durchaus begrüßen. Wer weiß, welche Energien und Erträge überhaupt nur durch die alchemistischen Kanäle der Sublimierung in die Welt gebracht werden? Es ist keine schöne Vorstellung, dass wir die öffentliche Sphäre völlig vom Privaten säubern und eine geschlechts- und persönlichkeitsneutrale Doppelblindwelt schaffen könnten, bevölkert von Robotern (oder, schlimm genug, E-Mail-Schreibern), die sich abstrakte Ideen hin- und herfunken. Schließlich ließe sich dann auch nicht darauf Rücksicht nehmen, wer mit welcher persönlichen – und das heißt auch:

Der Versuch, die Kategorie *Geschlecht* zu entschärfen, war in das Gegenteil umgeschlagen.

Es ist keine schöne Vorstellung, dass wir die öffentliche Sphäre völlig vom Privaten säubern und eine geschlechts- und persönlichkeitsneutrale Doppelblindwelt schaffen könnten, bevölkert von Robotern.

geschlechtlichen, mütterlichen, väterlichen oder anderen – Konditionierung unterwegs ist. Und nicht zuletzt wäre es einfach weniger schön.

Ich meine übrigens nicht, dass es zwischen Brüderle und der Journalistin keinen nennenswerten Konflikt gegeben hätte. Das eigentlich Schmerzhafte für die Journalistin dürfte jedoch nicht die Belästigung selbst gewesen sein, sondern das Gefühl der Ausgrenzung aus dem beruflichen Diskurs, die sie bedeutete und die er sich nur leisten konnte, weil sie ein junges Ding war, das im Rahmen ihres Jobs etwas von ihm wollte, und er derjenige mit Macht und Informationen. Statt ihr diese Informationen zu geben, hat Brüderle ihr aber mitgeteilt, dass sie ein Dirndl »ausfüllen« könne und damit signalisiert, dass er an ihr bloß das hat, was man ein *rein privates* Interesse nennt. Mit dir rede ich gar nicht über Berufliches, Kleines. Mit dir will ich tanzen, aber nicht Geschäfte machen. Das war die Botschaft. Er hat die Journalistin weggewischt und ausschließlich die Frau gesehen. Vor allem im Rahmen von Machtgefällen stellt jede Form von Belästigung ein wirkliches Problem dar, weil die oder der Untergebene aus Furcht vor beruflichen Sanktionen die Gegenwehr unterlassen könnte.

Es ist also niemandem zu wünschen, dass sein Geschlecht zur potenziellen Bühne für ein sexuell aufgeladenes Machtspiel wird, und es ist mir auch nicht egal, wenn das jemandem zustößt. Szenen wie die zwischen Brüderle und der Journalistin brauchen wir nicht. Aber warum gleich die Bühne abreißen – anstatt erst mal zu versuchen, die Machtdramen vor dem klimaktischen dritten Akt zu verändern? Was Brüderle (und vielleicht auch der Journalistin, die sich beschwert hat) zu fehlen scheint, ist die Fähigkeit, es zu spüren, rechtzeitig spürbar zu machen oder, am besten, von vornherein zu verhindern, dass ein Gespräch unter

Kollegen – pardon, aber so ist es nun mal – in die Hose geht. Mangelnde Professionalität. Mangelnde menschliche Bildung. Oder auch bloß ein Mangel an Übung darin, gemeinsam mit einer vielleicht faszinierenden, vielleicht weniger faszinierenden Person ein Gespräch zu entwickeln, das bei der Sache bleibt. Wie ein solcher Mangel, falls überhaupt, systematisch auszubessern wäre, ohne dass man dabei auf klinische Säuberung des Alltags von der Erfahrung *Geschlecht* zurückgreift, kann ich nicht alleine entscheiden. Ich habe aber eine Vorstellung davon, was dadurch zu gewinnen wäre, wenn die Arbeitskultur sich etwas von der Geschlechterdebatte entspannen würde und wenn Frauen und Männer sich weniger Gedanken über ihr Geschlecht und das des Gegenübers machen müssten (oder würden): nämlich, dass wir als Menschen in unsere Büros gehen könnten anstatt nur als Träger von Gedanken, Ideen und Fähigkeiten.

Und das wäre, wie gesagt, nicht zuletzt für all diejenigen von Vorteil, die vorübergehend oder grundsätzlich von der Angestelltennorm abweichen, also zum Beispiel nicht durchgängig zu den herkömmlichen Arbeitszeiten anwesend sein können, nicht dasselbe Auftreten haben wie die herkömmlichen Angestellten oder sich anders kleiden wollen als sie. Diese *Andersartigen* sind übrigens häufig Frauen. Und wenn die sich morgens den abstrakten Fremdkörper einer professionellen *Persona* anlegen wie eine moderne Ritterrüstung, dann heißt das in der Regel: Sie zeigen, dass sie auftreten können *wie Männer.* Warum wagen wir nicht mehr? Frauen, die einen männlichen Chef haben, sollten diesem bei der Gehaltsverhandlung sagen können, dass sie mehr Geld wollen, ohne ihm dabei gleich böse Absicht oder sexuelle Diskriminierung zu unterstellen. Und auch Männer müssen sich klarer fragen, wie sie mit ihren Kolleginnen und Kollegen Beziehungen ohne großes Geschlechtervorzeichen entwickeln können.

Wenn die theoretische Seite vom Sozialkonstruktivismus stimmt, dann sind Männer und Frauen durchaus verschieden von der Gesellschaft beeinflusst, und dann könnte man solche Begegnungen wie ein Training in interkultureller Kommunikation angehen: erst mal Beschreibungen und Nachfragen formulieren, nicht gleich Vorwürfe.

Wenn ich versuche, mir vorzustellen, wie Männer und Frauen entspannter miteinander arbeiten könnten, spreche ich also nicht vom Handel mit *erotischem Kapital,* wie es die Soziologin Catherine Hakim vorgeschlagen hat.[62] Das hat auf der Arbeit nichts zu suchen. Ich spreche aber auch nicht von der Leugnung des Geschlechts. Dass wir keine neutralen *Blackboxes* sind, gehört nun mal zum Leben dazu. Es ist aber auch kein Grund, gleich auszuflippen. Sich ehrlich zu zeigen, echte Gespräche zu suchen und mit Selbstvertrauen einzufordern, dass man als Person wahrgenommen wird – und das ist viel mehr als nur das Geschlecht –, die ein Leben zu führen und nicht bedingungslos eine betriebliche Frage zu klären hat, könnte schon ein erster Schritt sein. Ein Schritt, der vielen Frauen weiterhelfen könnte – und vielen Männern auch.

Solange aber aus der beiderseitigen Angst vor sexueller Belästigung oder einer entsprechenden Klage keine Besprechung zu zweit bei verschlossener Tür stattfinden kann – weil die

Gesprächsteilnehmer entweder verschiedenen oder gleichen Geschlechts sind, was entweder hetero- oder homosexuelle Überblendungen der Beziehung ermöglicht – kann das nötige Vertrauen kaum entstehen. Aber manche Ideen, Überlegungen oder Sorgen möchte man eben nicht mit den großen Ohren der Kaffeeküche im Rücken besprechen. Der klassische Ausweg ist, dass Männer sich in Männerzirkel zurückziehen und Frauen Frauengrüppchen bilden (wo, weil es Gruppen sind, angeblich auch keine homosexuelle Belästigung stattfindet). So werden wir jedoch ein etwaiges *Old Boys Network* und dessen weibliches Äquivalent nie los. Beides ist sexistische Kommunikation – sowohl ins Innere einer Gruppe (was sich in Gruppenzwang wie dem beim Ladies' Lunch äußern kann) als auch nach außen, selbst wenn man sich dort (etwa durch *Anti-Harassment*-Standards) redlich bemüht, das Geschlecht aus allen Beziehungen ganz herauszudividieren: Letzteres hebt die erotischen Untertöne, die sich aus sexuellen Differenzen und Ähnlichkeiten ergeben, keineswegs auf, sondern es kann sie sogar intensivieren. Beides sind Strategien, mit dem Geschlecht am Arbeitsplatz umzugehen, aus denen Männer umso mehr als *Männer* und Frauen umso mehr als *Frauen* hervorgehen können. Beide Strategien schenken dem Geschlecht zu viel Glauben an den falschen Stellen – einmal wird das Geschlecht zur Basiskategorie gemacht, einmal das Nichtgeschlecht. Sinnvoller wäre es, genauer zu wissen, wer gerade in welcher Lebenssituation steckt – ob Mann oder Frau – und die Bedürfnisse und besonderen Leistungsfähigkeiten, die sich aus diesen Situationen ergeben – ob und in welcher Weise familiär oder anders

Frauen und Männer müssen lernen, beruflich miteinander zu koalieren, ohne sich dabei wie der Minnesänger und das Burgfräulein zu fühlen.

eingebunden – im Tagesgeschäft so zu reflektieren, dass dieses dann auch stattfinden kann. Frauen und Männer müssen lernen, beruflich miteinander zu koalieren, ohne sich dabei wie der Minnesänger und das Burgfräulein zu fühlen. Und auch untereinander haben Frauen und Männer eine Solidarität zu entdecken, die nicht nur an geteilten Gendererfahrungen hängt. Ich bin für Interessen- anstatt Geschlechtsgemeinschaften.

WER WILL HIER DER BOSS SEIN?

Über Karrierewünsche, die zur hohlen Form werden, und Glück, das sich nicht beziffern lässt

Wir alle könnten längst weiter, reicher, in einer besseren Wohnung, in einem besseren Job, über mehr Untergebenen unterwegs sein, da sind wir uns doch einig, oder? Wenn Sie jetzt »Ja« sagen, aber ein Mann sind, na ja, dann haben Sie ein ganz normales Problem. Wenn Sie aber eine Frau sind, dann ist es etwas anderes. Dann haben Sie ein Frauenproblem.

Dann haben Sie, so würde Sheryl Sandberg, Verwaltungsratsmitglied und Geschäftsführerin von Facebook, es sagen, eine »Ambitionslücke«, mit der erklärbar wird, warum Frauen seltener im Chefsessel sitzen als Männer: Mädchen werden zu weniger Ehrgeiz erzogen, und als erwachsene Frauen zeigen sie zu wenig davon. Im Job sind sie am liebsten »relentlessly pleasant«, und sie suchen nach Sinn und Selbstverwirklichung in ihrer Arbeit – aber damit kommt man, gemessen an Gehaltstabellen und PS des Dienstwagens, nun mal nicht weit.[63] Wenn Sie eine Frau sind, dann gibt es wahrscheinlich Momente, in denen Sie sagen: Vielleicht ist etwas dran. Denn schon länger haben sich Frauen nicht mehr so intensiv *als Frauen* bespiegelt wie in den vergangenen Jahren, und dann sagt man sich eben auch mal Dinge wie:»Stimmt, neulich, da war ich viel zu scheu, zu typisch

Frau«. So ging es zum Beispiel S., mit der ich im Herbst über Landstraßen fuhr. S. ist Architektin und dabei nicht erfolglos. Sie hat früh einen wichtigen Nachwuchspreis erhalten und ihren beruflich eher orientierungslosen Exfreund verloren, weil der sich neben ihr zu mickrig vorkam. Auf das volle Karriereprogramm hat S. im Moment allerdings keine Lust; sie sagt, es sei ihr wichtiger, am Wochenende Zeit für Ausflüge und für ihren Judoverein zu haben, als zur Bereichsleiterin ernannt zu werden. Sie will nicht werden, nein,»enden«, so drückt sie sich aus, wie ihre Chefin,»die einen tollen Job hat und sonst gar nichts.« S. denkt auch an einen neuen Mann und vielleicht an eine Familie, die entstehen könnte. Das, sagte S., als wir einen Schotterweg zwischen riesenhaften Nadelbäumen hochfuhren, gebe ihr allerdings manchmal das Gefühl, dass etwas mit oder vielleicht sogar in ihr im Argen liege, weil sie sich nicht dazu durchringen könne, ihre Wünsche auf entscheidende Karriereschritte zu fokussieren. Offenbar hing S. zwischen zwei Polen: Einerseits erfüllte sie alle Voraussetzungen, um eine steile Karriere hinzulegen, andererseits wünschte sie sich die nicht unbedingt.

Es schien um ein Phänomen zu gehen, das in *Fifty Shades of Grey*[64] und Charlotte Roches *Schoßgebete*[65] für Sex und Beziehungen beschrieben steht, und das andere auch im Karriereverhalten von Frauen ausgemacht haben: die »selbst gewählte Unterwerfung«, der die *taz* vor zwei Jahren eine Sondernummer gewidmet hat;[66] die Beobachtung also, dass viele Frauen so rätselhaft viel Energie darauf verwenden, für Männer attraktiv zu sein, oder dass sie sich freiwillig in die Mutterrolle zurückziehen oder wie meine Freundin S. mehr Wert auf eine schöne Zeit als auf einen Protz-CV setzen. Vielleicht, sagte S., sei sie nicht mehr als ein kleiner Teil eines großen Beweises, dass die Frauen heutzutage einen Tritt in den Hintern bräuchten.

Suchen Frauen die rauen Winde radikaler Selbstständigkeit gar nicht erst? Sehnen sie sich etwa nach Abhängigkeit und danach, dass andere die Verantwortung tragen; wollen sie denn keine Macht haben? Solche Vermutungen und auch die Frage, ob die Frauen sich nicht eigentlich schämen sollten, wenn es so wäre, haben in den vergangenen Jahren für

Suchen Frauen die rauen Winde radikaler Selbstständigkeit gar nicht erst?

gewisse Unruhen gesorgt. Frauen sind ein echtes Thema, eines, das Sorgen macht oder sogar richtig wütend. »Überall sah ich Frauen, die in meinen Augen weit unter ihren Möglichkeiten blieben, die ihre Kraft und ihre Fähigkeiten vergeudeten«, tobte zum Beispiel die Journalistin Bascha Mika in ihrem Buch *Die Feigheit der Frauen*: »Meine Fassungslosigkeit wuchs und auch mein Zorn. Warum kämpfen wir nicht für ein selbstbestimmtes Leben? Wieso versagen wir Frauen immer wieder an Punkten, wo es um uns selbst geht? Wollen wir nicht frei und gleich sein? Sind wir stattdessen bequem und feige?«[67]

Als S. und ich dann auf einem Berggipfel zwischen großen Steinen badeten und es war, als würden wir auf die schöne, alte, weite, kleine Welt hinunterschauen, war es mehr so ein Gefühl, aus dem heraus ich zu ihr sagte: »Mir ist es egal, ob du aus einer mathematischen Hochbegabung nichts gemacht hast. Weil du offensichtlich etwas anderes willst und das gut und gerne machst.«

Was mich viel mehr störte, war das Frauenproblem: dass jede von uns die Last eines ganzen Geschlechts auf dem Rücken trägt. Man weiß jetzt, dass Frauen, statistisch gesehen, den Männern in manchen Bereichen noch

Was mich viel mehr störte, war das Frauenproblem: dass jede von uns die Last eines ganzen Geschlechts auf dem Rücken trägt.

nachstehen. Sie machen weniger Karriere, haben weniger Geld. Und weil das als Problem gilt, liegt es nur nahe, wenn diejenigen, die eigentlich gut Karriere und Geld machen *könnten*, es aber aus irgendwelchen Gründen nicht *wollen*, mit einem latent schlechten Gewissen durch die Gegend laufen. Theoretisch haben wir jungen, gut ausgebildeten Frauen wirklich keine gute Ausrede, nicht endlich die Verhältnisse umzustürzen.

In der Zeit nach meinem Tag mit S. suchte ich nach einem Weg, meinen Eindruck, dass uns Karriere, wenn wir das so wollten, ruhig egal sein darf, begründeter zu formulieren und herauszufinden, warum meine Freundin und ich solche lächerlichen Verrenkungen machen mussten, um uns mit einer Debatte in Verbindung zu bringen, die doch angeblich in unserem Namen geführt wurde. Dass Karriere auch für Frauen möglich sein, dass jeder Posten auch für Frauen offen sein muss, ist klar. Allen. Niemand will ernsthaft zurück in die starre Zweigeschlechterwelt, die schon so weit hinter uns liegt, dass Schüler sie im Geschichtsunterricht bestaunen können. Das könnten wir uns auch gar nicht leisten. Wir könnten es uns nicht leisten, weil die Gehälter so geschrumpft sind, dass man mit einem eine Familie gar nicht mehr ernähren kann; wir könnten es uns nicht leisten, weil die Eheschließung heutzutage scheidungsrechtlich keine finanzielle Absicherung mehr bedeutet; wir könnten es uns nicht leisten, weil wir nicht genug erben werden. Die Geschlechterdebatte hat auf wichtige Probleme hingewiesen – aber Erklärungen oder sogar Lösungen für diese Probleme fand ich mehr und mehr in anderen Rubriken als dort, wo Zeitungsartikel mit »Geschlechterrollen« überschrieben werden. Oder, anders formuliert:

Die Geschlechterdebatte befasst sich mit Fragen, die eigentlich nicht nach geschlechtsspezifischen Antworten verlangen.

Die Geschlechterdebatte befasst sich mit Fragen, die eigentlich nicht nach geschlechtsspezifischen Antworten verlangen. Macht- und Karriereverweigerer findet man schließlich nicht nur in den Umkleidekabinen von *Victoria's Secret*. Das Zaudern, wenn es darum geht, zu den Weisen, wie Menschen arbeiten sollen, Ja zu sagen, ist, wenn es denn überhaupt eins ist, ein normales Problem. Denn eine zurückhaltende Einstellung gegenüber steilen Karrieren wird längst auch vielen jüngeren Männern nachgesagt. Jugendstudien wie die von *Shell* bilden schon länger eine Jugend ab, der materielle, karrieristische Ziele weniger wichtig sind als der Wunsch, sich in der Familie und bei Freunden gut aufgehoben zu fühlen. Im Teen-to-Fourty-something Magazin *Neon* hat man schon etwas bang die Frage »Muss ich jetzt Karriere machen?« diskutiert.[68] Und selbst in Zeitschriften wie *Manager Magazin* kann man unter Überschriften wie »Wer will noch Chef werden?« umfangreiche Geschichten lesen, die vom »Unmut über das klassische, am hierarchischen Aufstieg orientierte Karrieremodell« handeln: »Zu starr erscheint es vielen, mit zu viel Ergebnisdruck und interner Politik und zu wenig Zeit für Familie und Freunde.«[69]

Arbeit lohnt sich ja auch immer weniger. Das gilt einerseits finanziell, wenigstens für diejenigen unter uns, die ihr Geld nicht mit den ausnehmend lukrativen Tätigkeiten (»Abzockerei«, würden die Schweizer sagen) machen. Aber es hat noch mehr Gründe, dass sich immer mehr disharmonische Töne dazumischen, wenn das Wort »Karriere« ausgesprochen wird. Hässliche Wörter wie »work-life-balance« und »E-Mail-Stress« folgen. Immer öfter liest man auch von Studien, denen zufolge Beförderungen zu psychischen und physischen Beschwerden führen, aber nicht zu mehr Lebenszufriedenheit. Und mit *Burnout*[70] hat Miriam Meckel uns allen eine Vokabel gebracht, mit der sich nun Gefühle von Erschöpfung, Zynismus und Selbstentfremdung im Job zusammenfassen lassen. Der Blick, mit dem jetzt in die Arbeitswelt geguckt wird, ist ein ernüchterter, und viele schuften schon ohne großartige Karriere genug, um sich allerlei Sinnfragen zu stellen – etwa, für wen sie das alles tun, und warum man eigentlich nicht etwas kürzer treten sollte, wenn man sowieso nichts Nennenswertes zurücklegen kann. Junge wie Ältere, las ich neulich, fordern zunehmend ihre »Nischen zum Verschnaufen« ein.[71]

Das Bild gefiel mir, denn die Sehnsucht nach solchen Nischen kann ich in meinem Bekanntenkreis – und zwar nicht nur bei Frauen – genauso deutlich sehen wie eine gewisse Skepsis gegenüber der Idee, Karriere zu machen.

Viele meiner Freunde haben ihre Jobs noch nicht sehr lange und das Gefühl, zu ihren Aufgaben gehöre es, den Menschen, mit denen sie zusammenarbeiten, beweisen zu müssen, dass es ihnen nichts ausmacht, 14 Stunden täglich auf ihren Bildschirm zu starren.

Viele meiner Freunde haben ihre Jobs noch nicht sehr lange und das Gefühl, zu ihren Aufgaben gehöre es, den Menschen, mit denen sie zusammenarbeiten, beweisen zu müssen, dass es ihnen nichts ausmacht, 14 Stunden täglich auf ihren Bildschirm zu starren. Viele sind entweder fett oder aber zu dünn geworden, seit sie nicht mehr studieren oder anders einen Einstieg suchen. Es sind auch schon viele Bandscheiben draufgegangen. Warum ist das so? Wir geben unsere Bandscheiben nicht dran, weil wir so *hardcore* sind und besonders kaltblütige Karriereziele vor Augen haben. Wir machen das, weil wir wissen, dass wir froh sein können, überhaupt einen Job zu haben, mit dem wir uns einigermaßen arrangieren können.

Auch wenn das nicht unbedingt eine gesunde oder gar kultivierte Lebensart mit sich bringt.

Vieles ist kurzfristig oder nur halb, mit viel Fahrerei verbunden, oder man muss für seinen Job den ganzen Tag am Computer sitzen. Es ist zu weit weg von den Kindern, prekär oder doch nicht so interessant. Und vor allem sind immer alle *busy*. Selbst wenn es vielleicht mal ein paar Tage lang nicht so viel zu tun gibt, tut man trotzdem so, um – nun ja, um beschäftigt zu wirken, um am Privileg der Gefragten teilzuhaben, selbst wenn auch das niemanden gleich reich macht (denn heute kann man ja auch einfach viel Arbeit für wenig Geld machen). Wir machen das, auch wenn Neurologen sagen, dass pausenloses Arbeiten in den meisten Fällen nicht einmal Früchte trägt. Über die tägliche Leistungsfähigkeit etwa von durchschnittlichen Gehirnen sagen sie: Sie ist erstaunlich niedrig, die meisten bringen effektiv nur wenige Stunden Konzentration zusammen. Produktiver wäre es, wenn wir nicht immer *busy*, sondern auch mal *lazy* wären. Und dann treffen wir uns zum Abendessen – natürlich viel seltener als wir das gerne würden – und sagen: Es ist alles großer Quatsch, aber soll ich das meinem Chef einfach ins Gesicht sagen, wenn er die wichtigen Aufgaben am liebsten abends um sieben verteilt?

Und wenn ich mir dann meinen Tag mit S. auf den Landstraßen ins Gedächtnis rufe, denke ich, dass wir vielleicht keine sehr gute Figur dabei gemacht haben, aber dass wir eigentlich über etwas sehr Schönes hatten sprechen wollen: wie wir denn nun eigentlich glücklich werden wollten.

Die Zeichen aber mehren sich, dass es nicht nur wir sind, die angefangen haben zu zweifeln. Über das Glück und die Arbeits- und Lebensweisen, die es verhindern, denken ausgerechnet auch immer mehr Wirtschaftsforscher nach. Überall auf der Welt diskutieren Ökonomen und Ökologen und manchmal auch Dichter darüber, wie man bemessen kann, wie gut es einem Land geht.

Über das Glück und die Arbeits- und Lebensweisen, die es verhindern, denken ausgerechnet auch immer mehr Wirtschaftsforscher nach. Nicht nur wichtig, sondern auch anziehend sind diese Debatten neuerdings, weil die Wirtschaftskraft als alleinige Messgröße für den Wohlstand eines Landes dabei immer mehr infrage gestellt wird. So wird etwa in Deutschland derzeit das Bruttoinlandsprodukt – also der Gesamtwert der Waren und Dienstleistungen eines Landes – üblicherweise als die für den Wohlstand ausschlaggebende Zahl betrachtet. Das macht allerdings nicht nur deshalb einen schlechten Eindruck, weil mit endlichen Ressourcen und alternden Gesellschaften das Wirtschaftswachstum stagniert, sondern auch weil sich aus dieser Erfahrung die Frage neu stellen lässt: Wann sind wir Menschen denn überhaupt glücklich? Es wird jetzt nach alternativen Kriterien gesucht, um Wohlstand zu messen, nach anderen Werten als Wachstum. Was ist zum Beispiel mit Gesundheit, Bildung und Verwirklichungschancen? Mit Beteiligung an dem, was erarbeitet wird, oder mit weniger entfremdeter Arbeit? Was ist mit Gelegenheiten, sich eine Meinung über politische und kulturelle Fragen zu bilden und sie zu äußern? Mit solchen Sachen wie Zeit für Liebe und zum Billardspielen?

Es gibt auch schon konkrete alternative Wohlstandsanzeiger, die solche Faktoren bei der Bewertung von Staaten heranziehen. Sie heißen *Human Development Index, Better Life Index* oder *Happy Planet Index*. In Bhutan steht in der Verfassung, dass der Staat das »Bruttonationalglück«[72] vermehren soll. Nicht nur ein ausreichender Lebensstandard wird in dem kleinen Land im Himalaja angestrebt, sondern auch Gesundheit, Freizeit und spirituelles Leben. Der Anspruch, das Glück der Einwohner einer Region zu messen, ist natürlich vollkommen illusionär. Genau das ist ja das Großartige an all diesen Gesprächsrunden: Dass sie sich mit Fragen befassen, die in Statistiken nicht gut aufgehoben sind – und dass die Politik eingesehen hat, dass sie solche *weichen* Lebensqualitäten, auch wenn man sie nicht klar beziffern kann, ernster nehmen, ja, sich an sie herantrauen muss.

Genau das ist ja das Großartige an all diesen Gesprächsrunden: Dass sie sich mit Fragen befassen, die in Statistiken nicht gut aufgehoben sind.

Selbst im Deutschen Bundestag hat vor einem Jahr die Enquete-Kommission »Wachstum, Wohlstand, Lebensqualität« ihre Überlegungen zu nachhaltigen und ganzheitlichen Wohlstandsindikatoren abgeschlossen. Herausgekommen ist ein mehr als 800-seitiges Dokument, das eindeutig von Sozialwissenschaftlern geschrieben ist.[73] Es ist ziemlich verquast, aber immerhin ist das Thema auf den Tisch gebracht worden.

In der Frage nach dem guten Leben könnte es also einen Paradigmenwechsel geben – weg von simpler Arithmetik, hin zu vielleicht feinfühligeren und sicher schwerer messbaren Ansätzen. Das darf natürlich nicht dazu führen, dass Fragen über Verteilungsgerechtigkeit unter den Tisch fallen. Klar ist: Arbeit muss

Das darf natürlich nicht dazu führen, dass Fragen über Verteilungsgerechtigkeit unter den Tisch fallen. Klar ist: Arbeit muss anständig entlohnt werden, Mieten müssen bezahlbar sein. Wir müssen rechnen. Aber trotzdem sollte über Gesellschaft nicht allein mit dem Rechenschieber gesprochen werden.

127

anständig entlohnt werden, Mieten müssen bezahlbar sein. Wir müssen rechnen. Aber trotzdem sollte über Gesellschaft nicht allein mit dem Rechenschieber gesprochen werden. Uns entgehen wichtige Beobachtungen, wenn Rechnen das Einzige ist, was wir tun, wenn wir über gelungene Lebensläufe sprechen. Und vielleicht kommen wir so auch nie zu einem guten Gefühl dafür, wie viel Geld und was sonst noch wir eigentlich brauchen, um ein gutes Leben zu führen. Von Glück allein kann man nicht leben, aber von Geld allein auch nicht.

In der Geschlechterdebatte fasst diese Einsicht viel zu zaghaft Fuß. Am sichtbarsten ist sie nach wie vor dort, wo sie in einer Diskussion über Gehaltsstatistiken und Jobverteilungen in den Chefetagen der DAX-30-Unternehmen verharrt. Deshalb hat der Bundesjustizminister die Frauenquote in den DAX-Aufsichtsräten auch mit alleroberster Priorität versehen und der Regierung auf den Arbeitsplan für die ersten 100 Tage geschrieben.[74] In den Aufsichtsräten der DAX-Unternehmen gibt es nicht einmal 500 Positionen, aber gerade diese Jobs interessieren alle am meisten, und gerade hier schien die Quote am dringendsten. Weil es Stellen sind, die mit stattlichen Entgelten verbunden sind, Stellen mit angeblicher Signalfunktion. Wie aufregend wäre es, wenn die Geschlechterdebatte endlich weiterkäme und ihre Zahlenfixierung loswürde. Es gäbe so viel über gutes und weniger gutes Leben zu besprechen. Über Familienleben und darüber, wie Männer und Frauen miteinander arbeiten können, zu Hause und im Job. Auch: über Freiheit. Es ist alles andere als klar,

Wie aufregend wäre es, wenn die Geschlechterdebatte endlich weiterkäme und ihre Zahlenfixierung loswürde. Es gäbe so viel über gutes und weniger gutes Leben zu besprechen.

dass die Vollzeitstelle mit Signalfunktion tatsächlich das ist, was alle wollen – noch, dass ausgerechnet diese Positionen jene sind, durch die die Gesundheit der Gesellschaft erhalten wird.

Doch besonders für Frauen scheint der Wohlstand nach wie vor besonders am Einkommen und am Erfolg bei der klassischen Schornsteinkarriere bemessen zu werden: Um die Emanzipation endlich komplett zu machen, soll frau sich nach oben arbeiten und einen Konkurrenten nach dem anderen abhängen. Weil andererseits aber die Arbeitswelt als frauenfeindlich gilt, wird gefordert, dass ihr dabei geholfen wird, per Quote und Frauenförderung.

Um die Emanzipation endlich komplett zu machen, soll frau sich nach oben arbeiten und einen Konkurrenten nach dem anderen abhängen.

So ähnlich haben auch Exfamilienministerin Kristina Schröder und ihre Mitarbeiterin Caroline Waldeck die Debatte aufgefasst und daraufhin das Buch *Danke, emanzipiert sind wir selber!* geschrieben.[75] Es handelt von einem Deutschland, in dem Frauen unter permanentem Druck stehen, ihre Lebensentscheidungen zu rechtfertigen: »Früher brauchte eine emanzipierte Frau Mut und Kampfgeist, um gegen alle Widerstände selbst über ihr Leben entscheiden zu können. Heute braucht sie die stoische Gelassenheit eines Ackergauls, um selbstbestimmt ihren Weg zu gehen. Denn was auch immer sie als ihren Weg gewählt hat: Den richtigen Weg kennen andere. Ist die emanzipierte Frau Hausfrau aus Überzeugung, erregt sie Mitleid und Fassungslosigkeit (›Reicht dir das etwa?‹). Ist sie Vollzeit berufstätig und Mutter, gilt sie als überfordert (›Wie schaffen Sie das bloß alles?‹).«[76] Und so weiter.

Im Grunde beschreiben Schröder und Waldeck ein Heer von Tussis, weiblichen wie männlichen, denen Frauen heute ausgesetzt sind: dem Hubschrauberbewusstsein, das in jeder Frau die statistische Repräsentantin, das Frauenproblem sieht. Die Tussi glaubt nicht an individuelle Lösungen und korrigiert deshalb alle, die sich auf die Suche nach einer solchen machen, indem sie ihnen vor Augen hält, dass alles, was sie tun, eine gesellschaftliche Basis hat und daher eigentlich gar nicht gut sein kann. Die Tussi verlangt nach einer konzertierten Aktion: Frauen müssen Karriere machen, und das muss in einem Gemeinschaftsakt durchgesetzt werden, per Quote.

Schröder aber war gegen eine echte Quote, und das hat sie ihren Job gekostet. Als das *Danke!*-Buch erschienen war, wurde es in null Komma nichts und auf allen Kanälen runtergeputzt. Auf Facebook organisierte sich sogar eine Gruppe, die »Nichtmeineministerin« hieß und deren Mitgliederzahl täglich anschwoll. Fast 25 000 Menschen unterzeichneten einen offenen Brief an Schröder, in dem sie die Ministerin zum Rücktritt aufforderten.

Das war insofern etwas verstörend, als dass die Erinnerung daran, dass Karriereideologie auch dann Ideologie bleibt, wenn sie sich Feminismus nennt, schlichtweg als Plädoyer für eine angenehmere, entspanntere Geschlechterdebatte hätte aufgenommen werden können. Zunächst sah es so aus, als bestätige es die Diagnose vom plumpen Karrierismus, dass sich alle über dieses Buch aufregten. Allerdings interessierte die Hauptthese von *Danke, aber emanzipiert sind wir selber!* eigentlich keinen. Das sieht man schon an der Selbstbeschreibung derer, die Schröder signalisierten: Danke, aber Feminismus ist eigentlich nicht unser Problem: »Wir sind Menschen, die aus unterschiedlichen politischen Positionen sprechen, die mit Kindern leben oder ohne, die sich Karrieren wünschen, sie bereits machen oder auch nicht, die sich als Feministinnen und Feministen sehen oder auch nicht, und wir haben etwas gemeinsam: Wir fühlen uns von der für Frauen- und Familienpolitik zuständigen Ministerin Kristina Schröder nicht vertreten!«[77]

Das Problem waren tatsächlich nicht irgendwelche feministischen Chefideologinnen. Von der Familienpolitikerin wurden politische Maßnahmen erwartet und keine Meta-Kritik an nicht immer sinnvoll kommunizierten, angeblich feministischen Forderungen. Das Problem war, in Umrissen, das Folgende:

Wenn wir mehr verdienen würden – Männer wie Frauen –, dann müssten wir weniger arbeiten, und man könnte Familie leben, anstatt sie nur zu verwalten. Wir verdienen aber nicht mehr, und viele Eltern müssen, man kann es kaum anders sagen, schuften. Oder einer schuftet, und die andere bleibt zu Hause. Ein Dazwischen-für-beide, wie es Schröders Nachfolgerin Manuela Schwesig in Form einer staatlich subventionierten 32-Stunden-Woche sofort zu Beginn ihrer Amtszeit vorgeschlagen hat, ist für die meisten Eltern und die Jobs, die sie haben, zum jetzigen Zeitpunkt leider noch völlig undurchführbar. Teilzeitarbeit wird von Unternehmen gern als eine Art Zumutung abgehandelt. Das ist, wie gesagt, schon schlimm genug, wenn es nur die Bandscheiben sind, die etwas Zuwendung gebrauchen könnten. Kinder verschärfen diesen Konflikt. Und alle scheinen zu glauben, dass man berufliche Ambition genau in der Lebensstrecke unter Beweis stellen muss, auf der Kinder unterwegs sein könnten.

Man sieht, dass der Problemkomplex, zu dem Schröder als Familienministerin einen solchen Fremdkörper bildete, eigentlich kein geschlechtstypischer war. Schröder hatte nicht Feministinnen, auch nicht primär Frauen, sondern Leute gegen sich aufgebracht. Familienmenschen. Arbeitnehmer. Wähler. Männer und Frauen. Der eigentliche Streitpunkt war nicht Feminismus, und vielleicht ging es nicht mal um Karrierehindernisse.

Im Kern ging es um die Frage, wie man im 21. Jahrhundert Familie leben, wie man mit seiner Arbeit ein lebenswertes Leben finanzieren und wie man einen Job finden kann, der einen nicht physisch und psychisch ruiniert. Diese Frage ist keine rein private. Und mehr und mehr setzt sich auch die Erkenntnis durch, dass sie keine reine Frauenfrage ist. Sie geht alle an, weil Männer auch Familie haben und Frauen nicht immer, und weil dieses Wissen auch mehr und mehr im echten Leben ankommt, in dem Frauen mehr verdienen können als ihre Partner, in dem manchmal Väter mit Kinderwagen am Bürofenster vorbeiziehen und Mütter nicht immer gut kochen. Männer sind längst Teil von allen Problemen, die geschlechterpolitisch verhandelt werden – und das bei Weitem nicht nur als Täter, Patriarchen oder Strippenzieher in der Wirtschaft, sondern auch zum Beispiel als Väter. Auch weil sie plötzlich ihren Job verlieren oder eine Frau haben können, die nächste Woche dringend geschäftlich nach Brasilien muss. Und auch weil nicht immer klar ist, dass das Baby wirklich profitieren wird, wenn es alle Zeit der Welt mit Mama allein zu Haus verbringen soll.

Männer sind längst Teil von allen Problemen, die geschlechterpolitisch verhandelt werden – und das bei Weitem nicht nur als Täter, Patriarchen oder Strippenzieher in der Wirtschaft, sondern auch zum Beispiel als Väter.

Zu Schröders Ehrenrettung – auch wenn es ihr jetzt nicht mehr viel helfen kann – muss man also sagen, dass die harte Kritik wohl nur begrenzt auf ihr Buch reagierte, und dass vieles davon eher ein Ausdruck der wachsenden Ungeduld gewesen sein muss, mit der auf entsprechende politische Entscheidungen gewartet wird. Es gilt dabei aber vor allem zu beweisen, dass es nicht stimmt, was Schröder und Waldeck geschrieben hatten: dass sich ausgerechnet der Feminismus »von der Speerspitze im Kampf um weibliche Emanzipation zum machtvollsten Sprachrohr der allgegenwärtigen Bevormundung durch Rollenleitbilder und damit zur Emanzipationsbremse«[78] gewandelt habe. Wenn wir weiter nur auf Einkommensstatistiken und Chefposten starren, dabei aber nichts Grundlegendes an der Arbeitskultur ändern, dann könnte das Ergebnis unbefriedigend ausfallen. Dann werden wir zwar möglicherweise mehr weibliche Chefs haben, aber daran, dass es zu viele Jobs gibt, die stumpf und blass und gleichzeitig irgendwie arm machen, wird das trotzdem nichts geändert haben. Dann hat sich der Feminismus bloß von einer Wirtschaft, die nicht sehr menschenfreundlich ist, vereinnahmen lassen. Schöner wäre es, wenn wir zu einer Gesellschaft gelangen, in der Menschen, vielleicht vor allem Kinder oder Alte, im Zentrum stehen.

Es bringt also nichts, die Frauenkarriere zum gesellschaftlichen Nonplusultra zu erheben, und das war's dann. Eigentlich sollten wir etwas an der Weise, wie wir arbeiten, ändern. Was wir brauchen, sind mehr arbeits-, geld- und familienpolitische Ansätze, die in eine nicht nur frauen- und familien-, sondern grundsätzlich arbeitnehmerfreundlichere Welt führen könnten. Sprich: Mehr Geld für weniger Arbeit, mehr sinnvolle Arbeit, mehr Zeitsouveränität für Arbeitnehmer, mehr berufliche Chancen für Frauen und ältere Menschen und mehr Teilzeitarbeit auch in der einen oder anderen gehobenen Position, mit geteilten Aufgaben eben.

Was wir brauchen, sind mehr arbeits-, geld- und familienpolitische Ansätze, die in eine nicht nur frauen- und familien-, sondern grundsätzlich arbeitnehmerfreundlichere Welt führen könnten.

Dass das geht, zeigen Firmen, die sich Gedanken über Personalbeschaffung, Mitarbeiterloyalität und Außenwirkung machen und die auch schon ohne entsprechende Gesetze angefangen haben, die Vorstellung abzuschütteln, dass Arbeit und Privatleben ein Nullsummenspiel wären. Die Stechuhren verstauben, während immer mehr flexible Arbeit auf Vertrauensbasis, die auch mal zu Hause erledigt werden kann, vereinbart wird. Schon liest man von ersten Teilzeitmanagern. Und auch kleine Betriebe experimentieren mit Familien-Mittagstischen und Eltern-Kind-Büros. Das sind gute Mittel gegen den häufig unproduktiven Präsenzwahn, und im besten Fall ebnen sie den Weg für das nötige Vertrauen und die Flexibilität, die Mitarbeiter und ihre Chefs brauchen, wenn jemand ein Familienmitglied betreuen muss. Wer bei dem Maschinenhersteller Trumpf arbeitet, kann alle zwei Jahre neu festlegen, wie viele Stunden sie oder er wöchentlich arbeiten möchte, denn, so Nicola Leibinger-Kammüller, die das Unternehmen leitet, »Standardarbeitsverträge werden der komplexen Lebenswirklichkeit nicht mehr gerecht.«[79]

Das alles sind natürlich erst die allerersten Anfänge – das Gute daran ist, dass eine Unruhe ins Denken gekommen ist: Wie müsste das Leben sein, um schön zu sein?

Das alles sind natürlich erst die allerersten Anfänge – das Gute daran ist, dass eine Unruhe ins Denken gekommen ist: Wie müsste das Leben sein, um schön zu sein? Was ist zumutbar? Viele Hoffnungen werden dabei in Frauen gesetzt. Sie sollen die Wirtschaft umkrempeln. »Heute dürfen weibliche – und sogar männliche – Autoren sagen, dass Frauen mit anderen Erwartungen und Verhaltensweisen in die Wirtschaft kommen«, stand neulich im Ton großer Erleichterung in der *Zeit*. »Viel spricht dafür, dass mit mehr Frauen an der Spitze eine neue Wirtschaft entsteht.«[80] Der Autor war sehr zuversichtlich, dass die Frauen den Kapitalismus verändern, ihn etwas menschenfreundlicher machen würden. Der Autor lag falsch: Es sind nicht Frauen, es sind einfach Menschen mit anderen Vorstellungen von ihrem Leben, die die Arbeitswelt verändern – und dass sie den Kapitalismus menschenfreundlicher machen, steht noch zu beweisen. Immerhin könnte es auch sein, dass sie sich einfach genauso verhalten, wie männliche Chefs es auch tun würden, und also an der Arbeitswelt eigentlich gar nichts veränderten.

Den erwünschten Wandel andererseits komplett auf Frauen zurückzuführen, die eine Art Duftkerzenkapitalismus herbeiführen, ist wiederum ähnlich sexistisch wie die alte Welt, aus der die Veränderer ausbrechen wollen. Es sollte doch eigentlich darum gehen, die Arbeitswelt mit mehr Menschen zu füllen, nicht nur mit zwei Modellen. Wenn jetzt nur die Frauen für das Menscheln zuständig gemacht werden, dann bedeutet das, dass Männer das nicht können (oder nicht müssen, was es auch nicht besser macht) – und wenn es so wäre, dann könnten wir es eh vergessen mit der grundsätzlich anderen Arbeitswelt. Denn dann würde immer die eine Hälfte der Belegschaft weiter stumm und anonym und schwarz gekleidet am Konferenztisch sitzen und vermutlich wenig Verständnis dafür haben, wenn die andere Hälfte mit wehenden Blumenröcken den Raum verließe, um zum Kinderarzt zu fahren. Wenn es für diese Belange in der Arbeitswelt kein Verständnis gibt, und wenn dieses Unverständnis vor allem von Männern verkörpert wird, dann wird die »Verhaltensstarre«, die Ulrich Beck den Männern vor ein paar Jahren attestiert hat, nicht mehr aufzulockern sein, und dann haben wir ein wirkliches Problem. Denn dann haben wir tatsächlich zwei Sorten Menschen, die nicht zusammenarbeiten können – aber andererseits nicht genügend Geld, um nur eine Hälfte arbeiten zu lassen.

Das ist allerdings höchst unwahrscheinlich. Plausibler ist, dass es stimmt, was die Vögel von den Dächern zwitschern: nämlich dass wir uns in einem gar nicht mehr so langsamen Prozess der Ablösung vom Papi-verdient-die-Brötchen-Modell des Arbeitnehmers befinden. Wenn es nur daher kommt, dass jetzt auch Mami 45 Stunden in der Woche arbeiten muss, weil sonst am Sonntag kein Braten auf dem Tisch steht, ist das alles andere als ein Grund zur Freude. Wenn es aber daher kommt, dass Firmen erkennen, dass sie ihre Mitarbeiter nicht halten können, wenn sie sie weiter sinnlose Stunden schrubben lassen; und wenn es auch daher kommt, dass Mitarbeiter auf ihre Chefs zugehen und genau das mit ihnen aushandeln, dann können wir uns sehr wohl freuen.

Ein Auge sollte man zunächst einmal auf die technischen Branchen haben, die vom herannahenden Fachkräftemangel betroffen sind. Sie könnten kreativ werden und flexiblere und lebensfreundlichere Arbeitsmodelle schaffen angesichts der drohenden Erfahrung, dass Arbeitgeber sich nicht alles erlauben können, wenn sie qualifizierte Mitarbeiter nicht nur finden, sondern auch halten wollen. Und in der Folge werden andere Branchen nachziehen müssen, wenn sie sich nicht nachsagen lassen wollen, personalpolitisch im letzten Jahrtausend hängen geblieben zu sein.

Vielleicht stellt sich dabei ja auch bald das Gefühl ein, dass nicht die Verteilung von weiblichen und männlichen Menschen in den begehrten (derzeit besonders gut bezahlten, mit Gestaltungsmacht und Raum für Selbstbestätigung verbundenen) Positionen wirklich das Problem ist, sondern dass es eher die

Formen von Arbeit und Über-Arbeit sind, die den Menschen in solchen Positionen und auf dem Weg dorthin häufig abverlangt werden. Und dass es nicht nur um Gehaltsarithmetik geht, sondern tatsächlich auch um weiche, ja, watte- und windelweiche Dinge wie Freude beim Aufwachen und Zeit mit tollen Menschen. Männer und Frauen sollen ruhig gleichermaßen daran zweifeln, dass es so erstrebenswert ist, für die eigene Familie vor allem eine Kreditkartennummer zu sein. Wenn die Geschlechter aufhören, sich mit dem Scheinkampf untereinander aufzuhalten, können sie vielleicht endlich gemeinsam Forderungen stellen: Unsere Arbeit muss ihren Wert haben. Sie muss genug abwerfen, damit wir davon leben und unsere Familien ernähren können. Wer in dieser Familie dann mehr verdient als die anderen, ist, solange alle versorgt sind, nicht das Hauptproblem. Frauen können ruhig aufhören, darüber nachzudenken, wie sie es der Männerwelt beweisen und heimzahlen können.

Meine Freundin S. zum Beispiel ist vor Kurzem in ein größeres Büro gewechselt. In dem neuen Büro hat sie mehr Verantwortung übernommen als in ihrem alten – auf einer 80-Prozent-Stelle, im Team mit einem Kollegen, der ebenfalls vier Tage in der Woche arbeitet. Sie verdient dadurch nicht mehr als früher, aber die Frage, ob Frauen in *selbst gewählter Unterwerfung* versauern, spielt für sie keine wichtige Rolle mehr; sie ist dieser Frage nicht mehr unterworfen. Weil sie sich dafür entschieden hat, Zeit manchmal wichtiger zu nehmen als Geld, und weil sie ihrem Leben mehr als nur jobmäßigen Sinn geben möchte. Ihre Freitage verbringt sie jetzt damit, einen Diskussionsklub zu organisieren, in dem alles zwischen türkischer Lyrik, Autos selbst reparieren und Gentrifizierung Thema sein kann. Außerdem hat sie in ihrer Judoschule die Geschäftsführung übernommen. »Ich habe jetzt so viel mehr Freunde«, sagt sie. Wenn die Revolution kommt, wird sie nicht alleine dastehen.

QUADRILLIONEN AGGRESSIVER SPERMIEN

**Wie die Pille vom Freiheitsmittel zur Verpflichtung wurde,
und warum Männer angeblich selbst schuld sind,
wenn sie Sex haben**

Als ich studiert habe, wurde die Freundin meines Mitbewohners
Christian, der nie da war, weil er jedes Wochenende auf einem
anderen Gipfel der Alpen zu stehen schien, plötzlich schwanger.
Ich war nicht zuhause, als er den anderen davon erzählte, wahrscheinlich stand ich selbst gerade auf irgendeinem Berg. Deshalb
bekam ich die Nachricht von meiner Flurnachbarin. An einen
Satz aus dem Gespräch erinnere ich mich seitdem immer, wenn
ich ans Kinderkriegen denke. Christians Antwort auf die Frage,
ob die Schwangerschaft Absicht gewesen sei, war ebenso lako-
nisch wie rührend:»Na ja. Irgendwie ist es ja immer Absicht, wenn
man mit einer Frau schläft.«

Nachdem meine Mitbewohnerin diesen Satz wiederholt hatte,
senkte sich ein fast heiliges Schweigen über den Raum. Unsere
Köpfe nickten leise wie schlaffe Fahnen im Wind. Die Schwangerschaft selbst, das war in diesem Moment zu spüren, war für
uns die kleinere Neuigkeit. Der Grund für die Feierlichkeit lag
auch nicht darin, dass Christian, wie es so schön altmodisch heißt,
»zu dem Kind stand«. Diese Art Standfestigkeit erwarteten wir.
Aber dass er, 21 Jahre alt, sich offenbar schon vor dem positiven

Schwangerschaftstest seiner Freundin bewusst darüber gewesen war, dass ein direkter Zusammenhang zwischen Sex und Babys bestand – das beeindruckte uns.

Natürlich war uns klar, dass *alle* Männer, deren Allgemeinbildung nicht auf Höhe der dritten Grundschulklasse hängen geblieben war, wussten, wie Kinderzeugen geht. Aber wir hatten den Verdacht, dass die Möglichkeit einer Schwangerschaft durch Sex bis zu dem Zeitpunkt, an dem zwischen 35 und 50 vielleicht einmal ihr biologisches oder auch soziales Vervielfältigungsprogramm anspringen würde, für Männer eher am Rande des Blickfelds stehen würde. Als nicht sehr wahrscheinliches und nur begrenzt kontrollierbares Problem, ähnlich einem Tsunami in der Nordsee. Nicht wie bei uns jedenfalls, die, mit dem biologischen Geschlechtsapparat potenziell Gebärender ausgestattet, den Gedanken ans Schwangerwerden als etwas kannten, das direkt mit uns, mit unseren Körpern zu tun hatte. Wenn wir schwanger wurden, konnte unser Freund uns bestenfalls im Wartezimmer die Hand halten. Das fanden wir genauso unfair wie Generationen von Frauen vor uns.

Angesichts der biologischen Tatsachen ist es nicht besonders schwer zu verstehen, dass Frauen auch immer noch diejenigen sind, die beim Sex auf Nummer sicher gehen.

Angesichts der biologischen Tatsachen ist es nicht besonders schwer zu verstehen, dass Frauen auch immer noch diejenigen sind, die beim Sex auf Nummer sicher gehen. Hätten Männer die Gebärmütter, würden wiederum Frauen die Verhütungsfrage wohl legerer angehen – die meisten Menschen neigen dazu, wichtige Dinge zu ignorieren, wenn sie davon ausgehen können, dass andere sich schon kümmern werden. Männer mit Gebärmutter dagegen wüssten auf einmal deutlich besser darüber Bescheid, was ein Eisprung ist und ob es okay ist, die Pille zu vergessen und trotzdem noch Sex zu haben.

Vielleicht würden sie zu Beginn ihrer Pubertät mit einem Elternteil zum Arzt gehen, wie meine Mutter und ich, kurz nachdem der Kuchen zu meinem 12. Geburtstag aufgegessen war. Beim Gynäkologen erklärte meine Mutter mir, dass dieser freundlich kichernde Herr im weißen Kittel mir die Pille geben würde, wenn es dann so weit wäre. Die Pille zu nehmen war für meine Mutter einfach eine Selbstverständlichkeit, die mit dem Heranwachsen zur Frau einherging wie das Hineinwachsen in eine BH-Größe. Wenn man seine Tage bekam, kaufte man Tampons oder Binden. Wenn man Sex haben wollte, nahm man die Pille. So schließlich lautet heute in Deutschland der Verhütungsstandard. Die Pille wird, wenn schon nicht als Grundnahrungsmittel, dann doch fast als lebensnotwendiges Gut gesehen, das allen Frauen zugänglich sein muss. Deshalb zahlen Krankenkassen jungen Frauen unter zwanzig Jahren die Pille, und die meisten Frauenärzte verwandeln ihre Gesichter in ratlose Fragezeichen, wenn eine Patientin die Pille *nicht* will. Die Pille ist eines der erfolgreichsten Pharmaprodukte, die es je gab, und das beliebteste aller Verhütungsmittel. 53 Prozent aller Frauen in Deutschland zwischen 18 und 49 Jahren nehmen sie.

Man kann mit ziemlicher Sicherheit annehmen, dass dieser Gedanke – Verhütung gleich Frauenthema – sich eben deswegen etabliert hat, weil Frauen diejenigen sind, die schwanger werden. Dennoch besaßen Frauen lange keine zuverlässigen Verhütungsmittel und waren darauf angewiesen, dass Männer mehr schlecht als recht »aufpassten« oder Kondome benutzten (und zwar seit jeher: die früheste Darstellung eines Kondoms findet sich in 12 000–15 000 Jahre alten Höhlenmalereien in Frankreich). Wahrscheinlich waren Kondome früher noch unbeliebter als heute, denn das Urkondom bestand unter anderem aus Schafsdärmen oder Teilen von Schildkrötenpanzern. Aber auch heutige Gummis haben, so praktisch sie sind, keine echte Fanbase. Ein Freund von mir stellte einmal folgenden Vergleich an: Ein Kondom zu benutzen sei, wie beim Streicheln einen Gummihandschuh zu tragen.

Das Erscheinen der Pille in den 60er-Jahren markierte deshalb einen wahren Verhütungsluxus. Zwar konnte sie nicht jede Frau ohne Weiteres bekommen, aber dennoch schrieb die Pille von Anfang an Geschichte. Auf einmal gab es ein praktisches Verhütungsmittel, das einfach anzuwenden, bezahlbar und sehr sicher war. Für die Generation meiner Mutter war der Beipackzettel der Pillenpackung vermutlich wie ein Freiheitsmanifest. Sie und ihre Freundinnen schluckten die in den 60ern noch elefantenstark dosierten Tabletten wie ein Zaubermittel, das Frauen endlich erlaubte, selbst zu entscheiden, wann und ob sie Mutter werden wollten.

Dennoch bröckelte der Pillenmythos schon kurz nach Einführung der Pille, denn feministische Pillenkritiker fanden schnell allerlei Haare in der Hormonsuppe. Ihre Sorgen brachte Alice Schwarzer, die hormoneller Verhütung ansonsten recht positiv gegenübersteht, zum 50. Geburtstag der Pille auf den Punkt, als sie auf ihrer Webseite von den potenziell enormen »psychologischen Nebenwirkungen« der Pille schrieb. »Wenn also die Frauen nicht selbstbewusst und stark genug waren, konnte das auch umschlagen in die Forderung von Männern, Frauen hätten selbstverständlich zu verhüten.«[81]

Mit den hormonell herbeigeführten Fruchtbarkeitsferien ginge, überlegten frühe Pillenverächterinnen, auch eine neue Sorte Unfreiheit einher. Die Pille, hieß es, instrumentalisiere Frauen, weil sie ihre Körper für Männer dauerverfügbar mache. *Jederzeit Sex haben können*, könnte, so die Sorge, daher in *jederzeit Sex haben müssen* umschlagen.

Dieses Argument ist schwierig, weil es Sex als reines Machtgerangel darstellt. Es zeichnet das Bild einer Welt voller rücksichtsloser Männer, in der Frauen, die hormonell verhüten, sich nicht mehr gegen sexuelle Avancen wehren können, weil ihnen ganz einfach die Handhabe fehlt. Als müssten Frauen, die keine Lust auf Sex haben, stets die Gefahr einer Schwangerschaft als Druckmittel einsetzen, um ihre Freunde und Liebhaber im Zaum zu halten. Sex haben oder nicht haben ist aus dieser Perspektive immer eine Frage, bei der Frauen und Männer automatisch Gegner sind.

Sex haben oder nicht haben ist aus dieser Perspektive immer eine Frage, bei der Frauen und Männer automatisch Gegner sind.

Selbst wenn stimmen würde, dass Frauen, die die Pille nehmen, von Männern stärker unter Druck gesetzt werden können, wäre das eigentlich kein Argument gegen hormonelle Verhütung. Sondern dafür, sich als Frau selbstbewusster zu verhalten, den betreffenden Männern klarzumachen, dass man nicht nur deswegen immer Sex will, weil es theoretisch geht. Die wenigen Männer, die diesen Denkprozess nicht hinkriegen, sollte frau vielleicht einfach besser allein schlafen lassen. Wenn wir stattdessen passiv über diese Männer klagen, trommeln wir an die Stäbe eines Käfigs, in dem wir gar nicht mehr sitzen. Früher waren Frauen im Bett tatsächlich entmachtet, früher waren sie darauf angewiesen, dass der Mann, mit dem sie schliefen, zufrieden war, weil sie de facto abhängig von ihm waren. Wir. Sind. Es. Nicht. Das muss man sich tatsächlich einmal ganz einfach in dieser Deutlichkeit klarmachen, bevor man sich beim Glas Latte mit der Freundin über diesen total egoistischen, aber leider sexy Typ von neulich nachts auslässt.

Hätte die Pille Frauen Männern gegenüber wirklich entmachtet, wäre sie nie derart beliebt geworden. Tatsächlich war sie von Anfang an ein voller Erfolg bei den Frauen. Die neue Verhütungsfreiheit passte bestens mit den Zielen der gleichzeitig erwachenden Frauenbewegung zusammen. Sicher brachte die Pille ein Gefühl der Erlösung für alle, Männer wie Frauen, weil auch Männer eher selten Fans ungewollter Schwangerschaften sind. Aber für Frauen fiel der Befreiungsschlag noch eine Nummer schwungvoller aus. Frauen, die ihre Fruchtbarkeit kontrollieren konnten, konnten auch ihre Karriere besser planen – oder überhaupt eine haben. Frauen, die die Pille nahmen, konnten theoretisch unbeschwert in der Gegend herumvögeln – solange sie die kleine Klausel in diesem neuen Freiheitsvertrag beachteten, die besagte, dass sie jeden Tag eine Portion Hormone schlucken mussten.

Bei einer repräsentativen Umfrage der GfK Marktforschung im Auftrag der *Apotheken Umschau* waren 71,8 Prozent der Befragten 2011 der Meinung, mehr als alles andere habe die Erfindung der Pille zur Emanzipation der Frauen beigetragen. Sie sei ein deutliches Zeichen für die Gleichberechtigung der Geschlechter in unserer Gesellschaft – das fanden die Befragten sogar noch wichtiger für die Emanzipation, als dass wir eine Frau als Kanzlerin haben.

Allein daran lässt sich schon sehen, wie eng das Nachdenken über Verhütung mit der Frage verbunden ist, wie gleich Männer und Frauen sind. Das ist nicht besonders überraschend. Nirgends sind Frauen und Männer so deutlich und mit bloßem Auge erkennbar ungleich – nämlich körperlich anders – angelegt als bei Sex und Schwangerschaft. Deshalb scheint es immer besonders wichtig, ihre gleichen *Rechte* beim Sex und seinen Folgen klar zu definieren. Anders gesagt: Sex und Verhütung sind ein politisches Thema, weil Männer und Frauen körperlich ungleich sind, aber dennoch gleiche Rechte haben wollen.

Das ist umso brisanter, als von Verhütungsgerechtigkeit bis heute keine Rede sein kann. Wenn man sich ansieht, welche Möglichkeiten und Mittelchen uns zur Verfügung stehen, um die Sache mit dem Nachwuchs zu vertagen, merkt man sofort, dass für Frauen viel mehr zur Wahl steht. Sie können neben der Pille wählen zwischen Creme, Verhütungsfilm, Schwamm, Zäpfchen, Pessar, Spirale, Femidom und Hormonen in Form von Spritzen, Implantaten, Pflastern, Ringen – lauter Mitteln, die ausschließlich für Frauenkörper funktionieren. Für Männer gibt es genau zwei Möglichkeiten: Sie können sich sterilisieren lassen oder Kondome benutzen. Beides ist geschlechterübergreifend unbeliebt. Natürlich wäre es theoretisch möglich, mehr Mittel für Männer zu entwickeln und so den Verhütungsmarkt aus der Schieflage zu hebeln. Aber die wenigen Anstrengungen, die es dafür gab, sind vorerst allesamt gescheitert, vielleicht sogar endgültig. Rein medizinisch gesehen könnte es längst die Pille oder Hormonspritzen für den Mann geben. Bayer-Schering, weltweit Marktführer für die Pille für Frauen, hat längst Forschungen in dieser Richtung unternommen, gab sein Verhütungsspritze-für-den-Mann-Projekt vor Jahren aber auf,[82] weil dem Unternehmen klar geworden war, dass das Produkt kein Verkaufsschlager sein würde – der Nebenwirkungen und Darreichungsform wegen, aber auch, weil die Pille für Frauen seit Jahrzehnten ein bezahlbares, zuverlässiges und deshalb extrem erfolgreiches Produkt ist. Klar, irgendwie: Ein Unternehmen, das marktwirtschaftlich denkt, wird kaum ein Konkurrenzprodukt auf den Markt bringen, das erstens nicht besser ist als das schon bekannte, das die Kundinnen bereits massenweise bereitwillig schlucken, und das auch noch in Form einer potenziell schmerzhaften Spritze daherkommt. Nicht gerade die attraktivste Form der Empfängnisverhütung, was man auch daran sehen kann, dass auch bei Frauen die Verhütungsspritze nicht besonders beliebt ist (laut BZgA nutzen sie nur ca. ein Prozent der Frauen).[83]

Dass die Pille wiederum bei Frauen so populär ist, liegt neben der einfachen, schmerzlosen Anwendung auch an ihren positiven Nebenwirkungen. Es ist praktisch, den eigenen Zyklus zu kontrollieren und keine blutigen Überraschungen zu erleben. Die Pille hilft gegen Akne, Regelschmerzen und Migräne, angeblich lässt sie auch Haare glänzen und Brüste wachsen. »Deswegen müssten die zukünftigen Verhütungsmittel für Männer nicht nur Schwangerschaften verhindern, sondern zusätzliche Anreize bieten: Nebenwirkungen wie Muskelzuwachs, Fettabnahme oder Vorbeugung gegen Haarausfall«, stand im Juni 2011 im *Scientific American*.[84]

Die Situation, in der die Verhütungswilligen sind, ist ein Paradox: Es gibt keine Verhütungsmittel für Männer, und daher wird Verhütung als Frauensache wahrgenommen. Entsprechend werden Verhütungsmittel für Männer nicht nachgefragt, und Unternehmen sehen keinen Grund, sie zu produzieren. Darum gibt es keine Verhütungsmittel für Männer ... So sieht ein perfekter Teufelskreis aus.

Angesichts dieser Umstände ist es keine Überraschung, dass vor allem Frauen sich um die Verhütung kümmern. Fair ist das weder für die Frauen, die so automatisch mehr Verantwortung übernehmen müssen, noch für die Männer, die bei kondomlosem Sex kaum Kontrolle haben. Die Tussikratie schafft es jedoch, die Verhütungsdebatte zu einem Frauenproblem zu machen, an dem *die Männer* schuld sind. Sie definiert pauschal Männer als Wurzel des Übels, da diese – schwanzgesteuert und egoistisch – laut Tussi gar nicht verhüten *wollen*. Die Pille nutzt demnach vor allem den Kerlen, die so eine unbeschwerte Nummer nach der anderen schieben können. Für die Tussis ist die Pille weder ein Freiheitssymbol noch das Ticket zu unbekümmerten, wilden Nächten. Sie ist eine Art Biowaffe, mit der Männer Frauen unterdrücken.

Die Tussikratie schafft es jedoch, die Verhütungsdebatte zu einem Frauenproblem zu machen, an dem *die Männer* schuld sind. Sie definiert pauschal Männer als Wurzel des Übels, da diese – schwanzgesteuert und egoistisch – laut Tussi gar nicht verhüten *wollen*.

Dabei stützt sich die Tussikratie auf einen Trend, der sich seit wenigen Jahren immer klarer herausschält: Viele Frauen lehnen heute die Pille ab, weil sie sich Sorgen um ihre Gesundheit machen. Ich selbst gehöre auch dazu: Nach dem Frauenarztbesuch mit meiner Mutter dauerte es noch ein paar Jahre, bis ich die

Pille wirklich nahm. Zehn Jahre lang schluckte ich sie dann fast durchgehend. Vor drei Jahren setzte ich sie wieder ab. Es gab dafür zunächst keinen besonderen Anlass – nur den unbestimmten Verdacht, dass das Dasein sich ohne künstlich kontrolliertes Hormonlevel vielleicht anders anfühlen würde.

Es ist absurd, aber das Gefühl der Freiheit, das ich hatte, als ich die halb volle Packung in den Müll schmiss, muss dem jener Frauen geähnelt haben, die vor fünfzig Jahren ihre ersten Pillenrezepte in Händen hielten. Letztlich war es wohl der gleiche Gedanke: »Endlich mache ich, was ich will.« In meinem Fall war das eben, nicht die Pille zu nehmen.

Mein Leben lang haben Frauenärzte mir gesagt, die Nebenwirkungen der Pille seien minimal. Deshalb hatte ich lange wenig Ahnung davon, dass Hormontabletten durchaus nennenswerte, durchaus unerwünschte Effekte wie Kopfschmerzen, Depressionen und Wassereinlagerungen auf den Körper haben können. Ich habe meine Pillenjahre keineswegs in einem Loch ohne Informationszugang verbracht, sondern es ist kein Allgemeinwissen, dass diese Nebenwirkungen tatsächlich gar nicht so selten sind, wie viele Frauenärzte behaupten. Würden Pillennutzerinnen statt Hüftpolster und grauer Stimmung reihenweise Tourette-Syndrome entwickeln oder ab und zu mit einer neuen Haarfarbe aufwachen, wären die Nebenwirkungen sicher bekannter.

Beim Abbruch meiner Pillenkarriere hatte ich bereits viermal die Sorte gewechselt, weil ich mir immer wieder seltsam aufgeschwemmt vorgekommen war. Nach dem Absetzen merkte ich schnell, dass meine Hosen schlackerten. Viel dramatischer als der Verlust einiger Kilos Bauchfett war aber dieses schwer zu beschreibende, doch eindeutig andere Lebensgefühl, das mit der

Pillenlosigkeit daherkam. Das Leben hatte auf einmal andere Farben, weniger Graustich. Ich merkte: Die Person, für die ich mich jahrelang gehalten hatte, kam eigentlich aus einer Packung, die jetzt im Müll lag. Seitdem ist mir ziemlich klar, dass ich lieber auf Sex verzichten würde, als noch einmal die Pille zu nehmen.

Ich dachte, ich stünde damit ziemlich allein auf weiter Flur. Dann merkte ich, dass Pillengegnerin zu sein total en vogue ist im jungen Mainstreamfeminismus. Sicher hätten die pillenbeglückten Frauen der 60er-Jahre sich nicht träumen lassen, dass ihre Töchter die kleinen, pastellfarbenen Tabletten einmal derart verdammen würden. Tatsache ist, dass die Pille, und mit ihr sämtliche Anti-Baby-Pflaster, Verhütungsspritzen, -ringe und -implantate, das mannigfaltige Hormonallerlei also, das Ärzte empfehlen und Apotheker über den Tresen reichen, viele junge Feministinnen ziemlich in Rage bringt.

Zwar ist dieses neue Bewusstsein an sich eine gute Sache, aber die Art, in der die Debatte geführt wird, macht das Thema zur neuen Kampfzone. Ziemlich unangenehm ist der Ton, den manche Pillengegnerin anschlägt, der die Sorge um die eigene Gesundheit als Argument gegen Hormone offenbar nicht ausreicht. Ob eine Pillenpackung oder Kondomschachtel auf dem Nachttisch liegt, ist für sie nicht nur eine Frage des persönlichen Geschmacks und der Notwendigkeit, sondern ein Statement. Männer, die möchten, dass ihre Liebste, Frau oder Sexfreundin die Pille nimmt, werden in dieser Denkart zu

Männer, die möchten, dass ihre Liebste, Frau oder Sexfreundin die Pille nimmt, werden in dieser Denkart zu Tätern, die Frauen absichtlich Schaden zufügen.

Tätern, die Frauen absichtlich Schaden zufügen. Dabei wissen Frauen oft selbst nicht, dass die Pille ihnen schaden kann – und sie sind immerhin diejenigen, die das Zeug schlucken. Eine Freundin sprach neulich treuherzig beim Malzbier:»Wenn es schädlich wäre, würden Ärzte es doch nicht verschreiben.« So weit, so uninformiert.

Statt gesunden Menschenverstands klingen aus den Anti-Pille-Argumenten viel zu oft seltsame Verschwörungstöne. Pillenhersteller bereicherten sich auf Kosten ihrer Kundinnen. Die Nebenwirkungen der Pille werden als zwar nicht absichtliche, doch als fahrlässige Körperverletzung durch Konzerne dargestellt, in denen nämlich »Pharma-Macker«[85] (O-Ton der *taz*-Autorin Julia Seeliger) arbeiten. Jenen Mackern geht es demnach nicht eigentlich um hohe Profite, die mit einem derart beliebten Verhütungsmittel nun mal einzufahren sind, sondern ums Frauenkaputtmachen. Seeliger wirft einen fiktiven Blick in die Köpfe der Pharma-Macker und beschreibt, welche Gedanken sie darin sieht:

»Frauen gehören ja eh nicht dahin, wo sie wirklich leistungsfähig sein müssen. Die käsige Blödheit, die die Hormone anrichten, die Kopfschmerzen – dann soll sie sich halt mal hinlegen, die Frau Hausfrau. Abends kommt dann der Mann nach Hause und rammelt ein bisschen rum, da ist es ja dann eh egal, wie es mit der Libido der Frau steht.«[86]

Und auch die britische Journalistin Rowan Pelling verdächtigte im *Independent* die Männer einer großen Pillen-Verschwörung gegen Frauen:

»Ich glaube, dass die Pille Teil eines männlichen Plans ist, um Frauen wie in Käfighaltung zu halten und zu ständig verfügbaren Sexmaschinen zu machen, ohne die unbequemen Blutungen und gefährlichen Stimmungsschwankungen der frei laufenden Variante.«[87]

Gerne fällt auch der Vorwurf, Männer würden von Frauen erwarten, dass sie die Pille nehmen, weil sie selbst Kondome nicht mögen. Auch ich habe mich schon im entscheidenden Moment von Männern unter Druck gesetzt gefühlt, auch ich habe mit Freundinnen über Typen gelästert, die mit glasigem Blick ungeschützt in die Vollen gehen wollten, als hätten sie noch nie von Babys oder Geschlechtskrankheiten gehört. Aber die gleichen Freundinnen und ich haben in anderen Momenten selbst freiwillig die kopflose, nämlich kondomlose Variante gewählt und das Zögern unserer Lover entschieden zerstreut. Klar verdienen Menschen, die einen One-Night-Stand mit den Worten »Ohne Gummi ist doch viel schöner« oder »Lass, ich nehm' die Pille« einleiten, keine Fleißkärtchen in den Fächern Nächstenliebe und Eigenverantwortung. Dass kondomloser Sex mit Unbekannten oder Ungetesteten ein durchaus reales Risiko für die Gesundheit aller Beteiligten darstellt, dürfte allen Erwachsenen klar sein.

Ebenso, dass viele dieses Risiko trotzdem eingehen. Und zwar deswegen, weil sehr wenige Menschen Freude empfinden, wenn sie in einer aufgeheizten Sexsituation ein Kondom aus der Packung ziehen müssen. Jeder, der schon einmal mit einem chemisch riechenden Gummischlauch hantiert hat, kennt das Problem. Mancher verzichtet lieber darauf und schreibt ein paar Tage später seinem Bettgefährten eine »Klug war's nicht, aber geil«-Postkarte. Selbst wenn stimmen mag, dass in der Gruppe der Gummiverächter mehr Männer zu finden sind, ist es auf eine geradezu absurde Weise unfair, wenn Frauen Männern die alleinige Verantwortung fürs Kondomtragen geben. Entgegen

Die Haltung ist boshaft, weil sie allumfassend ist: Frauen sind darin immer die Opfer der stets verhütungsblöden oder verhütungslahmen Männer.

dem Klischee, dass Männern im entscheidenden Moment kein Blut für kognitive Hirnfunktionen zur Verfügung steht, sind die meisten auch mit Erektion noch ansprechbar.

Das aber passt nicht in die Tussi-Perspektive, denn darin sind Frauen die ewigen Leidtragenden. Und die Tussis wollen dafür nicht etwa bloß Mitleid, sondern Rache. Wenn sie argumentieren, tun sie dies aus einer aggressiven Opferhaltung heraus. Die Haltung ist boshaft, weil sie allumfassend ist: Frauen sind darin immer die Opfer der stets verhütungsblöden oder verhütungslahmen Männer. Und Männer müssen bestraft werden. Beispielsweise lautet einer der Vorschläge einer Bloggerin, »Kondomverächter als Personen öffentlich zu machen«, als ginge es um Tierquäler oder Vandalisten. Offenbar wird hier mit zweierlei Maß gemessen: Frauen dürfen derart aggressive Methoden vorschlagen, Männer aber nicht. Wenn ein Mann in einem Blog vorschlagen würde, weibliche Pillenverächterinnen öffentlich zu machen, würde er, wenn nicht faktisch, dann doch verbal gekreuzigt. Dass die Bloggerin mit »Kondomverächtern« nur Männer meint, macht sie deutlich, indem sie gleichzeitig überlegt, ob mit einer solchen öffentlichen Bloßstellung unfreiwillig auch »die beteiligten Frauen diffamiert würden«. Klar, denn Frauen sind immer für Kondome zu haben, Frauen verhüten immer korrekt. Richtig?

Die Tussikratie übersieht elegant die offensichtlichen Schlaglöcher in dieser Argumentation, weil sie an einer ausgewogenen Sicht gar kein Interesse hat. Deshalb hat sie auch kein Problem damit, in der Verhütungsfrage auf einseitige Vorteilsnahme zu bestehen, solange die zu ihren Gunsten ausfällt. Das wird anhand der *Pille für den Mann* sehr deutlich. Nachdem im August 2011 die Meldung umging, dass die WHO eine Studie zur Verhütungsspritze für Männer eingestellt hatte, weil etwa zehn Prozent der Probanden über die Nebenwirkungen klagten, entflammte eine Debatte, deren Männerfeindlichkeit nur von der Opferhaltung übertroffen wurde.

»Das Aus für die *Pille für den Mann* hat nicht nur medizinische oder gar biologische Gründe, sondern in erster Linie gesellschaftliche. Männer sind in unserer Gesellschaft immer noch in entscheidenden Machtpositionen; sie verfügen über einen Großteil des Geldes und bekommen die besseren (= einflussreicheren) Jobs. Solange sich daran nichts ändert, werden Frauen diejenigen sein, die schlucken müssen. So oder so«, beklagte die Userin virulletta im Mädchenblog.[88]

Mit Verlaub, aber Selbstbewusstsein klingt anders. Logik auch. Frauen »müssen« also, wenn nicht Sperma, dann die Pille schlucken, weil mehr Männer als Frauen in den Vorständen sind. Und zwar, weil ... wer zwingt sie dazu? Die Polizei? Gemeine Boyfriends, die sonst – was tun? Massenhaft Sex verweigern? Ich denke, ich lehne mich nicht besonders weit aus dem Fenster, wenn ich sage, dass die Herren, Jungs und Kerle das nicht lange durchhalten, sondern ziemlich viel dafür tun würden, selbst für sicheren Sex zu sorgen.

Interessanterweise sind jene Frauen, die selbst keine Anti-Baby-Hormone nehmen wollen, oft die gleichen, die darüber klagen, dass es keine Pille für den Mann gibt. Die Gesundheit von Frauen scheint aus Sicht der Tussi einfach wichtiger zu sein als die des Mannes. So erklärt die amerikanische Bloggerin Kathleen Quiring auf ihrer Seite ausführlich, warum sie die Pille nicht nehmen will (sie findet sie ungesund, unnatürlich und will nicht von Ärzten abhängig sein) und schreibt als Nächstes:

»Ich frage mich, wieso muss nicht der Mann eine Droge nehmen, die ihn zeitweise impotent macht, bis er zum Vatersein bereit ist? (...) Sollten nicht Männer die Verantwortung für ihre Quadrillionen aggressiver Spermien übernehmen müssen, statt dass Frauen ihre wenigen kostbaren Eier vor unerwünschter Befruchtung schützen müssen?«[89]

Wohlgemerkt: Das verlangt eine Frau, die für sich selbst die Pille *ablehnt*. Klarer kann man eigentlich kaum zeigen, dass manche Feministin überhaupt nichts von Gleichbehandlung hält.

Und übrigens: Wieso setzen die Frauen, die männliche Kondomgegner öffentlich anprangern wollen, sich nicht mit Verve für den Einsatz des Femidoms ein? Das Femidom sieht dem Kondom recht ähnlich, es ist ein einseitig verschlossener Gummischlauch, den Frauen sich vor dem Sex in die Vagina legen können. Es schützt sogar vor Aids. Aber das Femidom rangiert in Sachen Beliebtheit auf der Hitliste der Verhütungsmittel im kaum wahrnehmbaren Prozentbereich. Dagegen ist das Kondom ein echter Hit – in Deutschland ist es laut Bundeszentrale für gesundheitliche Aufklärung die zweitbeliebteste Verhütungsmethode.

Verhütung kann und soll nicht Frauensache sein, diese Zeiten sind vorbei. Genauso wenig aber sollte sie Männersache sein, Verhütungsverantwortung gehört einfach geteilt.

Verhütung kann und soll nicht Frauensache sein, diese Zeiten sind vorbei. Genauso wenig aber sollte sie Männersache sein, Verhütungsverantwortung gehört einfach geteilt. Aber es hat keinen Sinn, diesen Schluss in die Köpfe von Männern bringen zu wollen, indem Kondombereitschaft zur Pflicht erklärt wird oder indem man die Pille für Männer herbeizuschimpfen versucht. Es stimmt, wenn ein Mann partout kein Kondom benutzen will, gibt er damit die Verhütungsverantwortung automatisch an seine Partnerin ab. Die kann dann aber immerhin ein Mittel aus dem gut bestückten Verhütungskorb wählen, den der Markt ihr zur Verfügung stellt. Oder aber sie wählt – keinen Sex. Letzteres ist ja durchaus eine Option, wenn man sich nicht auf ein Verhütungsmittel einigen kann. Ich war selbst einmal eine Weile für einen vehementen Kondomgegner entflammt. Sebastian war zwar bereit, einen Aids-Test zu machen, aber nicht dazu, ein Gummi anzulegen. Ich wiederum wollte weder Hormone schlucken noch ein Drahtgestell in meinem Uterus bauen lassen oder mein Glück mit spermientötenden Salben versuchen. Wir hatten also einige durchaus aufregende Nächte, aber eben keinen Sex.

Ein Mann, der kein Kondom benutzen will, ist deswegen nicht gleich ein Täter. Er ist ein Mann, der eventuell auf Sex verzichten muss. Zu keinem Zeitpunkt hatte ich das Gefühl, dass Sebastians Verweigerung einer frauenfeindlichen Machohaltung entsprang, sondern dass ihm Sex mit Kondomen einfach keinen Spaß machte. Wenn man von einer emotional aufgeladenen Haltung ablässt, die kondomfaule Männer pauschal als »Egoficker« deklariert, bleibt schließlich eine Tatsache: Ein Mensch, der keinen Penis hat, kann nicht wissen, wie sich Sex mit einem darübergestülpten Kondom anfühlt. Ich fand Sebastians Weigerung schade, aber in Ordnung. Nicht in Ordnung wäre es gewesen, wenn einer von uns den anderen mit vorgehaltener Waffe zum Pillenschlucken oder Gummitragen gezwungen hätte. Aber davon waren wir zum Glück weit entfernt.

Wohlgemerkt: Verhütungsverantwortung bedeutet auch Verhütungskontrolle. Die allermeisten Männer haben durchaus Interesse daran, ungeplanten Nachwuchs zu verhindern, haben aber keinen Einfluss darauf, wenn Frauen diesen Part regeln. Das gibt Frauen eine ziemlich reale Machtposition. Auch hier zeigt sich, leider, die Doppelmoral mancher Frau, die sich Feministin nennt, und es aus schwer nachvollziehbaren Gründen okay findet, Männer nicht nur aus der Verhütungsverantwortung, sondern auch aus dem Mitbestimmungsrecht in Sachen Nachwuchs zu entlassen. Dafür steht der im Internet mittlerweile fast legendäre Ausspruch der Ex-*Emma*-Chefin Lisa Ortgies bei Harald Schmidt:

»... dann vielleicht doch einfach auch mal die Pille weglassen und es ihm nicht sagen. [...] Wie man es macht ist ja auch egal, Hauptsache, es entsteht ein Kind dabei.«[90]

Männer verwirken dieser Logik nach in dem Moment, in dem sie einen Orgasmus in einer Frau gehabt haben, das Recht darauf, über die Folgen mitzuentscheiden. Den Frauen, die das in Ordnung finden, möchte man ein herzhaftes »Hast du sie noch alle?« zurufen. Man stelle sich vor, Männer würden einander in Talkshows neckisch raten, die Pille der Freundin »einfach mal« mit Liebesperlen zu vertauschen, »Hauptsache, es kommt ein Kind dabei raus«.

»Dein Fehler als Mann ist also, dass du deiner Frau vertraut hast. Bei sowas könnte ich echt kotzen«, schrieb ein Kommentator unter den YouTube-Ausschnitt des Ortgies-Interviews. Ich kann es ihm nachfühlen.

Frauen, die selbst bestimmen dürfen, mit wem sie schlafen, sind historisch gesehen noch ein ziemlich neues Phänomen. Ebenso wie das Bewusstsein, dass Babys zu kriegen nicht (nur) Frauensache ist. So jung ist diese Freiheit, dass Frauen immer noch Angst haben, dass sie wieder verloren gehen könnte. Deswegen ist Verhütung nach wie vor ein Thema, das die Politik ins Bett bringt und an dem Beziehungen auf ihren Fairnessgrad abgeklopft werden. Nirgends wird in der Gerechtigkeitsfrage im wahrsten Sinne so hart unter der Gürtellinie diskutiert wird, wie beim Thema Sex. Und je freier die Frauen in der Gestaltung ihres Sexlebens werden, desto mehr Druck wird auf Männer ausgeübt. Das aber kann nicht Sinn der Sache sein. Es ist an der Zeit, den Ton der Debatte zu ändern. Die vielleicht intimste Begegnungsmöglichkeit zwischen Männern und Frauen wird sonst Hintergrund einer Bühne, auf welcher der Geschlechterkrampf seine hässlichsten Seiten zeigt, indem Frauen und Männer alles ausspielen, was sie an Macht an sich raffen können, damit am Ende – was passiert? Einer gewinnt? Und dann?

WER HAT ANGST VOR PORNO?

Von Lust und Scheinheiligkeit im Sexfilm

Sex, uff. Verdammt schwieriges Thema. Als ich mich daranmachte, ein Kapitel über Pornos zu schreiben, stand dieser Satz wochenlang auf meinem Bildschirm. Feminismus und Sex, Sex und Rollenbilder, Rollenbilder und Porno, Porno und Männer, Männer und Frauen, Frauen und Porno, das alles gehört zu einem verdammt komplizierten Themengeflecht. Man kann kaum darüber schreiben, ohne einem mal großen, mal kleinen Prozentsatz der Bevölkerung auf die Füße zu treten oder irgendwem nicht gerecht zu werden – und das gerade bei einer Sache, die sich auch nach dem hundertsten Text über das Politische der Penetration ziemlich unpolitisch anfühlt. Was die Sache zusätzlich verkompliziert, ist, dass abgesehen von Charlotte Roche weit und breit kaum ein Mensch zu hören ist, der unverkrampft, also auch nicht verkrampft unverkrampft über das Thema spricht. Im Privaten ist Porno kein Thema fürs gepflegte Abendessen, sondern für abgeschiedene Schulhofecken

Sex interessiert fast alle, Sex ist für fast alle wichtig, aber der Ton, in dem Medien über Sex sprechen, ist entweder auf verkrampfte Weise locker oder klinisch oder sorgenschwer.

und bierbedröhnte Kumpelabende. Und in öffentlichen Foren sind die lauten Verächter und die schrillen Propagandisten weit stärker präsent als die milden Nachdenker. Sex interessiert fast alle, Sex ist für fast alle wichtig, aber der Ton, in dem Medien über Sex sprechen, ist entweder auf verkrampfte Weise locker oder klinisch oder sorgenschwer.

Sex, uff. Ich bin die zwei Wörter bis zum Schluss nicht losgeworden. Weil ich beim Schreiben an meine eigenen Grenzen gestoßen bin, an viele als selbstverständliche Tatsachen hingenommene Ideen und Vorurteile, die sich am Ende wie das Ergebnis eines dreißig Jahre langen, sehr gründlichen Gehirnwaschgangs zum Thema Sex anfühlten. Ich merkte, wie wenig frei mein Nachdenken über Sexualität in einer angeblich sexuell befreiten Zeit war. Wie sehr das Über-Ich der Tussikratie in meine Gedanken hineinfunkte.

Sex ist in der Tussikratie ein extrem unentspanntes Thema. Wie üblich stellt sie für Männer und Frauen unterschiedliche Regeln auf: Ungehemmte männliche Sexualität ist bedrohlich, Frauen, die nach Gusto vögeln, sind dagegen wild, schön und frei. Knallersex ist für die Tussi ein Statussymbol, Sexyness ein Statement. Wenn sie beim Slutwalk mitläuft oder bei einer politischen Aktion ihre Brüste zeigt, dann schwingt dabei nicht nur die klassische Mein-Körper-gehört-mir-Botschaft mit, sondern auch eine Tussi-spezifische Ansage. Nämlich die, dass Frauen für sich nutzen können, dass die Gesellschaft Frauenkörper sexualisiert betrachtet. Genau

Genau das ist typisch für die Tussi: Sie will unbedingt auf die Gewinnerseite, und nimmt dafür alles in Anspruch, was ihr dienen kann.

das ist typisch für die Tussi: Sie will unbedingt auf die Gewinnerseite, und nimmt dafür alles in Anspruch, was ihr dienen kann.
Deshalb können Feministinnen alter Schule oft so wenig mit der
Tussi anfangen. Die Tussi hat kein festes moralisches Rückgrat,
sie biegt die Regeln so zurecht, dass sie selbst immer im Vorteil ist.
Wenn sie ihre Brüste öffentlich zeigt, nutzt sie den Sexismus für
ihre eigenen Zwecke. Aus dem, was die Altfeministen als Ent-
machtung empfunden haben, macht die Tussi Empowerment.

Die gleiche Logik funktioniert auch für den Porno. Während die
Feministinnen alter Schule strikt gegen Pornos waren – erst vor
Kurzem lief die letzte PorNO-Kampagne der *Emma* – ist es mittlerweile en vogue, auch als Frau Sex zu gucken und sich dazu zu be-
kennen. Allerdings hat der Porno be-
stimmten Regeln zu folgen. Deshalb
lässt sich am Umgang mit Pornos sehr
gut beschreiben, wie die Tussikratie
mit Sex umgeht. Eine Frau, die mit
einer Tussihaltung durch die Welt
geht, will, dass Männer und Frauen
ein bestimmtes Set an sexuellen Vorlieben einhalten. Dabei schießt sie

**Eine Frau, die mit
einer Tussi-Haltung durch
die Welt geht, will,
dass Männer und Frauen
ein bestimmtes Set an
sexuellen Vorlieben
einhalten.**

weit über das Ziel hinaus, denn das müsste lauten: Niemand soll
sexuell verletzt werden. Sie will aber noch viel mehr: Das Bett
soll die zwischenmenschlichen Regeln widerspiegeln, die auch
im Alltag gelten. Was nicht dazu passt, wird abgelehnt. Deshalb
werden auch Frauen, die für die Pornoproduktion arbeiten, pauschal als Opfer abgestempelt. Frauen, die Pornos gucken, sollen
nur von Bildern erregt werden, die politisch korrekt sind. Weibliche Sexualität gilt im Vergleich zu männlicher Lust zudem als
ästhetischer, komplexer, anspruchsvoller.

Dieser Anspruch ist realitätsfern. Sex ist ein Naturereignis, enorm, explosiv, rätselhaft. Er verweigert sich strengen Kategorien, weil er Entgrenzung will. Ich war lange Zeit gegen Pornos, weil ich selbstverständlich und relativ unreflektiert annahm, dass Pornos nur von Männern gemocht wurden und dass Frauen, die in der Pornoindustrie arbeiteten, irgendwie kaputt, irgendwie Opfer waren. Ich hatte mich nie ernsthaft mit dem Thema beschäftigt, sondern in Gedanken beim Stichwort *Porno* reflexartig wiedergekäut, was ich eben irgendwie mitbekommen hatte: Porno = Wichsvorlage = Männersache. Was ich hin und wieder an Pornos zu sehen bekam – bei einem Spaziergang durch die Rotlichtviertel holländischer Städte, in der Videothek oder bei dem Versuch zu verstehen, ob Youporn nicht doch mein Liebesleben bereichern könnte –, trug nichts dazu bei, mein Urteil zu ändern. Warum sah man so selten die Gesichter der Männer, was sollten die medizinisch wirkenden Großaufnahmen von Geschlechtsteilen, und wieso musste so viel Sperma über die Frauen gegossen werden?

Amateurpornos oder Filme, die zumindest so taten, als wären sie von Pärchen mit iPhones gefilmt worden, waren auch nicht besser. Ja, die Körper glänzten weniger ölig und waren weniger brathähnchenfarben, das Gestöhne war leiser, und es kamen auch mal ein paar Fettrollen und etwas Zellulitis ins Bild. Aber im Internet osteuropäische Teenager zu sehen, die auf Plattenbaubalkonen unter einem grauen Himmel unsichtbaren Kameramännern ihre Brüste zeigten, stimmte mich eher traurig. Und haftete dem Pornogucken nicht sowieso immer ein Hauch Traurigkeit an? Ich dachte an wichsende Enddreißiger in befleckten Jogginghosen, die sich von Bratkartoffeln aus der Dose ernährten. Ich dachte bestimmt nicht, dass Pornos auch befreiend sein könnten.

Dann blies mich das Arbeitsleben an die Küste einer großen Frauenzeitschrift, die mich für eine Pornoproduktion mit angeblich feministischen Zutaten auf ein Filmset nach Spanien schickte. Diese Erfahrung machte mir mit einem Schlag klar, wie eng mein geistiger Horizont gewesen war, wie sehr ich die Benimmregeln der Tussikratie verinnerlicht hatte.

Eines heißen Morgens stand ich also in Barcelona, wo der neue Film von Erika Lust gedreht wurde, die weltweit vielleicht bekannteste Pornoregisseurin, deren Arbeit von *Bild* so beschrieben worden ist: »Sie dreht *Scharfes für Frauen*. Nicht nur *rein-raus*, sondern auch Szenen mit viel Drumherum.«[91]

Zu Beginn sah ich erst einmal das Drumherum. Ein überraschend ruhiger Hinterhof mitten im Zentrum, überschattet von einem riesigen Baum, durch dessen Blätter weich das Sonnenlicht fiel. Menschen lachten, aßen Croissants und redeten mit vollem Mund Spanisch, Französisch, Englisch und Katalanisch. Katzen rannten herum, eine Kaffeemaschine gurgelte viel zu heißen Kaffee in schnell weich werdende Plastikbecher. Die große, blonde Hauptdarstellerin stand in einem schwarzen Catsuit neben dem Büfett und aß ein Sandwich mit Käse. Die Regisseurin saß ein bisschen abseits mit einem dünnen, nicht besonders großen Mann, der ein bisschen an Woody Allen erinnerte. Es handelte sich um den männlichen Hauptdarsteller. Wenn ich nicht gewusst hätte, dass dies ein Pornofilmset war, hätte ich an eine romantische Komödie gedacht.

Wenn ich nicht gewusst hätte, dass dies ein Pornofilmset war, hätte ich an eine romantische Komödie gedacht.

Aber es war ein Porno, und tatsächlich kamen die Darsteller bald zur Sache. Im Vergleich zum Durchschnittsporno war die Handlung bei diesem Dreh geradezu kompliziert: Eine Frau bricht in ein Haus ein, betäubt den dort wohnenden Künstler und fesselt ihn an eine Chaiselongue. Der Mann, nach dem Aufwachen erst entsetzt, weil eine maskierte Frau auf ihm sitzt und mit den Sporen ihrer Stiefel an seinen Brustwarzen herumspielt, entspannt sich schnell, als er merkt, dass es um Sex geht. Einige Orgasmen später macht die Einbrecherin sich wieder davon.

Klare Sache, dass dieser Film nur mit genau dieser Rollenverteilung als feministisch durchgehen konnte. Ein feministischer Sexfilm, in dem ein vermummter Einbrecher über eine schlafende Künstlerin herfällt – undenkbar, weil politisch völlig unkorrekt. Zumal die Existenz feministischer Pornos sowieso schon ziemlich hart am Selbstverständnis mancher Feministin nagt: Wie können Frauen, deren Sexualität angeblich doch grundsätzlich anders ist als die der Männer und die für plattes Bildschirmgebumse zu sensibel oder *zu komplex* sind, Pornos mögen?

In einer Pause unterhielt ich mich genau darüber mit der Regisseurin, die Jeans und T-Shirt trug und gleichzeitig gestresst und fröhlich wirkte. »Dass Frauen keine Pornos mögen, ist Quatsch. Frauen wollen einfach andere Pornos sehen, bei denen sie sich mit den Protagonistinnen identifizieren können und die gut gemacht sind. Übrigens wünschen sich auch viele Männer besseren Porno. An den Bestellungen aus meinem Onlineshop kann ich sehen, dass ein Großteil der Kunden Männer sind. Wahrscheinlich mache ich also gar keinen Porno für Frauen, sondern für eine Klientel, die einfach einen anderen Geschmack hat. Die ein bisschen Handlung sehen möchte, ästhetische Bilder. Ich bin selbst so jemand. Wenn das Paar auf einem hässlichen Sofa vögelt, kann ich mir das nicht ansehen«, sagte sie. Dann trank sie ihren Kaffee aus und ging zurück an die Arbeit. Ich unterhielt mich noch ein bisschen mit der Set-Fotografin, die Mitte zwanzig war, weißblondes Haar hatte und ohne Weiteres als Elfe in *Der Herr der Ringe* hätte mitspielen können. »Ich sehe gerne Porno mit meinem Freund«, erzählte sie mir fröhlich. Was für Pornos? »Ach, alle möglichen. Ich finde es manchmal auch gut, wenn es einfach schnell zur Sache geht. Ich mag die Art von Film, die wir hier machen, aber ich finde, es sollte auch den billigen, dreckigen Youpornkram geben.« Sie lachte.

Je mehr Zeit ich auf diesem Set verbrachte, desto mehr brach das starre, moralische Gerüst, von dem aus ich die Welt des Pornos bis dahin beurteilt hatte, in sich zusammen.

Je mehr Zeit ich auf diesem Set verbrachte, desto mehr brach das starre, moralische Gerüst, von dem aus ich die Welt des Pornos bis dahin beurteilt hatte, in sich zusammen. Die Luft, die mich hier umgab, roch nach Freiheit, nach Freude, nach einem ungezwungenen Umgang mit Sex. Vielleicht hatte ich Porno nie wirklich eine Chance gegeben, weil klar schien, welche moralische Haltung ich ihm gegenüber einzunehmen hatte. Ich erkannte mit einigem Bauchgrimmen, dass ich für den größten Teil meines Daseins ungefähr die gleiche Haltung durch die Welt getragen hatte, welche die Zeitschrift *Emma* in ihren PorNO-Kampagnen überspitzt formuliert hat. Auf der Website zur letzten Runde der Kampagne stand: »Pornografie ist die Verbreitung und Verharmlosung von sexualisiertem Frauenhass.«[92] Liest man das passende Dossier, erfährt man, dass Pornofilme angeblich dazu da sind, die Lust an Gewalt gegen Frauen zu verbildlichen und zu befriedigen. In ihrer Lust am Fließbandfick zeigten (natürlich männliche) Pornonutzer demnach ihre wahren Gesichter. Die *Emma*-AutorInnen klagten über die »allgemeine Pornografisierung«[93] der Gesellschaft, die sie in verschiedenen Abstufungen überall fanden: in der unmöglichen Suche nach schlichten, nicht spitzenbesetzten Unterhose ebenso wie im Internetporno.[94] Da Porno aber aus Sicht der *Emma* mit Gewalt gegen Frauen gleichzusetzen ist, ist eine Gesellschaft, die in der Mode eine Porno-Ästhetik gutheißt und erlaubt, dass jeder Mensch mit Internetanschluss Gangbangfilme streamen kann, eine frauenfeindliche Gesellschaft. Dabei passt es *Emma* überhaupt nicht in den Kram, dass seit fast dreißig Jahren jeder, der will, Pornofilme finden kann, die spezifisch für Frauen gemacht werden. Und gerade jetzt ist Porno für Frauen im Kommen wie noch nie. Auf dem Pornfilmfestival Berlin 2009 machten Frauen- und Lesbenpornos fast die Hälfte der Beiträge aus. Die Filme gibt es im Internet, auf Seiten wie *www.hotmoviesforher.com, www.lustfilms.com, www.petrajoy.com*, oder auch in den gern *Boutiquen* genannten Sexshops für Frauen, die in immer mehr deutschen Städten sprießen. Lesbische Pornofilme, wie *How To Fuck in High Heels* und *Hard Love*, in denen sich Butches und Dykes ohne viel Rücksicht auf Political Correctness in der Frage nach Unterwerfungsverhältnissen mit und ohne Dildos vergnügen, sind ohnehin Klassiker des Genres.

Zwar stimmt es, dass weitaus mehr Männer als Frauen Pornos sehen. Aber das muss nicht daran liegen, dass weitaus mehr Männer Pornos haben wollen. Stattdessen kann diese Diskrepanz mindestens teilweise auch daher rühren, dass Männer nun einmal die Zielgruppe der Pornoindustrie sind – und die Idee, es könnte einen Markt für Frauenpornos geben, bisher noch zu gewagt klingen mag, um von mehr als vereinzelten Vorreitern angepackt zu werden. Es ist vor allem die populäre, aber hohle

Annahme, Frauen könnten mit Sexbildern nichts anfangen, die dazu führt, dass der Markt sich vor allem auf Männer als Konsumenten konzentriert. Man ärgert sich also darüber, dass in Pornos männliche Lust im Vordergrund steht. Sie sind aber nun mal für Männer gemacht.

Man ärgert sich also darüber, dass in Pornos männliche Lust im Vordergrund steht. Sie sind aber nun mal für Männer gemacht.

Vieles spricht dafür, dass sich das in Zukunft ändern wird. Denn auf der anderen Seite des feministischen Grabens macht sich schon seit einiger Zeit eine stetig wachsende Frauengemeinde zunehmend breit, die sich dazu bekennt, dass sie Pornos mag, konsumiert und mehr davon will. Zu den weiblichen Fans des Pornos gehören die *sexpositiven* Feministinnen, die auch den PorYes-Award vergeben. Diese Bewegung gibt es seit den 80ern, ihre Anhänger verstehen sich nicht immer als Gegner der Fraktion von Schwarzer und ihren Denkgenossinnen, haben aber beim Thema Sex und vor allem Porno eine entscheidend andere Haltung. In den letzten Jahren scheinen sie deutlich an Masse und an Öffentlichkeit gewonnen zu haben, zumal sie von den Feministinnen jüngerer Generation wie den Alphamädchen Unterstützung bekommen, die sich zwar nicht explizit das sexpositive Label anheften, aber sehr deutlich eine positive Stellung zu Sex beziehen. Was eigentlich nichts Besonderes sein sollte, im Feminismus aber leider noch keine Selbstverständlichkeit ist. Denn das Klischee der Lustfeindlichkeit klebt immer noch als steinharte Kruste am Feminismus, weil es noch genug Feministinnen gibt, die Sex

Denn das Klischee der Lustfeindlichkeit klebt immer noch als steinharte Kruste am Feminismus.

zwischen Männern und Frauen grundsätzlich als vergewaltigungsähnliche Tat sehen. Dass die Klitoris das *primäre weibliche Geschlechtsorgan* sei, ist den Verächtern von Sex, bei dem ein Mann in eine Frau hineinstößt, so unhinterfragbar, dass sie Penisse eigentlich überflüssig finden.

Freud schrieb einst vom Vatermord, ohne den die Söhne nicht frei werden könnten. Vielleicht wollten die Feministinnen der neuen Generation mit ihrer offensiv sexfreundlichen Haltung eine Art Muttermord begehen, um sich von Alice Schwarzers tonangebender Definition des Feminismus zu distanzieren. Sicher haben sie nicht zufällig an genau der Stelle, die Schwarzer vor 30 Jahren als Angelpunkt der Frauenfrage definiert hat, dem Sex nämlich[95], eine gegensätzliche Position eingenommen. Ihr mediales Jauchzen war in den letzten Jahren weithin zu hören, *Sex* und *Spaß* wurden fast synonym verwendet, und beherzt verkünden einige gar, dass sie ihren Freund im Bett auch mal als Objekt sehen würden. Genau an diesem Punkt wurde mir der sexpositive Feminismus wieder unsympathisch: Muss denn unbedingt immer ein Wechsel von Subjekt- und Objektrolle stattfinden? Heißt Gleichberechtigung beim Sex also, dass mein Mann und ich es einander abwechselnd heimzahlen?

> **Muss denn unbedingt immer ein Wechsel von Subjekt- und Objektrolle stattfinden? Heißt Gleichberechtigung beim Sex also, dass mein Mann und ich es einander abwechselnd heimzahlen?**

Ich finde beide Haltungen, sowohl die der Anti-Porno-Liga als auch die der Knallersex-Mädchen, ziemlich anstrengend. Viel angenehmer als die Bemühung mehr oder minder verkrampfter

Sexkonzepte war es, auf dem Pornoset in Spanien herumzuhängen und mich überraschen zu lassen. Erst einmal davon, dass ich mich verdammt wohlgefühlt habe. Es war gleichzeitig elektrisierend und angenehm, in einer Atmosphäre unterwegs zu sein, in der Sex präsent war – und zwar weder auf anstrengend verhuschte oder vielsagend andeutende Weise wie in Mainstream-Medien und Fußgängerzonenschaufenstern noch obszön und fleischfarben aus allen Ritzen quellend wie in einem holländischen Rotlichtviertel. Sex war in der Luft, und das war gut so.

Überraschend waren auch die Männer am Set, zumal Pornomitarbeiter aus PorNO-Sicht ja nicht viel besser sind als willige Helfer von Straftätern. Auf dem Set lief ein Haufen netter Kerle herum, mit denen sich angenehm Kaffee trinken ließ und die beflissen versicherten, Feministen zu sein. Am ersten Tag verbrachte ich viel Zeit damit, in Gesellschaft eines halben Dutzends Teammitglieder vor der Tür des Drehorts zu warten, damit das Paar sich beim Vögeln entspannen konnte. Selbst die Kameraleute gingen von Zeit zu Zeit ins Nebenzimmer, um dem Paar ein Gefühl von Privatsphäre zu geben. »Das ist auch eine der Illusionen, die man ganz schnell verliert, wenn man Pornofilme dreht«, sagte mir ein Assistent müde, »dass es den Männern leichtfällt. Jeder, aber wirklich jeder Amateurdarsteller, der zu unseren Castings kommt, behauptet erst mal, dass er keine Probleme haben wird. Dann stehen auf ein mal die Kameras um ihn herum, und es geht gar nichts mehr.« Und dann M., der Hauptdarsteller, der hinterher, als alles abgedreht war, deutlich erledigt im Bademantel auf einem Stuhl im Hinterhof hing. »Also, eins habe ich heute gelernt«, sagte er. »Im wirklichen Leben ist es einfacher, Sex zu haben als eine Prügelei auf der Straße.

Vor der Kamera ist es genau umgekehrt.« Ich sah ihn an und die Worte *siegesgewisser Rammler* kamen mir in den Sinn. Wo hatte ich sie gelesen? Wieder bei Alice Schwarzer, wieder *Die Antwort*. Eins war klar: Einen siegesgewissen Rammler hatte ich nicht vor mir. Eher einen ziemlich normalen Mann, der einen Job macht, der ganz schön anstrengend ist. Für seine Mitspielerin hatte er nur gute Worte übrig. »Sie war viel lockerer als ich und hat mir wahnsinnig dabei geholfen, mich zu entspannen. Wir mussten ja ficken«, sagte er erschöpft.

Die größte Überraschung aber waren die Frauen, die auf dem Set herumliefen, und sehr glücklich über das zu sein schienen, was sie taten. Junge Frauen, die Fotos machten, Journalisten herumführten, vor und hinter der Kamera arbeiteten. Wo waren die Opfer? Die Frauen hatten normal geformte, normal angezogene Körper und sagten, dass sie Pornos mochten. Sie hatten glänzende Augen und sprachen von Freiheit und Lust. Wie die Männer sagten auch die Frauen, sie seien Feministinnen. Allen voran Liandra, die ich bei meinem zweiten Tag auf dem Set traf. Liandra spielte zum ersten Mal bei einem professionellen Pornodreh mit. Sie produzierte seit fast zehn Jahren selbst pornografische Szenen und stellte sie für zahlende Kunden ins Internet. Nebenbei reflektierte sie in klugen Blogeinträgen ihr Leben und ihre Sexualität. Am Tag des Drehs war sie Anfang dreißig, drahtig und klein, hatte langes dunkelbraunes Haar, sprach Englisch mit britischem Akzent und hatte sich nur ausnahmsweise die Achselhöhlen rasiert, ein Zugeständnis für den Dreh. Provokation, sagte sie mir, war ihr Hobby, lange Achselhaare gehörten für sie dazu. »Du glaubst nicht, wie angewidert die Menschen reagieren. In der U-Bahn sprach mich neulich jemand an und sagte, ich sei ekelhaft«, erzählte sie lachend. Liandra war harte

Ansprachen gewöhnt. Schon als Teenager arbeitete sie als Tänzerin in einem Nachtklub und hatte »so viel Sex, wie ihn jeder Teenagerjunge haben würde, wenn er so viel Gelegenheit dazu hätte.« Das kam nicht gut an. »Meine Umgebung stempelte mich als Schlampe ab. Irgendwann habe ich mir gesagt, wenn ihr mich unbedingt Schlampe nennen wollt, dann akzeptiere ich halt dieses Label und mache dabei wenigstens mein Ding.« Kurz bevor die Kameras angingen, sagte sie mir noch, es gehe ihr auf die Nerven, dass Pornodarstellerinnen grundsätzlich als Opfer dargestellt würden (was männlichen Darstellern übrigens niemals passiert). »Wer auch immer behauptet, alle Frauen im Porno seien Opfer, gesteht Frauen keine Autonomie über ihren eigenen Körper zu.«

Dieser Satz hing mir nach. Ich fühlte mich ertappt. Ohne jemals mit einer Pornodarstellerin gesprochen zu haben, hatte ich arrogant und selbstverständlich angenommen, Frauen in Pornos seien irgendwie kaputt. Mein Gefühl gegenüber Pornodarstellerinnen entsprach ungefähr dem, was ich über Prostituierte dachte. Irgendjemand (vermutlich ein Mann) musste an diesen Frauen etwas kaputt gemacht haben, damit sie erlaubten, dass eine Kamera zwischen ihre Beine und in ihren Hintern filmte. Weil ich selbst keine Pornodarstellerin sein wollte, hatte ich geglaubt, das müsste für alle Frauen gelten. Natürlich sind die Filme, die Liandra macht, keine Mainstreamware. Aber politisch korrekt sind sie auch nicht. Bei Liandra ist nichts verboten, was in gegenseitigem Einvernehmen passiert. Dazu gehört in ihrem Blog auch eine Art Lehrvideo, in dem zwei Frauen (!) miteinander eine Fantasie ausleben, in der die eine wie ein Paket mit Klebeband verschnürt wimmernd und stöhnend auf einem Bett liegt, während die andere sie stumm befriedigt. Angenehm finde ich den

Gedanken nicht. Aber ich kann verstehen, dass ein Paar sein Sexleben so arrangiert. Denn schließlich hat Sex viel damit zu tun, Grenzenlosigkeit zu spüren.

Diese Art Porno aber existiert in der Welt der Pornogegner bestenfalls als Missverständnis – und die Frauen, die ihn produzieren, als gehirngewaschene Opfer einer allgemeinen Penisverschwörung. Damit richten diejenigen, die Frauen schützen wollen, ihre Waffen nicht nur gegen missbrauchsbereite Männer, sondern gegen alle Männer – und wie zufällig gegen alle Frauen, die nicht in ihr Schema passen. Das Opferlabel klebt direkt neben dem Schlampenlabel. Frauen wie Liandra sind die Kollateralschäden pauschalisierender Urteilsverkündungen. Denn ob ich behaupte, eine Frau im Porno sei ein billiges Luder, oder ob ich sie ein Opfer nenne, ist in gewisser Hinsicht egal. Ich setze dabei voraus, dass etwas mit ihr nicht stimmen kann, wenn sie Pornos dreht, und fälle ein Urteil darüber, wie sie mit ihrem Körper umgeht. »In jedem Fall sind Aussagen über Pornografie gleichzeitig Aussagen über die angemessene Rolle von Frauen. Über das, was privat bleiben soll, was sexuell normal und abnormal ist«,[96] schreiben die Autoren des *Porn Report* aus dem Jahr 2008, einer der größten wissenschaftlichen Studien der Pornografieforschung. Frauen in Opfer-Kategorien zu stopfen, weil sie in der Pornoindustrie arbeiten, ist nichts weiter als Diskriminierung, die sich als moralischer Anspruch verkleidet.

Das gilt übrigens nicht nur für den Porno, sondern auch für Prostitution, wie man Ende 2013 angesichts der Debatte um Alice Schwarzers Buch *Prostitution – ein deutscher Skandal*[97] sehen konnte. Die Journalistin Antonia Baum stellte dazu in der FAZ kluge Fragen, die für das Nachdenken über Prostitution genauso gültig und hilfreich sind, wie für das Nachdenken über Porno: »Gibt es Menschen, die Prostitution wie einen normalen Beruf betrachten? Ja, es gibt sie. Tut ihnen das nicht trotzdem weh, hinterlässt das nicht Schäden? Darf man überhaupt für einen anderen Menschen entscheiden, dass er etwas nicht tun darf, weil er einen Schaden davon bekommen könnte? Was ist ein Schaden überhaupt? Tun Sexarbeiterinnen ihre Arbeit gerne, freiwillig, weil sie es müssen? Wann kann man das, was man tut, freiwillig nennen? Geht irgendjemand freiwillig putzen? Ist eine Tätigkeit, die man tun muss, um Geld zu verdienen, immer noch freiwillig?«[98]

Wahr ist, dass das spanische Filmset, das ich persönlich sehen konnte, und Darstellerinnen wie Liandra wohl kaum repräsentativ für das Gros des Pornobetriebs sind, da sie eine bestimmte Nische bedienen. Oft geht es bei Pornoproduktionen deutlich härter zu. Dafür sprechen zumindest die erschreckenden Erfahrungsberichte, die ehemalige Pornodarsteller immer wieder liefern und die sicher damit zusammenhängen, dass Menschen, die für Geld vor der Kamera Sex haben, gesetzlich kaum geschützt werden. Ein Pornoproduzent schrieb im Mai 2003 in einem Brief an den Herausgeber von *Adult Media News* (das Unternehmen verleiht einen der wichtigsten Filmpreise in der Pornobranche): »Es gibt keinen ethischen Code, dem wir Produzenten von pornografischen Filmen uns unterwerfen könnten, und keine Mittel, die sicherstellen, dass industrielle Standards durchgesetzt werden. Es ist so, dass Hunde, Katzen und Kaninchen mehr gesetzlichen Schutz auf dem Set genießen als Männer und Frauen.«[99]

Männer und Frauen wohlgemerkt. Es ist ein interessantes Phänomen, dass die Anti-Porno-Debatte sich ausschließlich auf den Schutz der Frauen konzentriert, wobei selbst die Frauen vorauseilend beschützt werden, die überhaupt nicht um Schutz gebeten haben. Diese Frauen dürfte es in der normativen Denkart der Tussikratie, die Frauen eine beschränkte Auswahl an Wünschen und Lebensplänen diktiert, nicht geben. Und der Schutz der Männer kommt überhaupt nicht vor. Dabei müsste klar sein, dass schlechte Arbeitsbedingungen und miese Inhalte im Porno nicht nur Frauen betreffen. Das gilt erst recht für Pornos, in denen sexuelle Gewalt stattfindet. Um es gleich vorweg zu sagen: Im normalen Mainstreamporno gibt es wenig Gewalt, wenig Handlung und viel ziemlich standardmäßigen Sex. Die Wissenschaftler des *Porn Report* haben die Bestseller unter den Sexfilmen Australiens analysiert (die meisten davon europäischer und amerikanischer Herkunft) und festgestellt, dass von 838 Szenen nur etwa zwei Prozent gewalttätige Elemente zeigten. Aber es gibt extreme Ausreißer des Genres, die vor allem online nicht schwer zu finden sind. Als ich mich bei meinem Versuch, Porno besser zu verstehen, durchs Internet klickte, sah ich viele schlimme Sachen. Google war wie ein großer Bruder, der Bilder und Filmchen unter dem Bett hervorzog, von denen ich nur hoffen kann, dass meine älteren Verwandten sie nie im Leben sehen werden, weil sie dann bestimmt nicht mehr gut schlafen können. Es ist eine Sache, theoretisch zu wissen, dass das Internet ein lauschiges Plätzchen für alle existierenden Fetische ist, und eine ganz andere, sie über den Bildschirm laufen zu lassen. Internetseiten mit Gangbangszenen, Seiten wie *www.overstuffedholes.com, www. analshocker.com* oder *www.gagfactor.com,* deren Inhalt man nicht erklären muss, weil die Namen für sich sprechen. (Ich wünschte, ich könnte schnell wieder vergessen, was alles in menschliche Körperöffnungen hineinpasst.)

Wer noch härteres Material sucht, findet über Google leicht Vergewaltigungspornos. Zwar steht auf den Seiten immer klein-gedruckt der Hinweis, dass die gezeigten Szenen nur gespielt sind – aber offensichtlich ist das nicht. Man muss kein strenger Katholik sein, um das schlimm zu finden. »Die ekelerregenden Hardcore-Pornos, in denen die Frau als jemand vorgestellt wird, für den noch nicht einmal das Tierschutzgesetz gültig ist, belei-digen alle Frauen«,[100] war von Iris Radisch, der Ressortleiterin des Feuilletons in der *Zeit,* vor ein paar Jahren zu lesen. Und Robert Jensen fragte beklommen in der *Emma:* »Wenn eine Studentin bei einer Projektbesprechung einem Dozenten gegenübersitzt, der am Vorabend *Gag Factor 10* gesehen hat – wer ist sie dann für ihn?[101] Ich könnte diese Sätze sofort unterschreiben. Aber etwas macht mich daran stutzig: Radisch und Jensen machen sich Sorgen über das Frauenbild, das in diesen Filmen präsentiert wird – aber was ist mit dem Männerbild? Auch wenn es nicht auf den ersten Blick auffällt, beleidi-gen diese Pornos nicht nur Frauen,

Auch wenn es nicht auf den ersten Blick auffällt, beleidigen diese Pornos nicht nur Frauen, sondern auch Männer.

sondern auch Männer. Die Rolle, die Männer in Gewaltpornos spielen, die der seelenlosen Fickmaschine nämlich, ist nicht schöner als die der Frauen. Wenn es stimmt, dass Pornos uns negativ beeinflussen, dann betrifft das nicht nur unser Frauen-, sondern auch unser Männerbild. Genau das lässt sich ja mühelos an neunzig Prozent der Diskussionen über Pornos erkennen: Wir haben das Bild des amoralischen, triebgesteuerten Mannes so sehr verinnerlicht, dass niemand sich die Mühe macht, dagegen zu protestieren. Frauen, die immer willig sind und alles mitmachen, wirken unnatürlich. Immergeile, missbrauchsbereite Männer erscheinen hingegen normal. Dass das niemand erwähnt, zeigt, wie viele Vorurteile als Tatsachen gelten. Niemand sagt: »In den meisten Pornos geben Männer und Frauen ein schlechtes Bild ab.« Es sind die Frauen, die schlecht aussehen, weil sie es sind, die vollgestopft und vollgespritzt werden. Niemand sagt: »Wir machen uns Sorgen, was das Männerbild in Pornos in den Köpfen von Frauen anrichtet.« Dabei kann man Robert Jensens Frage leicht umdrehen: »Wenn eine Studentin, die am Vorabend *Gag Factor 10* gesehen hat, bei einer Projektbesprechung einem Dozenten gegenübersitzt – wer ist er dann für sie?« Da Frauen grundsätzlich als Opfer des Pornos, nie als dessen Konsumenten gesehen werden, kommt diese Frage gar nicht auf. Je nach Studie und Region sind aber zwischen 8 und 28 Prozent der Pornonutzer Frauen. Und diese Frauen sehen nicht nur Pornos, die ein Feminismus-Gütesiegel haben.

Eine ehrliche Diskussion müsste Wert darauf legen, dass Frauen *und* Männer, die als Pornodarsteller arbeiten, anständig behandelt werden. Es scheint sich aber kaum jemand wirklich um diese Menschen zu scheren. Man darf annehmen, dass die Produktionsbedingungen im Porno auch deshalb nicht besser sind, weil Pornodarsteller in eine gesellschaftlich geächtete Nische gesteckt werden. Was mehr über die Verklemmtheit der Bevölkerung zeigt als über den Sexfilm an sich. Man kann sogar mit einigem Recht annehmen, dass die Entwicklung der Sexeinstellung einer Gesellschaft sich daran ablesen lässt, wie ihre Pornofilme aussehen. Ein Land, das Gelassenheit im Umgang mit Sex und Sexprodukten an den Tag legt, muss über Pornos weder vertraulich flüstern noch moralisch zetern. Menschen in einem solchen Land könnten Gesetze schaffen, die Sexarbeiter wirklich schützen. Und sie hätten kein Problem damit, Ansprüche zu stellen, gute Pornos zu verlangen und Pornos wie andere Filme zu rezensieren. Von Porno-Rezensionen im Feuilleton sind wir noch weit entfernt, noch ist die Masse an Pornos als schnelle Wichshilfe gedacht, wird fix hergestellt und genauso schnell konsumiert. Aber das ganze Potential der Pornografie mit Youporn-Filmen quasi ausgefüllt zu sehen, ist ungefähr so, als würde man McDonald's betreten und sagen:»So ist also Essen.« Ja, es gibt im Porno viel Fastfood, wenig Gutbürgerliches und kaum Haute Cuisine. Das liegt sicher auch daran, dass es kaum Publikum gibt, das bessere Verpflegung fordert. Solange das so ist, werden Pornos weiterhin millionenfach im Stillen geguckt und in der Öffentlichkeit kritisiert werden, während die Produzenten ihre goldenen Umsätze machen.

An sich ist ein Film, in dem Sex explizit gezeigt wird, ja keine schlechte Idee. Das schamhafte Ausblenden, Weichzeichnen und Daranvorbeifilmen von Sex in Mainstreamfilmen beruht vielleicht auf der Annahme, dass wir vor allem das begehren, was wir nicht haben (oder sehen) können, wirkt aber oft genug einfach verkrampft. Sex im Bild ist, scheint's, einfach schmuddelig – und damit basta. Früher war Pornografie ein selbstverständlicher Teil der Kultur. Sie wurde erst im Mittelalter marginalisiert und etikettiert. Schade, dass es so weit gekommen ist. Die alten Römer malten fröhlich Penisse an Wände, die jedermann sehen konnte. Wer heute einen öffentlichen Penis sehen will, muss ins Museum gehen oder auf YouPorn surfen. Dabei ist das Bedürfnis nach Sexfilmen ja eindeutig da: Wie könnte es sonst sein, dass laut den US-Wissenschaftlern Heather A. Rupp und Kim Wallen weltweit schätzungsweise 40 Millionen Menschen jährlich Pornowebseiten besuchen, immerhin 28 Prozent davon Frauen,[102] dass laut *Süddeutscher Zeitung* Deutschland mit monatlich 1000 neu erscheinenden Pornofilmen nach den USA der zweitgrößte Pornomarkt ist,[103] in deutschen Mediendebatten aber immer nur von *den Pornokonsumenten* die Rede ist, als wären die eine andere Spezies? Man könnte meinen, die Menschen, die diese Debatten führten, sähen eben keine Pornos. Man könnte behaupten, Pornogucken sei ein Unterschichtenphänomen. Ich bin sicher, dass das nicht stimmt. In Deutschland hat noch niemand den Gegenbeweis geführt – in Australien dafür schon. Dort, laut *Porn Report,* ist der typische Pornogucker männlich, hat einen höheren Abschluss, und – Überraschung – er wählt politisch konservativ. Ich kenne zu viele Männer und Frauen mit höherem Abschluss, die Pornos sehen, um glauben zu können, dass es bei den Deutschen wesentlich anders aussieht. Ich bin mir außerdem sicher, dass viel mehr Frauen Pornos sehen, als sie es zugeben, und zwar nicht nur Pornos, in denen Dialoge und eine romantische Handlung stattfinden. Wie die amerikanische Psychologin Esther Perel sagt:»Die meisten von uns werden nachts von den gleichen Dingen angeturnt, gegen die wir tagsüber demonstrieren.«[104]

In der Tussikratie ist eine solche Position inakzeptabel, und die Debatte über Pornos zutiefst normativ. Nicht nur die Pornogegner beurteilen alles als moralisch verwerflich, was nicht in ihr Bild von *gutem* oder *richtigem* Sex passt. Auch scheinbar politisch korrekte Pornos ersetzen nur die Kriterien für das, was als *gut* oder *richtig* zu gelten hat. Das gilt mindestens teilweise auch für den sexpositiven, pornobejahenden Feminismus, der nämlich nur Pornofilme akzeptiert, die bestimmten Kategorien gerecht werden. Ein Beispiel dafür sind die *PorYes Awards,* die in Berlin verliehen werden. Auf der Internetseite der Awards sind die Kriterien für feministischen Porno aufgelistet. Ich stellte fest: Diese *neuen* Kriterien kamen mir letztlich ebenso restriktiv vor wie die *alten.* Ich schickte die Liste der Regeln an Friederike. Folgender E-Mail-Abtausch kam dabei heraus:

F: Manche Kriterien sind gut, klar, wenn auch nicht notwendig *feministisch* (sexpositive Grundeinstellung, keine menschen- und frauenverachtenden Darstellungen, ethische Arbeitsbedingungen, Safer-Sex-Einsatz ...), aber einiges von dem Rest, also die inhaltlichen, auf die im Film darzustellende Geschichte bezogenen, tja, was sagt man da: Zensurvorstellungen? Finde ich eigentlich ziemlich schlimm. Es ist natürlich alles gut gemeint, und sie glauben, dass sie damit den natürlichen Geschmack von Frauen treffen. Aber genau das ist das Problem an der Liste: Woher wollen die wissen, dass ihre Vorstellung von weiblicher Lust etwas mit dem Frausein im Allgemeinen zu tun hat – und nicht etwa ihre persönlichen, ganz individuellen Vorlieben widerspiegelt, ihr soziales Milieu, ihre Subkultur oder andere, eigentlich geschlechtsunabhängige Einflüsse? »Die Agierenden werden in Beziehung zueinander gezeigt, Augen-, Haut-, Hände- und Körperkontakt, Energieaustausch.«[105] Das alles ist schön und gut – aber trotzdem: Warum soll das weiblicher Geschmack sein – und nicht etwa der von Menschen, die narrativ ticken? »Darstellung von Lust und Freude, Schwerpunkt auf weiblicher Lust und deren Vielfalt«, »Vielfalt der Kameraeinstellungen, Licht- und Schattenspiel« – wirklich, da steht: Vielfalt der Kameraeinstellungen, Licht- und Schattenspiel! Leider, wenn ich diese Liste lese, ist mir sofort egal, wie schlimm 99 Prozent der Pornos sind, ich bin sofort wütend auf die VerfasserInnen dieser Liste. Dass ich genau dann feministisch korrekt Lust habe, wenn mich Licht- und Schattenspiel anmacht: was für eine Anmaßung. Diese Liste gibt mir das Gefühl von Nachbarn, die sich gegenseitig durch die Küchenvorhänge beäugen und dann am Laternenpfahl anonyme Zettel aufkleben: »Bitte keine Ruhestörung in der Mittagspause! Und außerdem Vielfalt der Kamera-Einstellungen!« **Wer sind die, dass sie definieren dürften, wie Frauen Lust haben dürfen?** Und wie findest du denn das?

T: Inhaltlich finde ich es gut, wenn mehr Zwischenmenschlichkeit im Porno vorkommt, wenn man also versteht, warum die Leute Sex haben. Ich mag eine Welt, in der Menschen, die Sex haben, einander mögen und respektieren, lieber. Ich persönlich fand es auch sehr heilsam, einen Porno zu sehen, in dem zwei Gesichter zu sehen sind, und nicht immer nur eins (das der Frau). Andererseits ist es natürlich Quatsch, wenn man Licht- und Schattenspiele vorschreibt, wenn man den Leuten sagt, wie sie zu stöhnen haben – und wieso eigentlich ein Schwerpunkt auf der weiblichen Lust? Ich finde, dass auch in einem Frauenporno ruhig auch mal geradlinig auf die Ejakulation des Mannes hingearbeitet werden darf, vielleicht ist es genau das, was manche Frauen am meisten anmacht. Es steckt in diesen Regeln eben auch eine gewisse Arroganz (Sexfilme, die Frauen gerecht werden, müssen künstlerisch wertvoll und frauenbetont sein) – und Angst, dass die Frau sofort unterdrückt wird, wenn nicht *ihre* Lust im Zentrum des Films steht.

F: Aber stört dich denn gar nicht das Moralisieren dabei, also dass die einfach eine Liste aufstellen, die definiert, was erlaubt ist und was nicht, was gute Fantasien sind und welche böse? Mit dem Label *feministisch* ist ja ein ganz bestimmter Anspruch verbunden: moralisch vertretbar. Wer anders Sex angucken will, ist moralisch im Abseits. Einem Porno *feministisch* aufzukleben – oder ihm das Label zu verwehren, das ist wie der Ökotest-Sticker: korrekt. Brav. Das Problem ist nicht allein, dass man schon bei Ökotest streiten kann, ob das wirklich Öko ist, was die definieren, und dass man es bei »femitest« erst recht, nunja, mit Licht und Schatten zu tun hat. Etwas *Feminismus* zu nennen, ist eine moralische Machtposition.

T: Lustig auch: Eine Frau schreibt im Internet, sie würde nur Schwulenpornos gucken, weil da keine Frauen erniedrigt würden. Das ist einfach nur dämlich.

F: *Dämlich*, das ist politisch nicht korrekt!

Vielleicht, dachte ich, nachdem ich den Computer am Abend des Tages, an dem diese E-Mails hin- und hergegangen waren, schlafen gelegt hatte, vielleicht hat Porno viel weniger mit Männern und Frauen, also mit Geschlechtergerechtigkeit und dem angeblich dazugehörenden Kampf zu tun, als wir denken. Viel wahrscheinlicher scheint es, dass Pornografie für genau diese Debatte instrumentalisiert wird. Und das nicht erst seit gestern.

Wenn wir über Porno reden wollen, sollten wir bedenken, dass es keine endgültige Regel dafür gibt, was pornografisch ist, sondern immer der Zeitgeist die Definition mitdiktiert. »Wenn man sich die Geschichte der Zensur ansieht, wird einem schnell klar, dass das, was in einer bestimmten Ära als obszön empfunden wird, in einer anderen als kulturell wertvoll gilt«[106], schreiben die Autoren des *Porn Report*. Der Begriff *Pornografie* wurde demnach in seiner modernen Bedeutung von Kunsthistorikern des neunzehnten Jahrhunderts geprägt, um die erotischen Gemälde und Statuen zu beschreiben, die Ärchäologen aus der Vulkanasche Pompejis und Herculaneums geborgen hatten. Berühmt ist etwa die steinerne Darstellung des Gottes Pan, der mit einer Ziege kopuliert. »Die Reaktion der Historiker und Museologen auf diese Abbildungen bestand darin, die Bilder wegzuschließen, damit Kinder, Frauen und sonstige angeblich moralisch schwache Wesen keinen Zugang dazu haben sollten.«[107]

Walter Kendrick, der eine Kulturgeschichte der Pornografie geschrieben hat, sieht Pornografie in der Geschichte als soziales Feld, auf dem Macht ausgekämpft wird. »Die Inhaber der Macht konstruieren die Definition von Pornografie durch ihre Macht, sie zu zensieren.«[108] Mit anderen Worten: Wer die Macht hat, bestimmt auch, was Pornografie ist und wer sie sehen darf. Das erinnert durchaus an die Bemühungen heutiger Pornogegner. Die Freunde der PorNO-Kampagnen glauben, dass es deshalb so viele explizite Sexfilme gibt, weil Männer die Gesellschaft beherrschen. Frauen wollen angeblich keinen Porno. Sie können sich damit aber nicht durchsetzen, weil sie nicht genug Macht haben. Heutige Pornogegner glauben zudem, dass Pornos einen schlechten Einfluss auf Männer haben. Im Gehirn eines Mannes, der *Stadtf**cker 1–3* auf DVD guckt, verwischen demnach die Grenzen zwischen den Frauen in seinem Umfeld und den Darstellerinnen im Porno. In der Folge denken Männer angeblich sexistischer und frauenfeindlicher.

Die Ironie an der Geschichte ist, dass heutige feministische Anti-Porno-Argumente genau jenen Gründen ähneln, aus denen man im 18. und 19. Jahrhundert ebenfalls versucht hat, Pornografie von bestimmten Bevölkerungsgruppen fernzuhalten. Mit dem Unterschied, dass es damals die Frauen und die Arbeiterklasse waren, denen der gesunde Menschenverstand abgesprochen wurde. Frauen, das geistig schwächere Geschlecht, und Arbeiter, die geistig schwächere Klasse, konnten mit Materialien, welche die Fantasie anregten, angeblich einfach nicht umgehen. Wie der amerikanische Historiker Thomas Laqueur in seinen Studien zur Onanie feststellte[109], galt selbst die Lektüre völlig unpornografischer Romane für Frauen als potenziell gefährlich. Man sorgte sich, die Bücher könnten Frauen auf gefährliche Weise sexuell stimulieren. Auf zeitgenössischen Zeichnungen sieht man oft Frauen mit einem Buch in der einen Hand und mit der anderen Hand unter dem Rock. Und von der Selbstbefriedigung zu anderen sexuellen Untaten war der Weg womöglich nicht weit. Die gleiche Schwachgeistigkeit aber, die der Gesetzgeber des 18. Jahrhunderts Frauen attestierte, unterstellen viele heutige Pornofeinde pauschal den Männern, die angeblich willenlos, da schwanzfixiert, von Sexfilmen stimuliert auf die Straße wanken und in dunklen Gassen ihre dunklen Triebe ausleben.

Die Angst vor ebendiesen Trieben ist eines der Hauptargumente der Tussikratie gegen Pornos beziehungsweise gegen solche, die nicht den Regeln folgen, die sie für Sex und sexuellen Ausdruck setzen möchte. Diese Sorge ist der Treibstoff des größten Teils der Porno-Wirkungsforschung. Es gibt eine Menge wissenschaftlicher Studien, die untersucht haben, ob Pornofilme bei Menschen (will sagen: bei Männern – Frauen sind fast nie Teil der Studien) negative Effekte hervorrufen. Also zum Beispiel sexistische, gewalttätige oder diskriminierende Einstellungen gegenüber Frauen. So mancher Pornogegner scheint zu glauben, dass Männer, die einen Vergewaltigungsporno sehen, anschließend rausgehen und das Gesehene nachspielen (als wären

Männer Affen, die alles nachmachen). Sicher gibt es auch beim Pornogucken ein Zuviel. Wie es auch schlecht ist, jeden Tag eine Flasche Wein zu leeren. Nach bisheriger Forschungslage ist es aber übertrieben und lächerlich, Pornos wie eine Einstiegsdroge zu behandeln, die aus zivilisierten Menschen röhrende Sexmonster macht. Studien, die bewiesen haben wollen, dass Pornogucken zu schlechten Manieren oder sogar zu kriminellem Benehmen führt, bedienten sich bisher fragwürdiger Forschungsszenarien. Oder sie wurden von Forschern gemacht, die wissenschaftliche Arbeit mit *habe ich letzte Nacht geträumt* verwechselten. Wie es bei einigen Studien der Fall des früher gern zitierten Instituts für rationelle Psychologie sein könnte, dessen Ergebnisse auch Alice Schwarzer als Beleg für die gewaltstiftende Wirkung von Pornografie angeführt hat. Das Institut ist jedoch medienübergreifend in die Kritik geraten – wegen zweifelhafter Forschungsmethoden.

Tatsächlich ist die Wirkungsfrage unter Forschern längst nicht ausgehandelt. Die Kulturwissenschaftlerin Corinna Rückert, die ihre Doktorarbeit über Pornografie für Frauen schrieb, fand bei ihren wissenschaftlichen Recherchen immer wieder die gleichen Vorurteile. »Die Wissenschaft macht einen Kardinalfehler. Sie nimmt das, was in Pornos gezeigt wird, als reale sexuelle Handlung«, sagte Rückert im Juli 2000 der *Zeit*.[110] Wissenschaftler gehen demnach davon aus, dass Zuschauer im Pornokino nicht verstehen, dass sie es mit einer Fiktion zu tun haben, sondern vielmehr glauben, dass sie in ein Schlafzimmer anstatt auf eine Leinwand schauen. Die Ergebnisse der Studien, auf die sich Pornogegner gern berufen, sind außerdem schon allein deswegen begrenzt glaubwürdig, weil die Bedingungen, unter denen die Probanden getestet werden, alles andere als realistisch sind. Beispielsweise setzte man Männer vor Bildschirme und spielte ihnen stundenlang Pornos vor. Dabei beobachtete man sie. Anschließend untersuchte man, ob die Männer diskriminierende oder aggressive Einstellungen gegenüber Frauen hatten. Dabei wurde vergessen, dass Männer Pornos normalerweise sehen, weil sie einen Orgasmus wollen. Einem Mann stundenlang Sex vorzuspielen, ohne ihm die Chance zu geben, Hand anzulegen, bewirkt nichts anderes als Triebunterdrückung. Sogar der Dalai Lama hätte Schwierigkeiten, unter diesen Bedingungen nicht aggressiv zu werden.

Es ist fast unmöglich, wissenschaftliche Studien über positive Pornoeffekte zu finden. Anders wieder beim *Porn Report*: Die Männer und Frauen in der Studie sagten, Porno mache sie experimentierfreudig, erregt, aufgeschlossen, aufmerksam gegenüber ihren Partnern, toleranter gegenüber den sexuellen Vorlieben anderer Menschen ... Die Liste geht noch weiter. Vor allem aber sagten die Probanden, dass Pornofilme ihnen dabei halfen, ein entspanntes Verhältnis zu Sex zu entwickeln. Alan McKee, ein Forscher des *Porn-Report*-Teams, der als Schwuler im Rahmen der Studie zum ersten Mal eine ganze Menge Pornos mit Frauen sah, erlebte dabei eine Überraschung: Im Porno sah er zum ersten Mal Frauen, die Spaß an Sex zu haben schienen. Sein Wissen über die Sexualität von Frauen hatte der Mann bis dahin fast ausschließlich aus nicht pornografischen Medien bezogen – inklusive Frauenzeitschriften. »Im Fernsehen wollen Frauen über Beziehungen reden. In Magazinen haben sie an Sex Interesse, aber sie wollen ihn steuern, kontrollieren, ihn wie eine Herausforderung behandeln, und sehen ihn dabei immer noch als etwas, das irgendwie dreckig ist, und von dem Männer immer mehr wollen. In der Popmusik wollen nur Männer Sex – Frauen wollen Liebe (weiße Sängerinnen) oder Unabhängigkeit (schwarze Sängerinnen). Und in Romanen kommt einfach nicht so viel Sex vor. Also war der Anblick von Frauen, die Sex genießen, eine echte Offenbarung.«[111]

Auch für mich war die Beschäftigung mit Pornos eine Art Offenbarung. Ich würde mir, allen Pornodarstellern und Konsumenten wünschen, dass der Porno aus seiner Schmuddelnische ins Licht kommen würde. Wie an diesem sonnenbeschienenen Nachmittag in Barcelona, der für mich mittlerweile zu einem Symbol dafür geworden ist, wie normal, wie entspannt und gut ein öffentlicher Umgang mit Porno sein könnte. Dabei brauchen wir uns wirklich nicht die Köpfe über die Frage leer zu reden, ob Männer und Frauen unterschiedlichen Sex sehen wollen, ob es also Männer- und Frauenpornos braucht. Es ist klar, dass Männer und Frauen in Sachen Sex etwas unterschiedlich ticken, weil Körper nun mal Körper sind und Penisse keine Mösen. Und es ist klar, dass diese biologischen Unterschiede sich auch auf Verhaltensweisen und Präferenzen auswirken. Aber wenn wir den Anspruch aufgeben, dass alle Männer gleich sein müssen und dass alle Frauen und Mädchen dasselbe wollen, kommen wir in Sachen geschlechterspezifischer Sexpräferenzen zu der ziemlich gelassenen Erkenntnis, dass es innerhalb der Gruppe *Frauen* und *Männer* riesige Bandbreiten gibt und Präferenzen sich auch über die Geschlechtergrenzen überschneiden. Im Moment positionieren sich Frauenpornos meistens noch als Gegenentwurf zu den klassischen Sexstories, die Männer als Zielgruppe anvisieren.

Es wäre keine große Überraschung, wenn die Unterschiede zwischen *Frauenpornos* und *Männerpornos* in Zukunft dünner werden würden. Tatsächlich ist die Pornoregisseurin Erika Lust in *The Good Girl,* einem ihrer ersten Pornos für Frauen, einer klassischen Pornodramaturgie gefolgt: Eine einsame Frau verführt den Pizzaboten. Nach dem Sex bittet sie ihn darum, »wie im Porno« auf ihr Gesicht zu ejakulieren. In gewisser Weise ist der wesentliche Unterschied zwischen diesem Film und einem klassischen Porno die Tatsache, dass er aus der Frauenperspektive erzählt wird. Womöglich sind die Geschmäcker von Männern und Frauen gar nicht so dramatisch verschieden, wie oft behauptet wird. Das ergibt ja durchaus Sinn: Männer haben Sex mit Frauen, Frauen haben Sex mit Männern – für Menschen, die heterosexuell leben, ist Sex von Vertretern des anderen Geschlechts nicht gerade losgelöst.

Überflüssig und ziemlich lustfeindlich, ist es dagegen, Menschen zu sagen, welchen Sex sie gut zu finden haben. Die Behauptung, dass alle Männer hartes Rammeln mögen und alle Frauen sanftes Kuscheln, ist ärgerlicher Schwachsinn. Selbst wenn es mehr Männer gibt, die es anmacht, wenn Sperma auf Gesichter spritzt, darf man den Frauen, die das auch gut finden, kein Opferetikett aufkleben. Die Ansicht, dass penetrativer Sex in erster Linie von Männern gewollt wird, was Frauen bestenfalls auf die Nerven geht, ist ziemlich prüde und nicht weit entfernt von repressiven Gesellschaftsordnungen, in denen Frauen ihre Sexyness verhüllen müssen oder vor der eigenen Lust beschützt werden sollen. Andererseits ist auch die aggressive Ansage mancher jungen Frauen, die den Spaß am Sex

Ist das Private wirklich so politisch, dass man schon nicht mehr einfach vögeln kann?

zum Statussymbol erklären, nicht immer lustvoll. Das erweckt vielmehr den Eindruck, als sei Sex immer noch vor allem eine Bühne, auf welcher der Kampf der Geschlechter ausgetragen wird. Wo bleibt dabei die für guten Sex nötige Entspannung? Oder: Ist das Private wirklich so politisch, dass man schon nicht mehr einfach vögeln kann?

KRAMPF DER GESCHLECHTER

Über Frauen, die boxen,
und die Lücke zwischen Leidenschaft und Feminismus

> What are little boys made of?
> Snips and snails, and puppy dogs tails
> That's what little boys are made of!
> What are little girls made of?
> Sugar and spice and all things nice
> That's what little girls are made of!
>
> *Ein amerikanischer Kinderreim*
> *aus dem 19. Jahrhundert*

Denken und Handeln sind auch in Geschlechterfragen nicht immer leicht unter so etwas wie einen Hut zu bringen, aber wenn ich mir ein ausgewogenes Verhältnis zwischen Theorie und Praxis vorstellen möchte, fällt mir zuerst eine Situation mit Susi ein. Susi war meine Sparringspartnerin im Boxverein. Nach den Ostertagen lehnte sie an der Turnhallenwand und sagte:»Meine Mutter hat beim Brunch zu mir gesagt: Boxen, warum musst du ausgerechnet boxen? Willst du nicht lieber zum Ballett?« Mit fällt ein, wie wir dann nur kurz gelacht haben über die alten Zeiten, die in der verständnislosen Frage von Susis Mutter hingen wie im Herbst die letzten Blätter an den Bäumen. Eine

Dreiviertelstunde später war es in der Boxhalle dampfig von Schweiß, und Susi und ich hauten uns heftig atmend gegenseitig auf die Nasen.

Dass wir die Genderfrage mit dieser Beiläufigkeit behandelten – mit einem freundlichen Schulterzucken, um dann möglichst schnell zur Sache zu kommen –, kommt mir heute einigermaßen erstaunlich vor. In den letzten Jahren sind Geschlechterfragen mit einer ziemlichen Wucht im Mainstream angekommen, und jetzt muss man ständig über Geschlecht nachdenken. Wer nicht genügend Genderbewusstsein zeigt, ist nicht gern gesehen. Wir alle wissen, dass es gravierende Auswirkungen sein können, die Geschlecht und Geschlechterrollen auf Lebensläufe haben. Und wir haben gelernt, dass beide Aspekte – *sex* und *gender,* natürliches und soziales Geschlecht – in der Politik, in Unternehmen und Schulen, aber auch in Familien und unseren eigenen kleinen Leben ständig kritisch mitgedacht werden müssen. Das ist eine Frage der Gerechtigkeit. *Gender-awareness,* das Bewusstsein, dass mit dem Geschlecht eine Menge verborgener Probleme verbunden sind, gilt als Mittel, um alte Schieflagen zwischen den Geschlechtern zu beheben. Und neue sollen auch verhindert werden.

Gender-awareness, das Bewusstsein, dass mit dem Geschlecht eine Menge verborgener Probleme verbunden sind, gilt als Mittel, um alte Schieflagen zwischen den Geschlechtern zu beheben. Und neue sollen auch verhindert werden.

Das Ziel finde ich gut. Jeder sollte tun und lassen dürfen, wonach ihm oder ihr der Sinn steht. Zum Beispiel Boxen oder Ballett oder ganz was anderes. Das Geschlecht sollte bei solchen Dingen, die an sich geschlechtslos sind, keine Rolle spielen. So hat man es mir in den 1980ern, als ich ein Kind war, beigebracht: dass Geschlechterrollen zum größten Teil Irrglaube sind und wir machen können, was wir wollen. Kühne Feministinnen und ein Wirtschaftssystem, das nach mehr und flexibleren, billigeren Arbeitskräften verlangte, hatten den Weg frei geräumt für eine Art Unisexgesellschaft: Männer und Frauen waren gleichberechtigt. Alle durften wählen und ihr eigenes Geld verdienen. Es gab keine »ehelichen Pflichten« mehr. Es schien wie der Anfang vom Ende der unnötigen, nicht prostatabezogenen, nicht vaginalen Unterschiede zwischen den Geschlechtern. Es schien, als hätten die alten Geschlechterrollen ausgedient.

Es war meine erste Lektion in Sachen Genderbewusstsein. Es ging um Freiheit, und ich wurde ermuntert, sie mir zu nehmen. Das gefiel mir.

Kleinen Mädchen sagte man, dass wir einfach nicht drauf hören sollten, falls jemand sage, dass Mädchen Mathe nicht könnten, denn so etwas würden nur Leute sagen, die an verstaubte Rollenbilder glaubten, die so wenig wahr seien wie der Weihnachtsmann und die schon bald vergessen sein würden. Es war meine erste Lektion in Sachen Genderbewusstsein. Es ging um Freiheit, und ich wurde ermuntert, sie mir zu nehmen. Das gefiel mir.

Heute sind wir einige Lektionen weiter. Weil sich das Bild der Geschlechter in Deutschland seit Lektion eins rätselhaft wenig verändert hat, wurden immer neue Lektionen, Studien und Examina über Geschlechterfragen anberaumt. Im Diskurs über Geschlechter herrscht Hochbetrieb, wohingegen die wirkliche Welt aus einer besonders trägen Masse zu bestehen scheint. Immer noch leben

Männer und Frauen, statistisch gesehen, sehr verschieden, obwohl sie ja theoretisch und auch rechtlich machen können, was sie wollen. Und zwar unterscheiden sich ihre Biografien nicht nur in Sachen Kinderkriegen und Stehpinkeln, sondern bei den abwegigsten Details. Die einen rasen auf der Autobahn, die anderen nicht. Die einen bestellen Weißweinschorle, die anderen Bier. Die einen gehen zum Boxen, die anderen zum Ballett. Das hatte man nicht erwartet, als man den kleinen Mädchen sagte, hört nicht auf die Mathemärchen, und es ist tatsächlich einigermaßen verstörend. Denn genau genommen gibt es nicht mal den Funken von einem Grund dafür, dass es jedes Mal wieder ein kleines Ereignis ist, wenn mein Freund seine knallpinken Turnschuhe trägt.

Die Vorstellungen davon, was Männer oder Frauen tun, tragen, wollen und sollen, sind also keineswegs schon vergessen. Deshalb haben die Menschen, mit denen ich virtuell und in echt zu tun habe, sich irgendwie darauf geeinigt oder es zumindest akzeptiert, dass wir alle unser Problembewusstsein in Genderdingen stärken müssen. Die Theorie ist jetzt nämlich folgende: Die Geschlechterrollen sind so mächtig, dass Einzelne dagegen nicht ankommen. Die Gesellschaft ist wie ein mächtiger Strom beziehungsweise wie zwei Ströme, einer für Männer, einer für Frauen. Und weil im Frauenstrom immer noch weniger Geld mitschwimmt, ist das eine strukturelle Diskriminierung. Und weil das eine strukturelle Diskriminierung ist und es wirkungslos war, kleinen Mädchen zu sagen, dass sie einfach gegen den Strom anschwimmen sollen, müssen wir jetzt alle gemeinsam den Strom umlenken. Umdenken.

> **Die Gesellschaft ist wie ein mächtiger Strom beziehungsweise wie zwei Ströme, einer für Männer, einer für Frauen.**

Also mussten alle üben. Alle sollten lernen, ihre eigenen Standpunkte und die der anderen als gesellschaftlich konstruiertes Denken zu begreifen. Bei vielen hat es auch gewirkt, sie sind jetzt richtige Genderexperten und versiert genug, entsprechende, genderbewusste Konversationen am Büfett, im Flugzeug, im Fitnessstudio zu führen.

Bei vielen hat es auch gewirkt, sie sind jetzt richtige Genderexperten und versiert genug, entsprechende, genderbewusste Konversationen am Büfett, im Flugzeug, im Fitnessstudio zu führen.

Ich habe gemischte Gefühle in Bezug auf das gesteigerte Geschlechtsbewusstsein, das sich die Menschen um mich herum in den vergangenen Jahren antrainiert haben. Ich denke, dass wir uns das Problembewusstsein schon so sehr zur Gewohnheit gemacht haben, dass die Praxis, also das, was passieren muss, wenn jemand tatsächlich etwas Geschlechtsuntypisches zu einem Teil seines Lebens machen möchte, davon nicht unbedingt profitiert.

Ich hätte gern etwas von dieser Naivität zurück. Für alle. Die Illusion, jeder könne alles machen, egal ob Mann oder Frau, ist uns in den vergangenen Jahren gründlich genommen worden.

In den 1980ern, nach meiner ersten Lektion, glaubte ich noch, ich könnte machen, was ich will. Ich wollte dann erst Ballett machen, und später wollte ich wie Muhammad Ali sein. Eine Wahl, die aus heutiger Perspektive, nachdem wir alle einen Leistungskurs in Geschlechtsbewusstsein gemacht haben, rührend naiv wirkt, finden Sie nicht auch? Ein Mädchen, das sich mit einem Mann oder zumindest mit manchem von dem, was er tut, identifiziert. Herzallerliebst. Ein Mädchen, das denkt, sie könne machen, was sie will.

Ich hätte gern etwas von dieser Naivität zurück. Für alle. Die Illusion, jeder könne alles machen, egal ob Mann oder Frau, ist uns in den vergangenen Jahren gründlich genommen worden. Nicht unbedingt, weil wir so viel handfeste Diskriminierung erlebt hätten. Eher ist es so, dass das viele Lesen und Hören von Geschlechterverhältnissen und Geschlechterrollen ausgerechnet jene Vorstellung in unsere Köpfe zurückgebracht hat – und zwar mit ziemlicher Wucht zurückgebracht und dort verankert hat –, die wir doch eigentlich mal vergessen wollten: dass Männer so, Frauen aber anders leben. Frauen und Männer gelten jetzt wieder als zwei verschiedene Paar Schuhe.

Früher dachte man, dass Männer und Frauen von Natur aus, also genetisch bedingt, so verschieden seien, wie es ihr unterschiedlicher Lebensstil nahelegt. Heute denkt man, dass Männer und Frauen durch die Gesellschaft so verschieden sind, wie sie leben. Erst war es Mutter Natur, jetzt sind es die sozialen Konstruktionen, die Geschlechterbilder, denen wir nicht entkommen können. Das ist das Revival des Geschlechts: Wir fühlen uns jetzt wieder »als Männer« und »als Frauen« und wir sind uns aller Beschränkungen, die damit verbunden sind, bewusst.

Das ist das Revival des Geschlechts: Wir fühlen uns jetzt wieder *als Männer* und *als Frauen*, und wir sind uns aller Beschränkungen, die damit verbunden sind, bewusst.

Dass das Genderbewusstsein ein Problembewusstsein ist, kann man schon an dem Tonfall hören, mit dem über Geschlechterverhältnisse gesprochen wird. Halb anklagend, halb triumphierend. Es wird nicht immer so gewesen sein, aber heute kann man die Genderfrage getrost wie eine Schlüsselfrage stellen: Es ist garantiert, dass sie eine Menge Probleme zutage fördert. In dieser Weise genderbewusst ist zum Beispiel die Frage, was man denn heutzutage so für Erfahrungen mache als Amateurboxerin, »also als Frau in einem Männersport«. Die Frage impliziert, dass es Schieflagen aufzudecken gibt, wenn Frauen sich in einen »Männersport« wagen. Wenn man boxt, »als Frau«, hört man diese Frage häufig, und man kann auch lange Antworten darauf geben, weil, nun ja, weil man heutzutage eben überaus geschlechtsbewusst ist. Man hat einen wasserwaagenscharfen Blick für die Schieflagen.

Ich kann nicht versprechen, dass ich mit dem Boxen überhaupt angefangen hätte, wenn ich immer schon so geschlechtsbewusst gewesen wäre, wie ich es heute – in den Zeiten von Genderdebatte, Gender-Pay-Gap, Gender Studies, neuem Feminismus, Frauenquote, Gleichstellungspolitik, Gender Mainstreaming und Was-weiß-ich-noch – bin. Weil mir von vornherein vor allem klar gewesen wäre, dass in einem »Männersport« Probleme auf mich warten: Diskriminierung und so weiter, alle möglichen Verstrickungen in Geschlechterstrukturen.

Heute weiß ich, dass mir beim Boxen tatsächlich das passiert ist, was man »Diskriminierung« nennt, aber dazu komme ich später. Wir müssen erst noch klären, wo grundsätzlich das Problem bei den Geschlechterrollen liegt. Bleiben wir beim Boxen. Der Vorstellung, dieser Sport sei nicht einfach nur ein Sport, sondern ein »Männersport«, zu entgehen, ist natürlich nicht so leicht, wie ich das gerne hätte, und das liegt tatsächlich am leidigen Rollendenken. Boxen ist gewaltsam, man duelliert sich, man kann k. o. gehen und schlecht aussehen. Das sind Dinge, die genauso gut Frauen wie Männern widerfahren können, und doch stellen wir uns eher Männer dabei vor. Wir sind es gewohnt zu denken, dass Männer manchmal Gewalt ausüben oder ausüben müssen; wir haben gelernt, einige solcher männlichen Figuren in unser Bild von unserer mehr oder weniger heilen Welt zu integrieren: Männer können in diesem Bild zum Beispiel jung und wütend sein oder beim Militär. So etwas finden wir nicht unbedingt schön, aber wir denken, dass die Welt nun mal so ist.

Wir sind es gewohnt zu denken, dass Männer manchmal Gewalt ausüben oder ausüben müssen.

Von Frauen erwarten wir traditionellerweise eher andere Dinge, zum Beispiel dass sie hübsch sind oder dass sie in der Lage zu furchtbar hinterhältigen Taten sind, aber eher nicht, dass sie sich schlagen. Es ist nicht unbedingt gerechtfertigt, aber Frauen haben da ein deutlich besseres Image als Männer. »Die Aggression von Frauen wird einfach nicht als real wahrgenommen«, schreibt die amerikanische Autorin Katherine Dunn in *Just as Fierce,* einem Essay übers Boxen: »Sie gilt nur als Selbstverteidigung oder als irgendwie von Männern inspiriert. In den wenigen Fällen, in denen man nicht umhin kann, eine Frau als wirklich verantwortlich für eine Gewalttat zu bezeichnen, wird sie als Monster bezeichnet – als unnatürliche Frau.«[112] Frauen und Gewalt: Die Assoziation ist so wenig geläufig, dass die Vorstellung von kämpfenden Frauen fast immer für eine kurze Irritation sorgt: »Echt? Du boxt?«

Geschlechterrollen werden dann zu einem Problem, wenn

wir an sie glauben und sie uns deshalb die Freiheit nehmen zu tun, was uns gefällt. Deshalb ist es richtig und wichtig, sich immer wieder die Aufgabe zu stellen: Stell dir vor, es gibt Geschlechterrollen, und keiner schert sich darum. Man könnte es ja einfach mit einem Schulterzucken beantworten, wenn gefragt wird:»Echt?«

Stell dir vor, es gibt Geschlechterrollen, und keiner schert sich darum.

Diese Reaktion ist aber nicht mehr vorgesehen. Denn die Geschlechterrollen sollen jetzt in einem großen, rahmenbedingungsmäßigen, gesellschaftlichen Akt verändert werden, nicht in vielen kleinen, individuellen. Die Politik soll es machen, die Gleichstellungspolitik. Nicht die Menschen. Es geht bei diesem Denken nicht darum, Einzelnen zu helfen, etwas Besonderes in ihr Leben zu holen. Es geht um Strukturen, nicht um Menschen. Nicht um Kreativität oder Innovation, nicht um das Neue, sondern darum, dass es andere Rollenbilder, andere stabile Strukturen geben muss. Die Idee von Geschlecht wird von dem neuen Genderbewusstsein eher unterstützt und forciert als hinterfragt. Das ist ein ganz anderes Problem als das zuerst genannte mit den Geschlechterrollen. Das Genderbewusstsein schreibt die Geschlechterrollen eher fest, als dass es sie auflockern, entschärfen würde. Man könnte es auch Genderbesessenheit

Das Genderbewusstsein schreibt die Geschlechterrollen eher fest, als dass es sie auflockern, entschärfen würde.

nennen. Denn so scheinen wir uns zu fühlen: in einem dunklen Schicksal gefangen. Dabei ist der Mechanismus der einer sich selbst erfüllenden Prophezeiung: Wir sprechen so viel über Geschlecht, dass es notwendig zum Problem wird.

Ich merke das zum Beispiel daran, dass ich heute, da ich keine Zeit mehr für regelmäßiges Training habe, dafür aber ganz problembewusst bin, sogar selbst Schwierigkeiten habe, der Idee zu entgehen, dass Boxen ein Männersport sei. Wenn ich ans Boxen denke, schießen mir Jungs um die zwanzig in den Kopf, die einander mit schier unerschöpflicher Kondition in die Seile treiben. Ich denke auch an den bulligen Jake La Motta, an den tanzenden Sugar Ray Robinson, dessen Leichtigkeit im Ring ich so gern hätte, und natürlich an Muhammad Ali und wie bombastisch schön er war. Ich denke an Männer, das ist mir als Geschlechtsbewusste viel klarer als damals, als ich noch jung und unbescholten war. Heute weiß ich ja, dass Männer etwas anderes sind als Frauen. Und ich erinnere mich an eine körperliche Stärke, die ich nur in Wettkampfphasen hatte. Jetzt, wo mein Körper wieder weicher und weniger reaktionsschnell ist, ertappe ich mich bei dem Gedanken, dass ich mich damals ja vielleicht doch so ähnlich wie ein junger Mann gefühlt haben könnte, körperlich jedenfalls. Und dass die Leute am Ende womöglich doch irgendwie recht haben könnten, wenn sie denken, dass es eine Art Männerkosmos ist, in dem man boxt ... Quatsch.

Wenn ich so denke, dann bin ich wieder in der Welt jener Imaginationen angekommen, die man sich in unserer Kultur von Männern, Frauen, ihren Körpern und Eigenarten entwirft – und die vom Geschlechtsbewusstsein ja ironischerweise validiert werden. Man kann sich das etwa so vorstellen: Das heutige Geschlechterrollendenken in Deutschland beruht auf der Annahme, dass die Mechanismen, mit denen die Gesellschaft die Rollen in die Biografien der Menschen hineinkonstruiert, so mächtig sind, dass wir gar nicht erst dazu kommen, anders als unsere

Geschlechtsgenossen zu werden. Die Annahme ist also: Wenn die Gesellschaft denkt, dass Frauen so und Männer anders seien, führt das tatsächlich dazu, dass Männer und Frauen verschieden sind. Aufgrund dieser Annahme aber redet man so, als seien Frauenkörper irgendwie fließend, und als hätten alle Männer scharf gestochene Muskeln. In dieser Beziehung nehmen sich Frauenzeitschriften und deren Kritiker nicht viel. Beide wiederholen die immer selben Klischees, die einen zwar halb anklagend, aber der Effekt ist doch, dass man sie am Ende glaubt. Wenn die Gesellschaft denkt, dass Frauen so und Männer anders seien (oder: wenn sie denkt, dass Frauen so und Männer anders *beeinflusst,* anders *sozial determiniert* seien), führt das im schlechtesten Fall tatsächlich dazu, dass Männer und Frauen verschieden sind.

Beide wiederholen die immerselben Klischees, die einen zwar halb anklagend, aber der Effekt ist doch: dass man sie am Ende glaubt.

Dabei weiß ich es eigentlich viel besser. Ich kenne den Boxsport ja nicht nur aus den Filmen, Bildern und Erzählungen, die unsere Vorstellungen einfärben, sondern ich habe diesen Sport vor allem an meinem eigenen Leib erlebt, und zwar als etwas, das mit Geschlecht eigentlich nichts zu tun hat. Und ich versuche, meine Erinnerungen aus der Zeit, in der ich Amateurboxerin war, gegen die Fantasien der anderen zu verteidigen. Das ist mir so wichtig, weil ich beim Boxen etwas sehr Schönes und Freies erlebt habe: eine Begeisterung, die heftig genug ist, eine Sache unabhängig von den Meinungen anderer zu verfolgen. Das ist mehr als nur das Bewusstsein von der Richtigkeit der Theorie, dass die immer weiche Frau und der immer harte Mann kulturell geprägte Bilder sind, Vorstellungen also, die veränderbar sind. Die Praxis fand da statt, wo die Theorie schon gewissermaßen egal war. Die Praxis war, wenn wir längst nicht mehr über Geschlechterrollen grübelten. Die Praxis war: einfach zu boxen, das Nachdenken über die Rollenbilder den anderen zu überlassen und stattdessen zu machen, wonach einem der Sinn steht.

Natürlich bekam ich es mit, wenn das Thema *gender* an das Boxen herangetragen wurde, es passierte ja ständig. Aber in den besseren Momenten war mir klar, dass die Geschlechterrollen nur Konzepte, Träumereien, Hirngespinste sind – und dass der Sport etwas anderes ist. Ich konnte dann die Geschlechterrollen Geschlechterrollen, also die Theorie Theorie sein lassen und machen, was mich eigentlich viel mehr interessierte. Boxen, richtig gutes Boxen ist intensiv, es ist schön und explosiv, anmutig und gefährlich zugleich, und ich wollte es unbedingt lernen. »Other than boxing, everything is so boring«, so hat es mal der ehemalige Schwergewichtsweltmeister Mike Tyson formuliert. Die Frage, was es denn nun gesellschaftlich bedeute, wenn ich einen Kampfsport und nicht etwas anderes machte, war dabei eigentlich verfehlt oder zumindest vollkommen nebensächlich. Sie ist dem Boxen nur übergestülpt und hat mit dem Sport an sich nichts zu tun. Denn der Sport, wie so vieles im Leben, hat eigentlich kein Geschlecht.

Nehmen wir noch einmal das Training nach Ostern, als Susi in der Hochschulturnhalle von ihrem Familienbrunch berichtete: Da war Geschlecht für einen kurzen Moment ein Thema – aber eins, das wir leicht wegwischen konnten. Ein leicht zu lösendes Problem. Die Vorstellung, dass Frauen gepudert und grazil seien und Schweiß und Muskeln dagegen reine Männersache, musste

Susi und mich nicht länger kümmern, als ein Schulterzucken dauert. Viele der Sportler, die hierher kamen, waren Frauen, und das Training wurde von zwei in Genderdingen vollendet gelassenen Trainern angeleitet. Niemand dort fand es bemerkenswert, wenn Frauen und nicht Männer oder Männer in einer Gruppe mit Frauen diesen olympischen Sport ausüben wollten.

Damit waren dieser Boxverein und die Menschen, die hier trainierten jedoch eher die Ausnahme. Andere sehen das nach wie vor ganz anders. Boxringe sind nun mal nach wie vor Orte, die die Fantasie dazu anregen, sich ein Bild von so etwas wie dem natürlichen Lebensraum *echter Männer* um den Boxring herum zu denken. Deshalb zieht es nicht nur solche Menschen an, die meinen, in der Boxhalle echtes Mannsein lernen zu können, sondern weckt auch das Interesse derer, die an genau dieser Art, ein Mann zu sein, Kritik üben möchten. Gerade für diese zweite Gruppe von Boxinteressierten, meist solche, die selbst nicht boxen, ist dieser Sport deshalb eine explizit und durch und durch gesellschaftspolitisch relevante Angelegenheit. Das ist er vielleicht auch – aber von denen, die diese Angelegenheit erledigen, also von den Boxerinnen und nicht überbetont *männlichen* Boxern zu erwarten, dass sie diese Perspektive ständig mitdenken, ist zu viel verlangt. Geschlechtsbewusstsein in eine an sich geschlechtslose Sache hineinzubringen, ist, sollte

Geschlechtsbewusstsein in eine an sich geschlechtslose Sache hineinzubringen, ist, sollte es uns wirklich um Freiheit gehen, keine gute Idee: Man lädt dadurch Lebensbereiche, die man eigentlich von den bestehenden Geschlechterrollen entwirren sollte, mit zusätzlichem Genderballast auf.

es uns wirklich um Freiheit gehen, keine gute Idee: Man lädt dadurch Lebensbereiche, die man eigentlich von den bestehenden Geschlechterrollen entwirren sollte, mit zusätzlichem Genderballast auf.

Wie viele solcher genderpolitischen Interpretationen auf das Boxen geladen werden, springt sofort ins Auge, wenn man sich ansieht, mit welchen Bedeutungen der Sport zum Motiv in allerlei Medien gemacht wird. In typischen Boxfilmen ist das Kämpfen nicht mehr als eine – wenn auch mächtige – Metapher. Wenn Männer boxen, nehmen wir mal Rocky, sind das Bilder für den Kampf des gesellschaftlichen Underdogs: Raus aus dem schlechten Viertel, raus aus den Schulden, und am Ende schließt ihn auch die sanfte »Adriaaaan« (wie Rocky nach seinem ersten Titelkampf sehnsüchtig seine Frau ruft) in die Arme wie ein überwältigtes Burgfräulein.

Überträgt man diese Kinogeschichte vom sozialen Aufstieg auf eine weibliche Heldin, kommt der Film *Girlfight* dabei heraus. Ich weiß noch, wie enttäuscht ich von diesen Bildern war, die mich angesichts der still vor sich hin glühenden Hauptdarstellerin Michelle Rodriguez leicht hätten für sich einnehmen können. Wäre da nicht dieser heftig gendergeladene Plot und wäre die von Rodriguez gespielte Diana nicht das Resultat einer ziemlich bemühten und zugleich verkehrten Modernisierung der gleichnamigen römischen Göttin, die für die Jagd und den Schutz der Frauen zuständig ist: Rächerin der Frauen, Verprüglerin der Männer – das ist die *Girlfight*-Diana. Wenn Diana kämpft, sind das Szenen des fleischgewordenen Geschlechterkampfs. Sie kämpft nicht gegen irgendwen. Sie kämpft gegen das Patriarchat, gegen den Vater und im Finale sogar gegen ihren Freund, den sie besiegt. Er heißt Adrian, wie Rockys Frau. Natürlich würde Diana nach ihm nie so jämmerlich rufen wie Rocky nach seiner Adrian.

Es könnte eine Frau wie Diana gewesen sein, die Joyce Carol Oates vor Augen hatte, als sie in ihrem Essay *On Boxing* über die boxende Frau schrieb:»Stünde sie für eine Ideologie, wäre es die des Feminismus.«[113] Und tatsächlich fallen einem bestimmte, vielleicht ältere Varianten des politischen Feminismus ein, denen die Botschaft dieses Frauenboxfilms gefallen könnte: Selbst ist die Frau erst dann, wenn sie keinen einzigen Mann mehr braucht, wenn ihr Freund genau weiß, dass sie diejenige ist, die das Sagen hat. Diese Schlussfolgerung finde ich reichlich langweilig und für meine persönlichen Vorlieben überhaupt nicht hilfreich. Denn glücklicherweise ist das Leben, abgesehen vielleicht von den ersten fünf Tagen der Pubertät, weit komplexer als die *Girlfight*-Welt, in der Männer, auch wenn (oder gerade weil) sie geliebt werden, grundsätzlich verdächtig sind, die Heldin am vollen Aufblühen zu hindern.

Frauenboxen wird also in Literatur und Film oft als eine Metapher für einen Kampf verwendet, der, wenn überhaupt, eigentlich nicht in einem Boxring ausgefochten werden kann: Frauen, die boxen, halten viele für die perfekte Illustration des Geschlechterkampfes. Und sie begrüßen es, denn sie sind ja geschlechtsbewusst.

Tatsächlich lösen in feministisch imprägnierten, geschlechtsbewussten Zeiten wie diesen Frauen, die boxen, eine Freude aus, die so schnell vorgebracht wird, dass es die Frauen eigentlich nur stutzig machen kann. Es ist eine Freude, die neuen Bekannten begeisterte Ausrufe entlockt, wenn sie hören, dass sie eine Boxerin vor sich haben, eine Freude, die *Spiegel online* dazu bringt, Fotos von Boxerinnen immer etwas länger als nötig auf der Startseite stehen zu lassen. Und hätten sich deutsche Boxerinnen für die Olympischen Spiele in London qualifiziert – dort wurden 2012 die ersten olympischen Frauenkämpfe ausgetragen –, dann wäre es ihnen wohl ähnlich ergangen wie den Frauen von der Fußballnationalmannschaft 2011: Über ein paar Männermagazine und Werbefuzzis hinaus, denen die Athletinnen ausschließlich unter dem Aspekt ihres Sex-Appeals aufgefallen wären, hätte ein Heer der politisch Korrekten über sie gewacht, um sicherzugehen, dass nur ja niemand auf die Idee käme, an der Schlagkompetenz der Frauen zu zweifeln. Frauenboxen, Frauenfußball, Frauenquoten, Frauen, die Karriere machen: Die Deutschen wollen das. Sie wollen sehen, dass die Frauen jetzt auch so leben wie früher nur Männer. Deshalb lieben sie Frauenboxen. Sie lieben es als ein Symbol dafür, dass Frauen heute angeblich alles wollen und können, was als irgendwie maskulin gilt.

Das ist gut gemeint und insgesamt ein völlig verständlicher Gedankengang. Auch ich würde gern sehen, dass die alten Geschlechterrollen zerbrechen. Allerdings hilft es nicht unbedingt, denen, die sich geschlechtsuntypisch verhalten, ständig zu sagen, wie großartig es ist, dass sie tun, was sie tun, *obwohl Frauen doch eigentlich* ... Leider ist das nicht viel anders, als wenn mein Freund jedes Mal, wenn er seine pinken Schuhe trägt, so bemerkenswert viele Komplimente erntet: Zu etwas Normalem wird es dadurch nicht. Es wird nur betont, wie unnormal es ist. Am Ende ist es bloß eine Replikation alter Rollenbilder, wenn auch mit umgekehrten Vorzeichen. Bitte, ihr Genderexperten da draußen, gebt uns einen Moment zum Durchschnaufen.

Der Boxsport ist tatsächlich das, was man *männlich dominiert* nennt. Nur etwa 12 000 der knapp 70 000 Mitglieder von Sportvereinen, die der Deutsche Olympische Sportbund jährlich durchzählt, sind weiblichen Geschlechts. Siebzehn Prozent: das ist eine Quote, die unter den olympischen Sportarten nur noch vom Rugby unterboten wird.[114] Für ein zahlenmäßig ausgeglichenes Verhältnis zwischen männlichen und weiblichen Boxern bräuchte es 58 000 mehr Boxerinnen in Deutschland. Boxen ist so etwas wie das Lastwagenfahren des Sports: Hauptsächlich Männer machen es. **Boxen ist wie Vorstandsvorsitzen, Schornsteinfegen oder – hierzulande – Informatik studieren. Auffällig wenige Frauen machen es.** Das ist schade, denn bei Wettkämpfen gibt es oft keine weiblichen Gegnerinnen für die wenigen Boxerinnen. Es ist auch schade, weil in vielen Vereinen eine Frau vergeblich auf Sparringspartnerinnen wartet. Die aber nicht kommen. Vor allem ist es schade, weil ich mir vorstellen kann, dass es noch mehr Frauen – und, nebenbei gesagt, sicher auch mehr Männer – da draußen gibt, die vom Boxen gepackt werden könnten. Vielleicht 58 000 Frauen, vielleicht 100 000, vielleicht nur 500. Die Zahl ist mir egal. Schade finde ich vor allem, dass jemandem etwas entgeht. Wenn daran etwas geändert werden könnte, wäre es schön.

Bis zu einem gewissen Grad teile ich also die Haltung derer mit dem Gleichstellungsauftrag: Ja, es würde mir gefallen, wenn es mehr weibliche Boxer gäbe; ich denke, dass das vor allem für die Boxerinnen eine schöne Sache wäre. Trotzdem hätte ich mir damals, als ich selbst boxte, von all den Geschlechtsbewussten da draußen etwas mehr Zurückhaltung gewünscht. Das scheinbar ununterdrückbare Verlangen, geschlechtsuntypisches Verhalten mit politischen Interpretationen und Sympathiebekundungen zu überfrachten – »Eine Frauenkämpferin, hau rein!« – war mir während meiner Zeit als Amateurboxerin sehr lästig. Man hätte mir tagelang den Titel des feministischen Magazins *Anschläge* vor die Nase halten können, das im Sommer 2011 für einen Schwerpunkt zum Frauenboxen mit »Fight for your Right!« titelte, und ich hätte wahrscheinlich immer noch den Drang gehabt zu sagen: Wenn Frauen um ihre Rechte kämpfen wollen, dann müssen sie genau das tun. Aber was hat das mit dem Boxen zu tun?

Das war natürlich Unsinn, denn es liegt auf der Hand, dass Frauen, die boxen, traditionelle Geschlechterrollen aufbrechen. Ich kann Ihnen versichern, dass uns das nach und nach klarer wurde, als wir uns in den Boxhallen von München und anderswo trafen, um miteinander zu kämpfen. Die Sache ist aber die: Die Energie, die es kostet, das zu tun, lässt sich nicht aus übersteigerter Geschlechtssensibilität ziehen. Die Einsicht, dass Geschlechterrollen nicht viel mehr als eine besonders traditionelle Kopfsache, aber

Und wenn wir wirklich Menschen dabei unterstützen wollen, aus den traditionellen Geschlechterrollen auszubrechen, müssen wir unser Repertoire an Hilfestellungen ausweiten.

durchaus veränderbar sind, reicht völlig aus, um ein scheinbar exotisches, weil dem anderen Geschlecht zugeordnetes Hobby anzufangen – aber dieses Bewusstsein macht es nicht unbedingt leichter, sich in diesem anders codierten Bereich dann auch zurechtzufinden und zu behaupten. Und wenn wir wirklich Menschen dabei unterstützen wollen, aus den traditionellen Geschlechterrollen auszubrechen, müssen wir unser Repertoire an Hilfestellungen ausweiten. Geschlechtsbewusstsein, die erste Lektion davon, ist notwendig, aber es reicht nicht aus. Wir müssen nicht nur wissen, *dass* wir unser Leben ändern könnten, sondern auch, *wie* man das macht.

Ein Patentrezept habe ich auch nicht, aber ich habe erstens die genannte Begründung dafür, warum es nicht half, immer wieder gesagt zu bekommen, wie ungewöhnlich es sei, was man da als Frau in dem Boxring tue, und zweitens eine Ahnung davon, was stattdessen wichtig für mich war. Wir merkten es bei fast jedem Training, jedenfalls von der Zeit an, als wir – das waren einige Trainingsfreunde – zur besseren Vorbereitung auf Wettkämpfe eine zweite Trainingsstätte neben dem Universitätsboxklub suchten: Die Fokussierung auf die Sache anstatt auf die Probleme ist überlebensnotwendig, wenn man etwas Neues machen will.

Wir traten in die Boxabteilung eines großen Sportvereins in München ein. Aber auch ein bisschen in eine Welt, in der es »echte Männer« gab. Mit Frauen, die plötzlich aufkreuzen, um mitzumachen, wussten die erst mal nicht so recht umzugehen. Es ist eine Welt, wie sie alle Genderbewussten beschreiben und kritisieren, selbst wenn viele sie nur aus der Zeitung kennen: eine Welt, in der traditionelle Geschlechterrollen noch gelten. Und in der man mit Gendertheorie nicht weit kommt. Das meine ich genau so. Man kommt dort nicht weit mit dem elaborierten Geschlechtsbewusstsein. Neulich habe ich ein paar Tagesnotizen aus der Zeit mit dieser zweiten Trainingsgruppe gefunden:

12. April: Medizinballtraining. Man steht einander paarweise gegenüber – richtiger: Mann steht Mann gegenüber, und Lara und ich (»die Mädchen«) bilden ein Paar, denn an gemischte Partnerarbeit ist selbstverständlich nicht zu denken – die Männer und die Mädchen stehen sich also jeweils paarweise gegenüber und stoßen ihrem Partner mit voller Wucht den Medizinball entgegen. Einige geben beim Stoßen ein »Bam!« oder ein »Scht!« von sich, um ihre Maximalkraft abzurufen. Es ist schwül in der Turnhalle der Realschule; als ich hereingekommen bin, habe ich gemerkt, dass es schlecht riecht, aber jetzt muss ich den Medizinball stoßen. In der dritten Minute schreit der Trainer Argun: »Lukas und Benni, jetzt gebt mal Gas, sogar die Mädchen strengen sich mehr an als ihr!« Das klingt jetzt, als seien Lara uns ich ein bisschen unsportlich, in unseren Bewegungen beschränkt, oder es klingt so, als stünden wir auf der Leitung, wenn es darum geht, den Anweisungen zu folgen, die der Trainer ausgibt. Man muss allerdings wissen, dass das nicht der Fall ist. Zum Boxtraining kommen immer wieder auch wahre Bewegungslegastheniker, Männer, deren Haken-Versuche aussehen wie der Genesis-Tanz zu »I can't dance«, andere, die schon beim Aufwärmen konditionell kurz vor der Ohnmacht stehen, oder solche, die ihren Kraftmangel in den Armen zu kaschieren versuchen, indem sie das Kommando »20 Liegestützen!« als Aufforderung nehmen, 14-mal das Becken zum Boden zu biegen und wieder hochzuheben. All das trifft auf Lara und mich nicht zu. Wir sind durch regelmäßige Tempoläufe konditionell fit, schaffen die Liegestützen, raffen uns nach dem Training noch freiwillig zu weiteren Sit-ups auf und sind auch koordinativ nicht so unsportlich wie andere. Wir haben häufig Muskelkater gehabt in den vergangenen Monaten, aber es war uns egal, weil wir Wettkämpfe machen wollen. Trotzdem fällt Argun offenbar kein größerer Tadel ein, als einem seiner Sportler zu sagen, »sogar die Mädchen« hätten die Übung besser ausgeführt als er. »Sogar die Mädchen«, das heißt so viel wie: sogar die Boxbeschränkten. Sogar die, denen man körperlich nichts zutrauen kann. Sogar die, die nicht hierher gehören.

13. April: Es ist eigentlich nicht so, als würde Argun uns nicht fördern wollen. Klar, wir kommen jetzt neun Monate in sein Training, und immer noch nennen er und seine Hilfstrainer uns manchmal »Ey Mädchen« anstatt bei unseren Namen. Aber jedes Mal, wenn er hört, dass wir für den anderen Verein, in dem wir schon früher geboxt haben, ein Turnier besucht haben, gibt er das Ergebnis bekannt, als habe er selbst dazu beigetragen. Das heißt, entweder jubelt er den Sieg hoch, oder er relativiert die Niederlage und sagt, »es war eine schweeere Gegnerin, und unser Mädchen hat sich super geschlagen!«

Vor dem Fototermin für die neue Webseite ruft er jede von uns mehrfach an, um sicherzugehen, dass wir auf den Bildern sind. Ich denke, er tut das, um dokumentieren zu können, dass der Verein politisch korrekt beide Geschlechter fördert. Er weiß, dass die Gelder, die er von der Stadt oder von Spendern braucht, lockerer sitzen, wenn er zeigen kann, dass er politisch auf der Höhe der Zeit, also genderbewusst, ist. Es erscheinen dann auch Fotos von uns auf der Webseite. Aber nur besonders genderbewusste, nämlich solche, auf denen wir fein säuberlich von den Jungen im Trainingsraum separiert sind. Auch beim Jubiläum seines Vereins möchte er uns unbedingt beim öffentlichen Training präsentieren. Wir kommen – und er schickt uns genau dann für ein paar Schlagübungen auf die kleine Bühne, als die Männer sich noch warm machen. Niemand soll den Eindruck gewinnen, dass hier die Geschlechter vermischt würden. Argun trennt Männer und Frauen nicht erst im Ring voneinander. Selbst bei den einfachsten Geschicklichkeitsübungen sind bei ihm Sportler und Sportlerinnen so strikt getrennt wie in den Umkleidekabinen: ein Raum für Männer, ein Raum für Frauen. Wie genau unterscheiden sich eigentlich diese Räume? Es ist ständig vorausgesetzt.

22. April: Öffentliches Training. Stolz stellt Argun uns *Mädchen* einem Kaufhausmanager vor: »Und das hier sind unsere erfolgreichen Frauen.« Dann eine kurze Pause, der Stolz weicht aus Arguns Gesicht, und plötzlich versichert er schnell: »Aber eigentlich bin ich kein Fan von Frauenboxen.« Für einen Moment bin ich richtig traurig. Wir haben jetzt fast ein Jahr bei ihm trainiert, ohne Murren und titelreicher als manche seiner Jungs. Und er sagt so etwas. Vor unseren Nasen. Dass wir wichtig sind für den Verein – aber, wenn man bedenkt, dass wir Frauen sind, dann wieder doch nicht. Offenbar gibt es uns für Argun zweimal: einmal als Sportler (schon irgendwie) und einmal als Frauen (andererseits). Dazwischen gibt es eine breite Kluft, die er nicht überbrücken kann. Was ist denn jetzt der Unterschied zwischen den Boxgeschlechtern?

Später, von der Rückbank seines chaotischen Kombis aus, frage ich: »Argun, was ist denn eigentlich der Unterschied zwischen Männerboxen und Frauenboxen?« Argun guckt nicht in den Rückspiegel, als er mir antwortet. »Weißt du, die Schlaghärte, die Kraft, die Schnelligkeit … Ja, dieses Fighten ist für mich eher Männersache. Dass man einen Kampf machen, schlagen will.«

23. April: Ich finde es eher *interessant* als *skandalös,* dass Argun meint, dass ich von Natur aus nicht den richtigen Charakter fürs Boxen habe. Gibt die Tatsache ihm recht, dass ich gestern nicht einmal genug Wut hatte, ihm wenigstens den Seitenspiegel vom Auto abzutreten? Besitze ich zu wenig Zerstörungswillen? Egal. Interessanter wäre die Frage, wie die Welt ausgesehen hat, in der er groß geworden ist. Interessanter ist die Bedingung, unter der seine Perspektive zustande gekommen ist, denn mehr über seinen Kontext zu wissen, könnte helfen zu verstehen, was er wirklich als Beleidigung meint und was nicht. Von Männern und Frauen, wie man sie in Deutschland sah, dürfte er als Kind türkischer Einwanderer zum ersten Mal in den 1960ern gehört haben. Hoş geldin – herzlich willkommen!

2. Mai: Kampfveranstaltung im Bierzelt. Klaus ist richtiggehend eingegangen im Ring. Nach ein paar Treffern konnte man beobachten, wie sein Mut verpuffte, wie sein Kampfwille verdampfte, wie Klaus sich nach seinem Bett sehnte. War das für Argun Männerboxen? Oder Frauenboxen? Überhaupt Boxen? Die Unterscheidung jedenfalls, die Argun im Kopf hat, scheint eine zwischen gutem Boxen und schlechtem zu sein. Aber sie wird mit eindeutig geschlechtsspezifischen Begriffen belegt: Männer und Frauen.

Andererseits ist er, wenn wir in einem Kampf siegen, trotzdem so stolz, als hätte er die Medaille selbst erkämpft, weil er sich dann als Trainer bestätigt fühlt. Offenbar gibt es eine Kluft zwischen dem, was Argun empfindet, und dem, was er theoretisch darüber denkt. Er kann uns im einen Moment boxen sehen – und gleich im nächsten Moment denken, dass es Unsinn ist, wenn Frauen in den Ring steigen. Nicht ich bin gespalten, Argun ist es, seit Lara, Kathi und ich bei ihm trainieren.

5. Mai: Argun ist natürlich längst nicht der Einzige im Verein, der denkt, Lara, Kathi und ich bräuchten ein paar Sonderlektionen. Eigentlich bekommen wir permanent alles erklärt, nicht nur von den Trainern, sondern gern auch von irgendwelchen Hinzen und Kunzen, die ihre Bürowampe in die Turnhalle reinschleppen, weil sie nach ihren 50 Kreuzbandrissen endgültig nicht mehr Fußball spielen dürfen. Die sind eigentlich in der Freizeitklasse, kommen aber beim gemeinsamen Aufwärmen trotzdem zu den Wettkampfboxerinnen, um uns einen guten Tipp für unseren Jab zu geben. Warum wird uns hier mehr erklärt als allen Männern zusammen? Vielleicht zeigen wir deutlicher, dass wir hier sind, um unsere Techniken zu verbessern; vielleicht laden wir mit unserem Verhalten zu diesen Extralehrstunden ein. Oder reicht es, dass wir Brüste haben, damit man uns hier quasi als Fremdsprachler, Touristen, Blinde betrachtet, als Personen, die besonderer Hilfe und Betreuung bedürfen?

17. Mai: Vielleicht sind wir Boxerinnen als Frauen auch einfach nicht so bewandert in Gewaltdingen wie Männer. Theresa hat mir ein Zitat von der Neurobiologin Lise Eliot geschickt. Die Ansicht, dass Frauen von Natur aus sozialer seien als Männer, bezeichnet sie als »Mythos«. Sie schreibt: »girls are plenty aggressive and competitive, but learn to channel it into social/verbal realms, because it is simply unacceptable *(unladylike)* for girls to physically aggress.« Demnach könnte die Scheu, seinem Gegenüber gezielt ins Gesicht zu schlagen, ein Sediment von jener Erziehung sein, die oft speziell an weiblichen Kindern ausgeübt wird. Allerdings habe ich die anfängliche Scheu, einem Gegner gezielt ins Gesicht zu schlagen, auch bei vielen Männern beobachtet. Man muss erst lernen, dass im sportlichen Rahmen andere Regeln gelten als auf der Straße oder im Büro.

Glücklicherweise werden ja die meisten von uns mit einem Gewalttabu groß und lernen erst mal, gewaltlose Wege durch den Alltag zu finden.

20. Mai: Heute: ganz klar sichtbar, dass beim Sparring keinesfalls nur Mutter Natur mit im Ring ist, sondern auch Eltern, Lehrer, Lover, Bücher und Fernsehserien, die mitbestimmen, wer wie hart zuschlägt. Nach einem Sparring mit Lara kommt Bedros zu mir. Sein Gesicht verrät schon, dass ihm ein peinliches Missgeschick unterlaufen ist; er hat die Mimik eines Backfischs, der kreischen will: »Oh neiiiiiiin! In der großen Pause bin ich aus Versehen ins Jungenklo gelaufen!« Das sagt Bedros aber nicht; Bedros sagt: »O Gott, ich habe das Mädchen geschlagen! Ich fühle mich soooooo schlecht!« Über Geschlechterrollen höre ich mehr als mir lieb ist, seit ich hier trainiere – insbesondere von Bedros. Vor zwei Jahren ist Bedros aus Armenien hergekommen und wohnt jetzt bei seiner Schwester und deren Ehemann. Er ist ein fixer Kerl, besucht einen Wirtschaftskurs, will sich für Jura einschreiben, hat in null Komma nix Deutsch gelernt, eine Menge Bekanntschaften geschlossen, und am liebsten erzählt er von den heftigen Besäufnissen, denen er und seine Kumpels sich regelmäßig unterziehen. Bedros ist einige Zentimeter kleiner als ich, also eher klein, und er wiegt nicht mehr als ich. Anders als ich trägt er allerdings fast clownsartig große Lederschuhe, in denen er o-beinig durch München stolziert, den Schultergürtel zu einem möglichst breiten Brett gespannt. Ich vermute, damit will er zeigen, wie männlich er ist. Am Tag vor unseren ersten Kämpfen hat er gesagt: »Morgen müssen wir mit Hass in den Ring gehen, morgen wird Blut fließen!« Er neigt zu solchem Martialo-Quatsch, den er sich ums Boxen herumbastelt, solange keine große, breitschultrige Autorität, zum Beispiel unser Trainer, kommt und ihm den Kopf zurechtrückt: »Das hat mit Boxen nichts zu tun, Bedros. Aggressionen sind hier nur hinderlich, du musst einen klaren Kopf bewahren.«

Wenn Bedros zum Sparring mit einer Frau eingeteilt wird, was ab und an vorkommt, da er so leicht ist, scheint eine Erdspalte aufzureißen und die Welt in zwei Hälften zu teilen: hier die Männerwelt, da die Frauenwelt. Bei den ersten Sparrings mit ihm fand ich es bloß irritierend, dass Bedros' überaus schnelle Schläge sämtlich in der Luft landeten und nie weit genug vorreichten, um mich zu treffen: Konnte er die richtige Reichweite nicht einschätzen? Wich er permanent zurück, weil er Angst hatte, getroffen zu werden? Dann sah ich ihn mit Alexej sparren. Haken, Geraden, Jabs – alles versuchte Bedros in Alex' Bauch oder seinem Gesicht zu landen. Als ich sah, wie Bedros auf Alexej zuging, ihn mit einer Serie aus zwei Körperhaken und zwei Kopfhaken spickte, abtauchte und sich beim Hochkommen einen Haken einfing, von dem seine Nase zu bluten anfing, verstand ich, dass es keine Angst vor dem Schlagen allgemein war, die Bedros beim Sparring mit mir davon abhielt, Treffer zu landen. Das Problem war vielmehr: Bedros konnte keine Frauen schlagen.

Als er mich das erste Mal versehentlich doch getroffen hatte, schüttete er eine Flut von Entschuldigungen hinterher. »Kein Problem«, sagte ich, »es ist doch meine und nicht deine Schuld, wenn ich meine Deckung fallen und deine Linke durchkommen lasse.« Doch Bedros Klagen waren undurchdringlich, so wie jetzt gegenüber Lara: »Nein, das darf einfach nicht passieren!« Ich sehe, wie auch Lara mit wachsendem Nachdruck auf ihn einredet, vermutlich sagt sie Sachen, die ich auch sagen würde: »Komm schon, Bedros, wir machen hier Sparring und nicht Cha-cha-cha. Ich bin darauf gefasst, dass du mich schlägst. Vielleicht wird sie auch ein wenig wütend: »Verdammt, jetzt hör auf zu zetern! Ich bin nicht aus Papier, entspann dich mal!« Aber Ladys zu erwischen, betrachtet Bedros als absoluten Fauxpas:»Wirklich, ich kann dich nicht schlagen.« Man könnte meinen, hier spricht ein wahrer Gentleman, und ich bin mir sicher, dass er es genau so meint: Für ihn ist es eine Frage der Ehre, Frauen keine Gewalt anzutun. Das meint er. Doch leider, leider: Manchmal fallen Meinen und Sagen auseinander, und was Bedros sagt, ist eigentlich dies: Du gehörst nicht hierhin. Du bist eine Frau, nicht mein Sparringspartner. Das ist das, was bei Lara ankommt. Später sehe ich Lara am Boxsack, den sie mit etwas verkrampften, harten Schlägen eindeckt. Zwei Säcke weiter trainiert Bedros, ähnlich verbissen. Beide sind frustriert. Sie konnten heute nicht sparren.

Ich kann nicht behaupten, dass mich die Art, wie hier Boxen unterrichtet wurde, nicht manchmal angefressen hätte. An schlechten Tagen nahm ich es richtiggehend persönlich, wenn mal wieder von der »Männersache Fighten« geredet und mir dadurch implizit das Talent zum Boxen abgesprochen wurde. Dann kam mir nicht mehr »na ja, in Genderfragen halt ein bisschen Nachhilfebedarf« in den Sinn, wenn ich an die Stimmung in diesem Boxklub dachte, sondern dann fühlte ich mich diskriminiert und abgewertet. Dann dachte ich auch, dass es kein Wunder sei, wenn in Deutschland so wenige Frauen boxen. Weil sie, wenn sie Pech haben und in die falsche Trainingsgruppe geraten, einfach nicht sehr freundlich aufgenommen werden und zum Kern der Sache, zum Spaß am Boxen, vielleicht gar nicht vordringen.

In Berlin sah ich mir deshalb das Training bei den *Boxgirls* an. Das ist ein Verein in Kreuzberg, den man als Frauenförderungsprojekt im Boxen bezeichnen könnte: als eine Maßnahme, die in einem gesellschaftlichen Bereich, der von Frauen weniger als von Männern frequentiert ist, Geschlechterproporz herstellen soll. Ich wollte herausfinden, ob ein Angebot wie dieses mir mein Leben deutlich erleichtert hätte. Im *Boxgirls*-Projektkonzept von 2005 steht, dass hier ein »mädchenfreundliches Umfeld« herrsche, um weiblichen Sportlerinnen zu ermöglichen, eine männerdominierte Sportart für sich zu entdecken. Und zwar ohne Jungen und mit weiblichen Trainern.[115] Männern ist bei den *Boxgirls* der Zutritt verboten.

An einem warmen Sommerabend warf ich daher in der Gesellschaft von etwa zehn anderen Frauen Jabs und Haken in die Luft und später auf einige Boxsäcke, die von der Turnhallendecke in der Bergmannstraße baumelten. Ich kam ordentlich ins Schwitzen und lernte von der Trainerin Flo eine neue Schlagkombination. Manche der Boxerinnen lächelten mich freundlich an, andere waren eher verschlossen. Mein Befund: Boxen war hier auch kein anderer Sport als anderswo. Allerdings – und angenehmerweise – gab es wahrscheinlich in der ganzen Geschichte der *Boxgirls* niemals jemanden, der von der »Männersache Fighten« sprach. Dass das helfen kann, eine Boxbegeisterung nicht zu verlieren, war mir nach so manchem Moment zwischen Bedros und Argun klar.

Trotzdem störte mich, dass zu den *Boxgirls* keine Männer kommen durften. Boxen hat mit Geschlechtsteilen eigentlich nichts zu tun, nur deshalb macht ja die Initiative, auch Mädchen an diesen Sport (und nicht etwa an eine Mädchenvariante davon) heran-

Absichtlich nur mit Frauen zu boxen, ist eine Spiegelung der Orte, in denen die Männer unter sich sein wollen. Das ist eine Reaktion, aber keine echte Lösung der Geschlechtertrennung.

zuführen, überhaupt einen Sinn. Den Sonderstatus »als Frau«
wird man aber nicht los, wenn man in einen reinen Frauenverein
geht. Absichtlich nur mit Frauen zu boxen, ist eine Spiegelung
der Orte, in denen die Männer unter sich sein wollen. Das ist eine
Reaktion, aber keine echte Lösung der Geschlechtertrennung. Im
echten Leben müssen Mädchen auch mit Jungen und Männern
klarkommen, so ist das Leben nun mal.

Ich muss aber auch sagen, dass es gute Gründe gibt, erst mal so
anzufangen. »Durch den reinen Frauenraum bieten wir den Rahmen auch für diejenigen, die sonst gar nicht erst mit dem Boxen
anfangen würden«, erklärte mir Kathleen Jäger, eine der Traine-
rinnen bei den *Boxgirls*. Nicht nur schlechte Erfahrungen mit
Männergewalt oder Eltern, die gemischtgeschlechtliches Training nicht erlauben, nannte sie als Gründe, aus denen Mädchen
von herkömmlichen Boxvereinen wegblieben. Sie meinte auch,
dass sie ihr Rollenverhalten ohne den männlichen Gegenpol
zwangloser entfalten, ihre ungewohnten Stärken unbeschwer-
ter entdecken könnten. »Jungen sind es gewohnt, ihre Aggression nach außen zu tragen«, beschrieb die Trainerin, »denen
fällt es häufig leicht, am Sandsack eine gute Figur zu machen.
Daneben sehen Mädchen am Anfang schnell blass aus, weil viele Hemmungen haben, richtig loszulegen, und dann verlieren
sie vielleicht den Mut, wenn sich um sie herum lauter Jungen
produzieren.«

Die Wahl eines Ortes, der versucht, für eine bestimmte Zielgruppe so wenig entmutigend wie möglich zu sein, ist in bestimmten Lebenssituationen sicherlich die bessere Wahl, als auf-
zuhören oder gar nicht erst anzufangen. Für manche kann ein
Projekt wie *Boxgirls* der Anfang einer Lösung von bestimmten

Geschlechterrollen sein, und zwar ein schöner Anfang. »Die Frauen lernen, selbstbewusster und stärker zu werden«, hat Angela Merkel einmal über das gesagt, was mit Mädchen in diesem Verein passieren soll.[116]

Ein echter Ausweg aus sexistischen Umfeldern ist das Ausweichen in *mädchenfreundliche* Räume aber nicht: Der Verdacht, dass Männer den Frauen am Ende doch immer wieder ein Bein stellen werden, ist dort vielleicht nicht permanent spürbar, aber trotzdem der Regel eingeschrieben, dass der Klub keine Männer reinlässt. Das ist aber nicht der Fall. Bisher habe ich in jedem anderen Verein, auch in dem von Argun, männliche Boxer getroffen, die von dem Männlichkeitsgesülze und der Frauenextrawurst genauso verwundert waren wie ich und die sich mehr fürs Boxen als für das ganze Genderdrumherum interessierten. Diese Erfahrung hat ein reiner Mädchenraum nicht zu bieten.

Die *Boxgirls* haben gute Gründe, die klassische Geschlechtertrennung erst mal zu spiegeln und einen reinen, geschlechtsbewussten Mädchenraum zu schaffen. Aber der letzte Schluss kann das nicht sein. In der wirklichen Welt müssen Menschen verschiedenen Geschlechts nun mal miteinander auskommen. Die Verhältnisse, die man kritisieren möchte, einfach umzudrehen, ist keine Lösung. Man verharrt damit in der Problembeschreibung. Wie bei vielleicht allen reinen Mädchen- (oder Jungen-)projekten ist die

Die Verhältnisse, die man kritisieren möchte, einfach umzudrehen, ist keine Lösung. Man verharrt damit in der Problembeschreibung.

Gefahr bei einem solchen Konzept, dass die große Gendersensibilität in ihr Gegenteil umkippt und Geschlecht festgeschrieben, anstatt dekonstruiert wird – weil die Boxerinnen sich ständig bewusst sind, dass sie *als Frauen* boxen, weil etwas – ein Sport – zur Frauensache gemacht wird, das eigentlich kein Geschlecht hat.

Das alles schreibe ich, obwohl ich doch denke, dass boxende Mädchen und Frauen in Deutschland mehr weibliche Sportsfreundinnen verdient hätten. Niemand sollte bloß aufgrund seines Geschlechts davon abgehalten werden, dieser oder jener Ambition nachzugehen. Ich würde es gerne sehen, dass die Geschlechterrollen, weil sie im Wesentlichen Hirngespinste sind, endlich weniger Macht, weniger hemmenden Einfluss auf unsere Biografien hätten. Das ist ein genderbewusster Wunsch gemäß Lektion eins.

Dennoch meine ich, dass er nur dann wirklich in Erfüllung gehen kann, wenn wir endlich gedanklich etwas von ihm loslassen. Gendersensibilität allein hilft nicht. Manchmal hilft nur Genderblindheit. Ich denke an Arguns Verein und das Gerede von der *Männersache Fighten*. Klar: Manchmal half Genderbewusstsein. Manchmal half es, einen augenrollenden Blick oder auch ein paar Sätze auszutauschen mit Kathi und Lara und Christian. Es half, solche Aussagen nicht als versteckte persönliche Kritik misszuverstehen. Aber was noch viel mehr half, war zu boxen. Den Sandsack richtig knallen zu lassen. Im Sparring einen ersten guten Haken zu setzen. Das half nicht etwa, weil es die Aggressionen angesichts veralteter Rollenbilder auflöste, sondern weil es das war, wofür wir trainierten: diese Momente totaler Fokussierung – das Beste am Boxen. Was half, waren die kostbaren Sparrings mit Lara, in denen wir uns vollkommen aufeinander eingelassen hatten, bis selbst Gedanken an mögliche Verletzungen keine Rolle mehr spielten. Alles dumme Männlichkeitsgesülze verlosch darin ganz nebenbei.

Es war also eine bestimmte Art von Blindheit, etwas Unreflektiertes, das mir und meinen Trainingsfreundinnen, wie ich meine, enorm dabei geholfen hat, im Boxen Fuß zu fassen. Es war die Weigerung, sich beim Sport mit Geschlechterrollen zu beschäftigen. Wir taten es nicht, wie uns von Machos und Feministen fast einstimmig unterstellt wurde, mit einem bestimmten Geschlechtsbewusstsein. Wir boxten nicht, um zu beweisen, dass wir *wie Männer* sein konnten – eine absurde Vorstellung. Wenn wir in den Ring stiegen, interessierte uns nichts so wenig wie Männlichkeit, Männerdomänen oder Politik. Es ging dort schließlich um ganz anderes: Wir waren besessen von der Frage, wie wir mehr Wumms hinter eine rechte Gerade oder mehr Tempo in unseren Uppercut bekommen könnten. Ob das nun ladylike oder nicht, schick oder peinlich war, mit solchem Gegrübele wollten wir uns nicht aufhalten. Es hatte ja mit den Uppercuts nichts zu tun.

Heute denke ich, dass das unser vielleicht bester Reflex war: diesen Sport, wann immer es ging, von Genderdingen so frei wie möglich zu halten. Wenn unsere Faszination fürs Boxen nicht so pur – also: auf Boxtechniken und -strategien gerichtet – gewesen wäre, dann hätten wir vielleicht bald aufgegeben. Meine Trainingsfreundinnen und ich mussten uns ganz schön konzentrieren, um zwischen all den Interpretationen unseres Sports als *Männersache* im Boxen überhaupt noch das zu finden, was wir suchten. Wir hätten uns jahrelang damit beschäftigen können, dass Boxen »männlich« oder »männerdominiert« ist – aber das hätte uns nicht zu guten Boxerinnen gemacht. Wenn wir zu viel Geschlechtsbewusstsein in diese Atmosphäre getragen hätten, dann wären wir wahrscheinlich ziemlich schnell handlungsunfähig oder irre geworden. Zu viele Daten auf einmal. Kaskadenartig. Die Frage nach Rollenbildern, Diskriminierung und geschlechtsbedingter Behandlung so weit wie möglich auszublenden, war unser Selbstschutzmechanismus. Manchmal muss man sich einfach entscheiden, ob man weiter über ein Problem nachdenken oder zur Praxis übergehen möchte.

Man kann den Wunsch, Geschlechterklischees aufzubrechen, als feministisch bezeichnen (auch wenn ich wünschte, es gäbe einen Namen, der deutlicher macht, dass auch Männer mitmachen können). Geschlechterklischees brechen aber nicht, wenn keiner was tut. Es kommt mir so vor, als habe die Genderdebatte der letzten Jahre nicht viel mehr als eine Kritik an Geschlechterrollen geleistet. Wir wissen jetzt alle, dass es ein Problem ist, wenn die meisten Chefs gleich aussehen, nämlich männlich, weiß und im Anzug. Wir leben in einem Land der Gendertheoretiker und Feministen, die nicht mehr wissen, was außer einer Geschlechterquote sie wollen. Das Ziel sollte aber doch sein, dass man machen darf, wonach einem der Sinn steht. Freiheit von Geschlechterrollen hat nichts mit dem ständigen Reden über Geschlecht zu tun.

Es gibt eine Losgelöstheit von Geschlechterrollen, die eigentlich nicht schwer zu haben ist: Man muss sich nur die Freiheit nehmen, die Themen, Dinge, Erlebnisse, die wirklich nichts mit Geschlecht – also mit Geschlechtsorganen und ihren unmittelbaren Folgen – zu tun haben, auch ohne Rücksicht auf das Geschlecht zu erleben. Auch wenn die anderen manchmal komisch gucken.

Es gibt eine Losgelöstheit von Geschlechterrollen, die eigentlich nicht schwer zu haben ist:

Was hat mir geholfen weiterzumachen? Warum habe ich nicht aufgehört? Die Sonderbehandlung in dem männerdominierten Verein hat mich ja durchaus manchmal verletzt. Allerdings ist mir diese Situation mit der Zeit immer unwichtiger und die Feinheiten des Hakenschlagens dafür immer wichtiger geworden. Ich schätze, ich war einfach besessen genug vom Boxen: Die Aussicht, zweimal mehr pro Woche trainieren zu können, war mir wichtiger, als dass alle lieb und freundlich zu mir sind. Deshalb konnte ich mich grundsätzlich auf das nächste Training freuen. Und wenn ich mir eins wünschen soll für eine etwaige Situation, in der mir noch einmal Steine im Weg liegen sollten, dann ist es genau diese Begeisterung für die Sache: genügend Faszination, um über die Umstände hinwegzusehen.

Sich nicht auf das Problem zu versteifen, sondern eher Augen und Ohren für Besserungen offen zu halten, scheint als Person, die benachteiligt wird, ohnehin ratsam zu sein. Denn in der Tat war zu beobachten, dass der Sexismus um mich herum sich veränderte – sei es, weil sich Einstellungen der anderen änderten oder weil mein Verständnis sich wandelte. Beispielsweise erkannte ich, dass Argun mich nicht persönlich abwerten wollte, wenn er vom »Frauenboxen« sprach. Er meinte damit nicht: Die Frauen hier boxen schlecht, daher ist *Frauenboxen* gleichzusetzen mit *schlechtem Boxen*. Er benutzt den Ausdruck eher etwa so, wie andere enge Parklücken »schwul« nennen und dicke Autos »porno« finden. Natürlich sind solche Redeweisen trotzdem schlecht, denn indirekt transportieren sie doch bestimmte Meinungen über Frauen oder übers Schwulsein, und sie stiften eine Menge Verwirrung. Wenn man gerade dreizehn ist oder eine Nacht nicht geschlafen hat, kann einen so etwas richtig anfressen, also ist, um zukünftige Generationen wenigstens um dieses Problem zu erleichtern, ein korrekter Sprachgebrauch natürlich wünschenswert. Dennoch ließ ich mich von diesen Redewendungen im Verein weniger irritieren, sobald ich erst mal begriffen hatte, dass Argun manche Dinge eben einfach anders ausdrückt als die meisten Leute, die ich vorher kannte, ohne damit die Misogynie auszudrücken, die ich hineinlas. Ich sage nicht, dass diese Sprache kein Problem ist, aber ich sage, dass sie nicht unbedingt das ist, für das wir es halten. Wenn Argun etwas als »Mädchensache« abwertet, spricht daraus viel mehr die Mädchenfeindlichkeit von anderen Menschen, die diese Sprache erfunden haben, als seine.

Und dann kam übrigens auch, ganz unerwartet, der große Tag, an dem Argun sagte, dass es Männer in meiner Gewichtsklasse gebe, die ich besiegen könnte: weil ich besser boxte. Ich habe das als besonderen Triumph empfunden, weil es nicht das Gequatsche einer Gleichstellungsbeauftragten war, das er sich mit dieser Aussage vom Leib halten wollte, sondern weil es für ihn keine Nötigung gab, es zu sagen. Trotz des vielen Stirnrunzelns, das das Training in diesem Verein mir schon abverlangt hatte, wuchs in mir das Gefühl, dass aus ein paar »Ey Mädchen« mit der Zeit auch in den Augen der meisten Männer Personen mit eigenen Vornamen und eigenem Charakter geworden waren – eine, mit der man über allerlei lachen konnte, eine, die beim Basketball zum Aufwärmen manchmal traf, eine, die alle Muskeln beim Namen nennen konnte, Leute eben, die von manchen gemocht wurden und die anderen in der Gruppe wurscht waren. Auch wenn wir Boxerinnen in vielen Augen dort anders waren, nämlich Frauen, waren wir doch auch Freunde geworden.

Vielleicht könnte man meine Geschichte missverstehen als eine, die beschreibt, dass Frauen, die boxen wollen, heute nach wie vor mit massiver Diskriminierung rechnen müssen und dass wir besser heute als morgen etwas an der Einstellung der Machoklischeetrainer in deutschen Boxvereinen ändern sollten. Doch das ist nicht unbedingt und nicht überall der Fall, und diese

Geschichte zu erzählen, war ganz gewiss nicht mein Anliegen. Beim Uniboxen hatten am Anfang fast alle, egal ob Männer oder Frauen, Hemmungen, einander ins Gesicht zu schlagen, bei den *Boxgirls* sollte Mädchen geholfen werden, ihre eigenen, von bestimmten Geschlechterrollen sonst unterdrückten Gewaltpotenziale zu entdecken und zu kontrollieren, und im männerdominierten Verein wurden keine Frauen geschlagen. An allen Orten hingen also andere Hemmungen, andere Verhaltensregeln, andere Rollenmuster im Schweißdunst, und zwar vermutlich weitaus mehr und viel verschiedenere, als wir jemals erfassen werden. Man kann jetzt traurig darüber sein, dass unsere Gesellschaft nicht völlig homogen ist und etwas wie eine »Leitkultur« fordern – oder, was eigentlich eine ähnliche Forderung wäre, dass mehr Projekte wie die *Boxgirls* Mädchen systematisch in diesen Sport hineinfördern, bis endlich fünfzig Prozent der Boxer weiblichen Geschlechts sind. Man kann es aber auch begrüßen, dass man in jedem Boxring und an jeder Straßenecke auf andere Vorstellungen vom Leben treffen kann, und das als ein Zeichen von Freiheit in unserer Gesellschaft sehen. Ich bin noch nirgendwo herausgeprügelt worden, weil ich ein wenig anders bin als die anderen – und das ist schon die halbe, wenn nicht sogar die ganze Miete. Ausschluss und Diskriminierung gehören in Wirklichkeit zu den Grundzügen der Gesellschaft, wir können das nicht ausmerzen, sondern müssen eher herausfinden, was wir damit anfangen können. Frauen in Deutschland dürfen boxen – und wenn sie es wollen, sollten sie noch heute damit anfangen. Selbst wenn die anderen am Anfang schief gucken.

Es lag etwas ganz Besonderes in der Luft, wenn Lara, Kathi, Christian und ich uns in den Boxhallen von München und anderswo trafen, um miteinander und mit anderen zu kämpfen, und das war Leidenschaft. Leidenschaft, Glück, gedankenloser Genuss – das sind Dinge, die in vielen Texten zum Feminismus keinen guten Ruf haben. Denn es heißt, dass Frauen ihr Glück zu häufig im Klein-klein und anderen, in den Augen mancher Autorinnen zu wenig heroischen Tätigkeiten suchen. Viele Gendertexte lesen sich wie Anleitungen zum Grübeln. Ich denke, es ist an der Zeit, wieder etwas mehr über die Dinge nachzudenken, die wir gern tun oder gern tun würden, und weniger darüber, was uns gegebenenfalls davon abhalten könnte. Von einer Renaissance des Feminismus, wie sie zurzeit so häufig beschworen wird, würde ich mir besonders wünschen, dass sie Begeisterungen zulässt und Energien freisetzt, ihnen nachzugehen. Unbedingt.

Von einer Renaissance des Feminismus, wie sie zurzeit so häufig beschworen wird, würde ich mir besonders wünschen, dass sie Begeisterungen zulässt und Energien freisetzt, ihnen nachzugehen. Unbedingt.

KAPITEL 11

Liebe Männer,

neuerdings hört man ja immer mehr von Euch. Es scheint schlecht um Euch zu stehen, man hört von einer *Krise der Männlichkeit* und aus Amerika schon vom *Ende der Männer*.[117] Jungen, habe ich gelesen, sind schlecht in der Schule, und als Erwachsene werden sie häufiger als Frauen obdachlos oder straffällig. Männer nehmen sich häufiger das Leben, sie leben ungesund, rasen öfter und trinken mehr, und sie sterben früher als Frauen – mehr als fünf Jahre laut Statistik. Ihr Männer, heißt es, hättet massive Schwierigkeiten, Eurem Leben Sinn zu verleihen, seit prekäre Arbeitsverhältnisse und hemdsärmelige Frauenbewegungen dazu geführt haben, dass Eure Rolle als Familienernährer nicht mehr so sicher ist wie das Amen in der Kirche. In der *Zeit* bemängelte die Autorin Nina Pauer schon, dass die Jüngeren unter Euch zu viele Strickjacken in den Kleiderschränken und zu wenig Mut für den ersten Kuss hätten, sie schrieb von *Schmerzensmännern*. Andere wiederum beschweren sich, der »neue Vater«, der in Elternzeit geht und sich aktiv in die Familie einbringt, sei ein *Vater Morgana*.

Und was sagt Ihr dazu? Für mein Gefühl, also gemessen an den Männern in meinem Umfeld: bisher nicht viel. Die meisten Männer, die ich kenne, sind zwar durchaus bereit – und das übrigens ziemlich unabhängig von ihrem Geburtsjahrgang –, über Geschlechterverhältnisse zu sprechen. Aber die begriffliche Gruppe *Männer* betrachten sie in diesen Unterhaltungen meistens ausschließlich als Profiteure im Geschlechtergefüge. Mit ihrem reflexhaften Eifer, die Gesellschaft aus der Perspektive der Frau zu analysieren, kann mich das Zusammensein mit diesen Männern schon mal in einen Moment heimlicher Verunsicherung versetzen: Mit Euren Referaten über »patriarchalische Reste« *im System* kommt Ihr mir manchmal wie die besseren Kämpfer für die »Sache der Frau« vor als ich selbst. Fast wartet man auf den ersten Chef, der freiwillig seinen Posten räumt, um dem weiblichen Geschlecht Platz zu machen. Das wäre der vollendete Tussikrat.

Dann aber kehrt der Verdacht zurück, dass der Fleiß, ein guter Feminist zu sein, für viele von Euch vor allem eine Methode sein dürfte, die Sprachlosigkeit über die eigene Situation zu verbergen. Natürlich, Eure redlichen Analysen frauenfeindlicher Strukturen beweisen, dass Ihr zu den Guten gehört. Gleichzeitig zieht Ihr Euch damit aber auf eine klinisch reine Beobachterposition zurück: Als Experten für Frauenprobleme positioniert Ihr Euch weder auf der Seite der Macht noch auf der der Unterdrückten – und dadurch in völliger Sicherheit vor der Aufgabe, Euch die Finger schmutzig zu machen und über Euch selbst zu sprechen.

Als Experten für Frauenprobleme positioniert Ihr Euch weder auf der Seite der Macht noch auf der der Unterdrückten – und dadurch in völliger Sicherheit vor der Aufgabe, Euch die Finger schmutzig zu machen und über Euch selbst zu sprechen.

Fast könnte man meinen, es sei nicht mehr als Co-Feminismus, den viele von Euch im Sinn haben. Als Co-Feministen bezeichnet der Schweizer Autor Markus Theunert Männer, die offiziell furchtbar profeministisch sind, aber außerstande, sich als Mann in diesem Feminismus mitzudenken: »Der Co-Feminist findet Gleichstellung eine gute Sache, solange er damit nichts zu tun hat. Er ist sozusagen ein profeministischer Sexist.«[118] Mir fallen sofort ein paar Verdächtige ein; Männer, die unbedingt mehr Frauen einstellen wollen – aber nicht, um mit ihnen zusammenzuarbeiten, sondern eher um ihnen auf dem Flur hinterherzugucken. Doch das sind sämtlich ältere Herren, die so arriviert sind, dass sie gar nicht mehr mitbekommen, was da draußen in der Welt, in der ihre Haushälterinnen oder Ehefrauen für ihr Abendessen einkaufen, vor sich geht, und damit wahrscheinlich bald Stoff von gestern.

Was ist mit den jüngeren, weniger erfolgreichen Männern? Es könnten weitere Co-Feministen unterwegs sein. Männer, die zwar stolz sind, wenn ihre Freundin ein gutes Jobangebot bekommt, aber die trotzdem ganz selbstverständlich davon ausgehen, dass sie es sein wird, die beruflich aussetzt, falls sie mal ein Kind haben wollen. Insgeheim sind Co-Feministen manchmal stärker in Männerbildern alter Schule verhaftet, als sie es sich eingestehen wollen. Sie scheuen es, sich mit der eigenen Rolle in dieser Welt auseinanderzusetzen. Das Problem ist nicht nur, wie Theunert schreibt, dass Co-Feministen »Emanzipation sabotieren«[119], sondern zunächst einmal und vor allem, dass sie selbst nicht zu wissen scheinen, was sie wollen. Oder wie sie mit einer Frau, die auf der Suche ist, Schritt halten können. Oder warum es so wehtut. Der Co-Feminist ist eigentlich eine ziemlich hilflose Figur.

Ob nun Co-Feministen oder nicht: Es ist schon auffällig, dass die wenigsten Männer auf die Frage reagieren können, was sie sich für sich selbst – als Person, als Mann – vom Wandel der gesellschaft-

227

lichen Verhältnisse wünschen würden. Und ob nicht auch sie sich manchmal eingeschränkt fühlen. Als wir an dieses Buch zu denken anfingen, luden Theresa und ich eine Reihe von männlichen Autoren zum Mitschreiben ein. Doch so klug diese jungen Männer auch sonst über gesellschaftliche Themen referieren konnten, mussten wir bald einsehen, dass sie nicht viel dazu sagen konnten oder wollten, wie sich die Dinge zwischen Männern und Frauen aus ihrer Sicht und in ihrem Leben darstellen. Glaubt Ihr etwa an die Maskulo-Story, die in den einschlägigen Männermagazinen erzählt wird, in jenen mit großen Waschbrettbäuchen auf dem Cover, fragten wir in einem hilflosen Versuch der Provokation; wollt Ihr, dass das der Ort für männliche Selbstreflexion ist? Nein, antworteten sie verhalten. Einer sagte noch, er hätte nicht »die Eier«, die nötig seien, als Mann über das Mannsein, also über das Problem, nein, die Probleme zu schreiben, ein Mann zu sein oder auch nur einer zu werden. Da stellten wir unsere Suche ein. Offenbar lag einiges im Argen, aber es gab dafür noch keine Sprache.

Inzwischen haben andere Männer das Wort ergriffen, solche, die das Thema Mannsein nicht scheuen. Da sind zunächst einmal die Männerrechtler, von denen manchmal im Sommerloch etwas in der Zeitung zu lesen ist. Sie haben eine Übervorteilung von Frauen in der Bildung, bei der Gesundheit und im Familienrecht identifiziert. Manche von ihnen nennen sich Maskulisten oder Antifeministen. Sie scannen die Rechtsprechung und die Medien mit dem Rechenschieber der Geschlechter, und die Blogs, die sie über Väterrechte und Beschneidung von Jungen schreiben, kommen merkwürdig fremd-vertraut daher, wie ein Dialekt aus vergangenen Zeiten. Der Antifeminismus ist eine Nachahmung spröder

Der Antifeminismus ist eine Nachahmung spröder Klischees von spröden Feministinnen, ein verdrehtes Relikt des Geschlechterkampfes.

Klischees von spröden Feministinnen, ein verdrehtes Relikt des Geschlechterkampfes. Wo frühere Feministinnen gesagt hätten, Deutschland werde vom *Patriarchat* beherrscht, behaupten die Antifeministen, Gesellschaft und Staat lägen fest in der Hand des Feminismus. Und wenn es für Frauen heutzutage nicht gut liefe, seien sie einfach nur selbst schuld. Dass Frauen mehr Hausarbeit als Männer erledigen, las ich in einem solchen Blog, sei ein Mythos. Männer würden halt eher beim Lieferservice anrufen, als selbst zu kochen. Und jene Arbeiten im Haushalt, die typischerweise von Männern übernommen würden, wie Steuererklärung, Handwerken und Kinderherumchauffieren würden in diesen Zeitbudgeterhebungen wahrscheinlich nicht genug berücksichtigt werden. Außerdem hätten die Frauen ja auch mehr Zeit für den Haushalt, schließlich arbeiteten ja so viele von ihnen in Teilzeit und sowieso, viele Frauen wollten ja gar nicht, dass ihre Männer bügeln oder waschen – weil sie, schreibt der Maskulist, den damit verbundenen Machtverlust befürchteten. Es klingt wie etwas, das mit nach vorne geschobenen Ellbogen anfängt, nach schwelendem Ehekrach, was die Maskulisten da verbreiten, aber nicht nach Argumenten.

Dass die Frage nach Geschlechtergerechtigkeit im Rechtssystem auch aus männlicher Perspektive gestellt wird, leuchtet zwar ein, und auch die Frage, ob »die Männer« zu schlechte Presse haben, ist berechtigt. Wo allerdings solches Opfergetue, das sich die Maskulisten aus einer schlechten Parodie über empörte Weibsbilder abgeschaut zu haben scheinen, hinführen soll, wird vermutlich bis in alle Ewigkeit unklar bleiben. Man erfährt sozusagen im Detail, wer zuletzt und mit welcher hässlichen Miene im

Wo allerdings solches Opfergetue, das sich die Maskulisten aus einer schlechten Parodie über empörte Weibsbilder abgeschaut zu haben scheinen, hinführen soll, wird vermutlich bis in alle Ewigkeit unklar bleiben.

Gesicht den Müll rausgebracht und wer dafür noch »nie-niemals« am Morgen das Bett gemacht hat. Ich kann nicht sehen, dass diese Art von Streitführung in etwas anderes münden könnte als in immer weitere, letztlich aber aussichtslose Versuche hochzurechnen, ob nun »die Männer« oder »die Frauen« schlechter dran seien. Damit sollten wir alle aufhören – Frauen und Männer, denn, lasst mich einen von Euch Männern zitieren: »sonst ist man immer am Vergleichen und fragt sich, ob es besser ist, fünf Jahre früher zu sterben oder acht Prozent weniger zu verdienen.«[120]

Gesagt hat das Markus Theunert, der auch die Co-Feministen beschrieben hat. Er gehört zu einer Handvoll anderer Männer, die an den vielleicht nur unbeholfenen Versuchen der Maskulisten, in eine möglicherweise interessante Diskussion einzusteigen, vorbei in die Öffentlichkeit gezogen sind, um über die Gesellschaft, den Arbeitsmarkt und mögliche Männerperspektiven zu sprechen. Diese Männer, die auf einmal sprechen, gefallen mir schon viel besser. Sie sehen Probleme, doch weder rasten sie mit der Axt in der Hand aus, noch setzen sie sich in die Ecke, um depressiv am Daumen zu lutschen. Sie sehen, dass in den vergangenen Jahrzehnten durch die Frauenbewegung und andere Ereignisse eine gesellschaftliche Situation entstanden ist, die nicht nur den Verlust einer alten Ordnung, sondern auch die Chance auf Neudefinitionen bedeutet. Markus Theunert zum Beispiel hat 2000 die *Männerzeitung* gegründet, die männliche Lebenswirklichkeiten ungeschminkt zeigt und *den Mythos Männlichkeit* hinterfragt. Das bedeutet dann zum Beispiel, dass in der

Sie sehen, dass in den vergangenen Jahrzehnten durch die Frauenbewegung und andere Ereignisse eine gesellschaftliche Situation entstanden ist, die nicht nur den Verlust einer alten Ordnung, sondern auch die Chance auf Neudefinitionen bedeutet.

Männerzeitung männliche Autoren versuchen, Stärke jenseits von Machofantasien zu beschreiben und Schwäche ohne das weiche Dekolleté einer Frau zu verkörpern. Konkret liest sich das, etwa in Heft Nr. 35, einer Ausgabe zum Schwerpunkt Trennung, so: »Männer in Trennungssituationen brauchen Wundpflege, Verständnis, Beistand, Stärkung, brauchen Freunde, Hilfe, Austausch, Anregung, Pause, Luft, müssen verdauen, Rückschau halten, sich neu orientieren, Abschied nehmen, loslassen, Boden wieder unter die Füße kriegen, müssen Vertrauen wieder aufbauen, richtig Trauerarbeit machen. Müssen ganz neu zu sich schauen.«[121]

Ich weiß nicht, wie das für Euch klingt, Männer, aber für mich ist dieses Männerbild vollkommen plausibel. Genauso wie etwas, das der großartige Harald Martenstein vor einigen Jahren mal in seiner *Zeit*-Kolumne geschrieben hat, nämlich dass er schon längst tot wäre, wenn er all das machen würde, wozu einem in den auflagenstärkeren Männermagazinen wie *GQ, Men's Health* und *FHM* geraten wird. Wie bei allem, was Martenstein schreibt, könnte eine wichtigere, wirklich wichtige Wahrheit darin stecken. Deshalb hoffe ich, dass mehr und mehr Männer den Bleistift in die Hand nehmen und ihre Geschichten neu und anders, oder sagen wir einfach: ehrlich erzählen. Ich wundere mich immer über den Treppenwitz vom angeblichen emotionalen Analphabetismus des Mannes. Sind Männer so? Nicht die, die ich kenne. Vielleicht mag ich die falschen Männer, solche mit Interesse an sich selbst. Vielleicht bin ich nicht repräsentativ. Vielleicht aber auch nicht.

Auch *Das entehrte Geschlecht. Ein notwendiges Manifest für den Mann,*[122] ein Buch, das Ralf Bönt im vergangenen Jahr veröffentlichte, ist der Versuch eines selbstsicheren Zweiflers. Gegen die Fantasie vom Mann im Vorstand, der es sich gut gehen lässt und der in Flugzeugen und Freiheit lebt, erinnert auch dieser Autor daran, dass »die allermeisten Männer bis heute nur einsam ihre Lastwagen fahren, den ganzen Tag auf zugigen Rohbauten Kunststofffenster einsetzen, in Früh-, Spät- und Nachtschichten Schweine schlachten. Die richtig Schlauen schreiben, während ihre Kinder zuhause ohne Vaterkuss und ohne Vaterstimme einschlafen, halbe Nächte an Reden, die anderntags ein anderer hält. Bei alldem ruiniert der Mann zuverlässig seine Bandscheiben und erstickt seine Seele. Manche Männer stehen auch in grauen Anzügen, weißen Hemden und Krawatten vor der Londoner Börse in den Pausen auf der Straße und rauchen hastig ihrem Herzinfarkt entgegen, die Gedanken verengt auf ein paar Zahlen, die Gesichtszüge dies verratend. Nach getaner Arbeit gehen sie einen trinken und auf dem Weg nach Hause für eine Viertelstunde im Bordell vorbei.«[123]

Bönts Männerpanoptikum ist ziemlich deprimierend und nährt den Verdacht, dass niemand gut beraten ist, wenn er oder sie glaubt, Männer seien in unserer Gesellschaft automatisch fein raus (und das, übrigens, gilt wahrscheinlich sogar für die in den Vorständen). Denn ausgerechnet das, was die Frauen den Männern einmal neideten, nämlich ihre gesellschaftliche Gestaltungsmacht – etwas, das für Simone de Beauvoir Ausdruck von männlich konnotierter *Transzendenz* war –, ausgerechnet das also, was einmal als männliches Privileg gegolten hat, scheint nun bei Bönt als Auslöser der Männlichkeitskrise auf. Denn für sich genommen, schreibt er, gilt ein Mann als wertlos; man erwartet von ihm, dass er von sich selbst absieht, für andere arbeitet, sich heroisch aufopfert. Demzufolge ist es nicht so, dass Männer wechselnde gesellschaftliche Funktionen einnehmen *können,* sie *müssen* es. Deshalb seid Ihr für Bönt *Das entehrte Geschlecht:* bei Krankheit als hypochondrische Memmen verlacht; falls nicht in einer leitenden

Denn für sich genommen, schreibt er, gilt ein Mann als wertlos; man erwartet von ihm, dass er von sich selbst absieht, für andere arbeitet, sich heroisch aufopfert.

Position, dann als Versager betrachtet; in Eurer Sexualität als ekelhafte Lüstlinge, wenn nicht gleich als potenzielle Gewalttäter verrufen. Bönts Hinweise sind bedenkenswert. Es gibt sie, diese Tendenz, Männer besonders hart zu beurteilen. Sogar vor Gericht sollen schon Männer für dasselbe Delikt härter bestraft worden sein als Frauen. Der inzwischen verstorbene Richter Ulrich Vultejus hat diesen *Frauen- rabatt* 2008 offen zugegeben. »Weil es Frauen im Leben schwerer haben und Strafen deshalb bei ihnen härter wirken«,[124] so hat er seine Ungleichbehandlung von Männern und Frauen gerechtfertigt. Neuerdings ist es aber nicht mehr so klar, dass es immer Frauen sind, die es schwerer haben. Vielleicht muss man heute sagen: Männer kön- nen es auch schwerer haben, nur halt in manchen Dingen ein bisschen an- ders. Die Härte ihnen gegenüber, auch die, die von Eltern, Freunden oder Leh- rern kommen kann, gehört dazu. Folgt man Bönt, ist der schlechte Ruf des Männlichen aber längst nichts mehr,

Vielleicht muss man heute sagen: Männer können es auch schwerer haben, nur halt in manchen Dingen ein bisschen anders.

was nur von außen an den Mann herangetragen wird: Das Ressenti- ment gegen den Mann kommt auch von ihm selbst. Und das, liebe Männer, könnte tatsächlich etwas mit Eurer Stummheit in Geschlech- tersachen zu tun haben. Wenn das Mannsein heute tatsächlich mit einer bedrückten Scham verbunden ist, könnte das ein Teil der Er- klärung sein, warum Ihr nicht den Mund aufmacht. Allein – Schwei- gen hilft vielleicht nicht unbedingt.

Als mein Bekannter, den ich hier mal D. nenne, einer der net- testen und sanftesten Männer, die ich kenne, neulich in meiner Stadt zu Besuch war, ging er an einem Abend in einen Puff. Dort durfte er sich einen Bademantel anziehen und unter den herumstehenden Frauen wählen. Als er davon erzählte, machte er ein Gesicht, das mich an mein eigenes erinnerte, wie es im Spiegel der Mädchentoilette am Gymnasium aufglänzte, nachdem ich meine letzte Abiturprüfung bestanden hatte: »Freiheit!«, strahlten diese Augen. Ich kann nicht sagen, dass ich es ideal oder besonders schön finden würde, wenn ein Mann sich Sex mit einer Frau kauft, wie ich mir ein Kinoticket kaufen würde – viel mehr kann ich dazu, auch nach der Prostitutionsdebatte um Weihnachten 2013, nicht sagen. Aber die Erläuterung, die D. zu seinem Abend im Bordell lieferte, gab mir immerhin zu denken: Mannsein, sagte er, gehe für die sensiblere Sorte unter seinesgleichen, für jene Männer also, die mir stets eilig versicherten, Feministen zu sein, wie automatisch mit einem Schuldgefühl einher. Das Wissen um die Tatsache, dass Männer Frauen ein paar Tausend Jahre lang unterdrückt haben, ihnen das Recht am eigenen Körper und am eigenen Sex genommen haben, laste schwer auf Männern. Wie, fragte sich D., könnte ich mit diesem Wissen ohne Schuldgefühle Sex haben? Eine Zeit lang Sachen zu machen, die dieses moralische Wissen ihm zwar verleiden wollte, die er aber trotzdem geil fand, gehörte zu seinem Versuch, sich sexuell zu befreien.

Hat er recht, Männer? Lauft ihr mit einer von Schuldgefühlen völlig verkorksten Sexualität herum? Und wenn ja: Warum sagt ihr nichts?

Zwar merkt man das nicht immer, weil nach wie vor viel mehr über Frauen als über Männer geredet wird – und das von viel mehr Frauen als Männern –, aber die Zeiten, in denen Geschlechterpolitik sich nur um Frauenfragen kümmern konnte, sind vorbei. Euer Geschlecht steht unter wachsender Beobachtung und Beeinflussung, ob Ihr das wollt oder nicht. Es ist einfach zu auffällig, dass die Zahl derer, die unbekümmert das Leben ihrer Großväter leben können, derzeit rapide abnimmt. Was könnte zu der »Krise«, von der Ihr, zumindest statistisch betrachtet, erfasst worden seid, geführt haben? Wahrscheinlich ist es ganz einfach so, dass in den vergangenen

Jahrzehnten viele Männer möglichst alle Gelegenheiten, mit an den Stellrädern der Geschlechter zu drehen, vorbeiziehen lassen haben, sei es als Co-Feministen oder Menschen, die noch weniger vom Zeitenwechsel mitbekommen haben. Sie haben ihre Buckel gerundet und so getan, als müsse man die Frauenbewegung, den demografischen Wandel, die Entlassungswellen nur aussitzen. Jetzt scheinen viele von Euch unter einem straffen Zug zu stehen, der womöglich nur mit Worten und mit Tatkraft zu lösen ist, wohingegen Weiterschweigen auch weiter wehtun könnte. Aus der Frauenbewegung könntet Ihr Euch den folgenden Rat aneignen: Nur wenn Ihr aussprecht, was Ihr schwierig findet, könnt Ihr herausfinden, ob andere Männer ähnliche Erfahrungen machen wie Ihr – und dann könnte es ein Fehler im System sein und nicht nur in Eurem privaten Hirn. Zu hoffen ist außerdem, dass Ihr Euch nicht zu lange mit vereinnahmenden Diskussionen aufhaltet, Diskussionen im Namen »der Männer« – denn das taugt eigentlich, wie vielleicht auch dieser Brief, der an die große Unbekannte *Mann* gerichtet ist, höchstens als Anstoß – Anstoß zum Widerspruch gegen die Vereinnahmung. Denn auch wenn Strukturen sich dadurch auszeichnen, dass sie viele Leute auf ähnliche Weise beeinflussen, sind sie doch nicht allmächtig. Außerdem gibt es so viele davon, dass sie sich gegenseitig in die Quere kommen und widersprüchliche Einflüsse auf uns haben. Ihr Männer werdet also in manchen Punkten durchaus verschiedene Meinungen haben und nicht genau dasselbe von Eurem Leben wollen wie Euer Nachbar. »Männer«: So viel kann man sich darunter ja gar nicht vorstellen, und das ist eigentlich gut so, denn dann könnt Ihr mehrere, viele Geschichten daraus machen; Geschichten von Männlichkeiten.

Es scheint jetzt eine gute Zeit zu sein, dass auch Ihr Eure Denkblockaden loswerdet und anfangt zu fantasieren. Ich schreibe Euch dies als Frau, die vieles mit einem Mann und manches mit vielen

Männern teilen möchte. Es dürfte klar sein, dass der Knackpunkt im Dreieck von Arbeit, Geld und Familie liegt. Es galt einmal, dass ein Mann genau dann ein ganzer Kerl ist, wenn er einen Baum gepflanzt, Kinder gezeugt und ihnen ein Haus gebaut hatte. Das Fatale an dieser Vorstellung ist, dass genau das vielen Männern immer schwerer fällt. Mit unsicheren Jobs wird auch das Haus unsicher. Und mit berufstätigen Frauen sind Haus und Baum und Feuerholz sowieso keine eigentliche Männerarbeit mehr. Was bleibt? Nicht viel – solange Männer nicht andere Stellungen im Leben finden; Stellen, die nicht notwendig über das Geldverdienen definiert sein müssen und die das Leben trotzdem mit Inhalten, vielleicht sogar mit Bedeutung füllen. Das kann vieles sein – zum Beispiel eine vielleicht neue Form der Teilhabe am Familienleben.

Wie unwichtig sich viele Männer bisher noch in ihren Familien fühlen müssen, begann mir klar zu werden, als Jörg Burger 2009 im *Zeit*-Magazin eine Reportage über Männer, deren Frauen abgetrieben hatten, veröffentlichte. Der Text bezog sich auf die Abtreibungskampagne von 1971, in der 374 Frauen im *Stern* erklärten:»Wir haben abgetrieben!«[125] Abtreibung stand damals noch gesetzlich unter Strafe, und der *Stern*-Kampagne ist es mit zu verdanken, dass das Gesetz 1974 geändert und 1995 noch einmal reformiert wurde. Heute können Frauen bis zur zwölften Woche abtreiben, solange sie vorher eine Beratung annehmen.

Das Gesetz ist wichtig, weil es den Frauen Macht über ihren eigenen Körper gibt. Es zeigt aber auch, welche marginale Rolle der Vater, juristisch gesehen, bei der Frage, ob ein Fötus zum Kind heranwachsen wird, hat: Er muss nicht gefragt werden. Ich sehe zwar nicht, wie ein unbedingtes Mitspracherecht des Vaters gesetzlich verankert werden könnte. Aber gerade deshalb war der Text von Jörg Burger so wichtig: weil hier die Männer, die nicht gefragt werden müssen, erzählten. Sie erzählten von dem Gefühl der Stärke, das ihnen die Nachricht von der Schwangerschaft gegeben hatte, und von der Trauer, die es für einen Mann bedeuten kann, ein ungeborenes Kind zu verlieren. Der Text machte es auch vorstellbar, wie ausgeschlossen Männer sich manchmal fühlen müssen, ausgeschlossen von der eigenen Familie.

Dieses Ausgeschlossensein existiert aber längst nicht nur, wenn es um Abtreibungen geht, sondern es ist viel alltäglicher, viel umfassender. Manchmal fängt es ganz natürlich, sozusagen harmlos an, so ähnlich wie bei der kleinen Familie, die neben mir wohnt. Es ist erst drei Wochen her, dass Sarah und Noam ihr Baby Alma bekommen haben. Vor der Geburt hatte Sarah 50 Stunden lang Wehen, währenddessen, sagt Noam, sah es einmal so aus, als würde sie sterben, und danach war sie drei Tage lang zu schwach, um ihre Beine zu heben. Im Moment stillt Sarah Alma achtmal täglich oder häufiger, meistens dauert das eine Dreiviertelstunde. »Unterm Strich bin ich acht Stunden täglich mit Stillen beschäftigt«, sagt sie, während Noam mit der winzigen Alma auf dem Arm durch das Wohnzimmer wippt, einen Schnuller in der Hand. Er sagt nicht viel, weil er total von dem Baby absorbiert ist und von dem Versuch, ihr leises Wimmern zu befrieden. »Ich fühle mich total ausgesogen, Stillkrise«, sagt Sarah. »Es ist nicht leicht, eine Frau zu sein«, sagt Noam und schaut mir dabei fest in die Augen. Am Tag versucht er, sich so weit wie möglich auf seine Dissertation zu konzentrieren, die er bald abgeben möchte. »Ich bin jetzt ein Vater«, sagt Noam.

Sarah und Noam werden es schaffen, aber ich verstehe, wie leicht aus diesem Anfang eine Geschichte werden kann, in der die

Frau zur Mutter der Familie werden *muss* und der Mann »die ausgesetzte, die heimatlose Figur«, von der ich bei Ralf Bönt gelesen habe: »Wie ein Tag mit einem Baby, einem Kleinkind oder einem Kind aussieht, ein Tag, in dem nicht Leistung und mit ihr Vergleich, Misstrauen, Konkurrenz, Neid und Intrige die Koordinaten sind, an denen man sich entlangzusteuern versucht, sondern auch Vertrauen, Zuneigung und Freude, gar Liebe und Körperkontakt, das darf der Mann bis heute bestenfalls ahnen.«[126] Lasst uns jetzt aber nicht in allgemeine Larmoyanz verfallen, sondern darüber sprechen, wie die Dinge besser geregelt wären. Kinderbetreuung, Arbeit, Geld, Mutterideologie, Vatermythos – alles Themen, über die es sich zu reden lohnen könnte. In der Öffentlichkeit, aber auch am Küchentisch.

Paare müssen sich zusammensetzen und sich abstimmen: Wer hat Lust worauf, wer hat wie viel Zeit wofür, wer kann wie viel Geld beisteuern, wer wird wie abgesichert?

Paare müssen sich zusammensetzen und sich abstimmen: Wer hat Lust worauf, wer hat wie viel Zeit wofür, wer kann wie viel Geld beisteuern, wer wird wie abgesichert? Ralf Bönt versteht es offenbar als Provokation, wenn er in Interviews sagt, dass er nicht mehr bereit ist, einer Frau den Lebensunterhalt zu zahlen. Die gute Nachricht für ihn ist, dass es für viele Frauen heute gar nicht vorstellbar ist, nicht ihren eigenen Job und ihr eigenes Einkommen zu haben. Andererseits: Wenn ein Paar sich darauf einigt, dass nur einer arbeiten geht und der andere komplett für die Familie da ist, und wenn die Sache durch eine gerechte Unterhaltsvereinbarung gestützt ist – warum soll nicht auch das funktionieren? Oder: Was, wenn einer keine Arbeit findet? Dann *muss* es funktionieren. Das Wichtigste scheint doch das Darüberreden und die Kompromissbereitschaft auf beiden Seiten. Es geht nicht ohne regelmäßige Tuchfühlung, die nötig ist, um auf dem Laufenden zu bleiben, wem es wie geht und wer wo Nachbesserungsbedarf sieht.

Sollten tatsächlich mehr und mehr von Euch Männern über Szenarien nachdenken, in denen sie mit Kind auf dem Arm unterwegs sind, kann ich auch da nur sagen, dass gemeinsames und lautes Nachdenken hilfreich sein könnte. Denn Väter, die ihre Aufgabe nicht ausgerechnet durch Abwesenheit von Zuhause (und durch Anwesenheit im Büro, auf dem Acker, im Operationssaal) erfüllen, sind auch für viele Frauen eine unbekannte Sache, und die Wahrscheinlichkeit ist groß, dass viele eine lebendigere Vorstellung davon haben, was eine Mutter ist, und ein eher diffuses Bild von dem, was eigentlich ein Vater, der da ist, mit dem Kind so macht. Wenn Menschen hierzulande meinen, man könne es am Einkommen festmachen, ob einer ein guter Vater ist, ist das historisch zu erklären. Schließlich waren die Väter bis vor Kurzem genau für eines zuständig: fürs Geldverdienen. Da kann ich es

verstehen, wenn Ihr den Schritt in eine andere, neue Art von Vaterschaft als großes Wagnis wahrnehmt – und Eure Frauen vielleicht auch. Klar: Frauen, die aktive Väter an ihrer Seite haben wollen, müssen sich auf potenziell viele neue Erfahrungen gefasst machen, vielleicht auch auf die schmerzhafte, dass das Kind den Vater phasenweise dringender bei sich haben möchte als die Mutter.

Frauen, die aktive Väter an ihrer Seite haben wollen, müssen sich auf potenziell viele neue Erfahrungen gefasst machen, vielleicht auch auf die schmerzhafte, dass das Kind den Vater phasenweise dringender bei sich haben möchte als die Mutter.

Von der Kränkung, die dieser Moment bedeuten kann, erfuhr ich durch einen Mann, der diese Erfahrung vor nicht allzu langer Zeit gemacht hat: Als Jeremys Sohn Liko geboren war, war das Baby in seinen Augen mehr die Sache seiner Frau als seine. Mutter und Kind waren für ihn eine fremdartige Einheit, von der er sich abgrenzte. Zum Beispiel an einem Abend, als er im Bett Michael Chabons Pulitzer-Preis-Roman The Amazing *Adventures of Kavalier and Clay* zu lesen versuchte, während seine Frau sich mit dem Baby beschäftigte, das gerade kurz vor dem Einschlafen war. Plötzlich kotzte das Baby in Fontänen über das ganze Bett. Schwälle von Ganzkörpergebrüll folgten. Jeremy erinnert sich, dass er entnervt war, echt entnervt, sowohl von seinem Baby als auch von seiner Frau. Die beiden hatten seine Lektüre ruiniert. So jedenfalls empfand Jeremy das an jenem Abend.

Ungefähr ein Jahr später war Jeremy zu der Person geworden, mit der Liko die meiste Zeit verbrachte. Jeremys Frau Olli hatte wieder angefangen zu arbeiten, und jetzt blieb Jeremy zu Hause. Weil sie ein modernes Paar sein wollten. Eine Art Vorsorge-Entscheidung, über die so viele von uns Jüngeren nachdenken: Wie lassen sich Beziehungen so organisieren, dass nicht bald einer dem anderen Tonnen von Vorwürfen auf den Frühstücksteller laden möchte? Jetzt also war Jeremys Zeit mit Liko gekommen. Der Anfang war schwer. Für alle. Jeremy fühlte sich überfordert. Und Liko war ein brustsüchtiger Einjähriger, der ohne Olli nicht einmal ein kurzes Schläfchen halten wollte. Wenn Jeremy ihn hinlegte, fing Liko an, untröstlich zu brüllen und seine Arme nach ihm auszustrecken; wenn Jeremy ihn hochnahm, bog sich Liko heulend nach hinten und drückte sich mit seinen kleinen Händen von der Brust des Vaters weg. Das Bild haftet mir im Gedächtnis: Ich sehe mich mit meinem Kind, das sich physisch gegen mich wehrt. Die zwei verbrachten zahllose Tage miteinander, die Jeremy beschreibt, als müssten sie beide, Vater und Sohn, sich gefühlt haben wie Gefangene. Gestrandete. Einsam, beide. Hilflose Nihilisten, die an einen Fremden gekettet und aller Hoffnung beraubt waren, bis endlich abends Olli nach Hause kam: Mama, endlich!

Doch wie es so oft ist im Leben, kam auch die Wende. Als Liko einundzwanzig Monate alt war, fuhr Olli für eine Woche fort, und Vater und Sohn waren das erste Mal allein zu Haus. Abends, als es für Liko Zeit zum Schlafen war, rollte er sich in Jeremys Armbeuge zusammen, und bald sah der Vater, wie der kleine Rücken seines Sohnes sich regelmäßig hob und senkte. Zu erleben, wie Liko ganz selbstverständlich zur Ruhe kam, obwohl seine Mutter meilenweit weg war; zu erleben, dass Liko mit ihm zufrieden war – mit dem Vater – war für Jeremy ein wenig wie neugeboren zu werden. Als Vater. »Plötzlich«, hat Jeremy in seinem Buch *The Daddy Shift* über dieses Erlebnis geschrieben, »als sei ein Schalter umgelegt worden, fühlte *Vater* sich nicht mehr wie eine Rolle an, die ich mir überstülpte, sondern wie etwas, das zum Innersten meiner Identität gehört. Ich fühlte mich auf einmal nicht *wie* etwas oder jemand; es war eine eigene Sache, meine Sache, wie meine Arme oder meine Beine – und genauso Liko, von dem ich nun wusste, dass er von jetzt an für immer Teil von mir sein würde, Teil von der Person, die ich bin«.[127]

Der Gedanke an diese Freundschaft, die Jeremy und Liko schließen konnten, berührt mich. Nicht nur, weil von den ersten schlechten Tagen, an denen Liko so renitent nach seiner Mutter verlangt hatte, bis zu jenem Abend, an dem er in Jeremys Arm einschlief und das Vatersein für Jeremy aufhörte, Kopfsache zu sein, ganze neun Monate vergehen mussten (*nach* der Geburt!). Sondern auch, weil ich zugeben muss, dass mir die Vorstellung, durch welche Schwierigkeiten die drei – Vater, Mutter, Kind – in dieser Zeit und auch danach gegangen sein müssen, einen Stich versetzt. Die neuartigen Familienkonzepte kommen mir wie eine schwierige Sache vor. Die traditionellen Familienkonzepte kommen mir wie eine schwierige Sache vor.

Die neuartigen Familienkonzepte kommen mir wie eine schwierige Sache vor. Die traditionellen Familienkonzepte kommen mir wie eine schwierige Sache vor.

Die Familienform, in der ich selbst aufgewachsen bin, war für mich als Kind toll (viele Kinder, und beide Eltern hatten eine prima Arbeit), kommt mir aber jetzt, da ich in einer Fernbeziehung lebe und in die sogenannte Rushhour des Lebens eingetreten bin, wie eine schwierige Sache vor. Keine Familie zu gründen kommt mir auch wie eine schwierige Sache vor.

Keine Familie zu gründen kommt mir auch wie eine schwierige Sache vor.

Liebe Männer, ich kann verstehen, wenn Ihr vor all diesen Entscheidungen ordentlich ins Grübeln geratet. Aber Ihr müsst wissen, dass es Frauen gibt, denen es manchmal ganz ähnlich geht. Ohnehin gibt es vielleicht mehr Gemeinsamkeiten festzustellen als erwartet: den Eindruck vielleicht, dass man es kaum richtig machen kann und Perfektionismus daher besser den anderen überlässt, wer auch immer das sein mag. In einem Jobmarket zu sein, dessen Flexibilität geil, aber auch grauenhaft sein kann.

Ralf Bönt hat sein *Manifest für den Mann* beendet mit einer Forderung an die Frauen: »Überlegt euch gut, was ihr Machbares von und für uns wollt. Dann überlegen wir uns, inwieweit wir dabei sind.«[128] Machbare Pläne: gute Sache, da wäre ich dabei. Aber schmieden müssen wir sie schon zusammen.

Viele Grüße,
Friederike Knüpling

Martina Jahr, 59:

»ICH HABE EINE WEIBLICHE SEELE.«

Protokoll einer Frau, die nicht als Mann geboren wurde

Wir leben in einem Land, in dem die Menschen an das Märchen von der Geschlechtsumwandlung glauben. Denn man definiert das Geschlecht einfach über die Genitalien. Ich nenne das: Hebammengeschlecht.

Die Genitalfixierung führt zu wildesten Theorien über vermeintlich psychisch gestörte Menschen. Man nennt sie – Transsexuelle. Ein Mann soll angeblich eine Frau *werden* wollen. Rennt mit einem Penis zum Arzt und trägt hinterher, nachdem ein Chirurg Hand angelegt hat, eine Vagina in seinem Körper. Und ist nun, nach Meinung des deutschen Durchschnittsbürgers, vom Mann zur Frau geworden.

Welche Wunder doch in Deutschland geschehen! Ich habe Neuigkeiten für alle, die an dieses Märchen glauben:

Geschlechtsumwandlung gibt es nicht.

Ich habe mich niemals *wie eine Frau* gefühlt! Ich *bin* eine Frau, die Jahrzehnte für einen Jungen und später einen Mann gehalten wurde. Eine Frau mit transsexueller Vergangenheit. Nichtbetroffene können sich so etwas schwer vorstellen, weil es bei ihnen keinen Widerspruch gibt zwischen dem biologisch-körperlichen und dem geistigen, dem *Gehirngeschlecht.*

Tatsächlich ist es so: Kein Transmensch wechselt sein Geschlecht, das sieht nur von außen so aus. Ein transsexueller Mensch kann sich seine geschlechtliche Identität genauso wenig aussuchen, wie jeder andere Mensch es kann.

Der von außen sichtbare Geschlechterwechsel geschieht nicht freiwillig. Man kann sich nicht dafür entscheiden. Das Gefühl:»Ich bin eine Frau« oder »Ich bin ein Mann« ist angeboren.

Ach ja, wie? Wie genau fühlt denn eine Frau: Ich weiß es nicht. Als Jugendliche oder junge Frau habe ich mich immer gefragt, warum die Welt mich nicht einfach so nimmt, wie ich bin. Wie muss ich denn sein, um diesem TÜV gerecht zu werden? Für mich in meiner Innenansicht war ich doch voll in Ordnung so, wie ich geboren bin. Ich weiß, wer ich bin, und wenn diese heteronormative Welt nur ein bipolares System erlaubt, bin ich eben eine Frau, aber nie, nie, niemals ein Mann.

Ich war seit meiner Geburt im falschen, im Männerkörper gefangen.

Dieser Satz ist wahr.

Ja verdammt, ich hatte eine Selbstverleugnungsphase, wie fast alle Transsexuellen, die nicht den Segen hatten, rechtzeitig, nämlich in der Vorpubertät, behandelt zu werden.

Ja, ja – verdammt. Ich habe es mit der Männerrolle versucht, mit Ehefrau, sogar mit Familie, Kindern, Haus, Hunden und Katzen.

244

Ich habe versucht, der Welt zu beweisen, dass ich es schaffe, normgerecht zu leben. Ich habe zu der Zeit nicht wahrhaben wollen, dass ich es nicht der Liebe zu einer Frau wegen gemacht habe, sondern um der Normerfüllung willen. Vermutlich war ich deswegen oft fern auf den Weltmeeren unterwegs. Auf den Schiffen war ich allein, hatte Ruhe rundum, keine Reize aus Fernsehen oder Radio ... Die unentwegte Bewegung der Schiffe, ruhig bis heftig, natürlich der Bewegung der See folgend, habe ich als sehr beruhigend empfunden.

Hier ist leider das nächste Haus, gegenüber meinem Fenster, nur 15 Meter entfernt, ich bin in der Enge, die ich nie wollte. Der Ort, in dem ich wohne, ist ein um ein Kurbad gewachsenes Dorf. Bei der letzten Zählung kamen etwa 2000 Einwohner zusammen. Es gibt neun Altersheime, ich weiß es nicht genau, aber es dürften 1200 Bewohner in den Altersheimen sein. Ein paar Handwerker, Industrie gibt es nicht. Eine Handvoll Gaststätten hat sich nach dem Kliniksterben der Gesundheitsreform gehalten, ein Drogeriemarkt darf aus unerfindlichen Gründen nicht fehlen. Ach ja, immerhin, ein neuer Edeka-Neukauf-Markt mit einem total guten Café ist im Ort.

Insgesamt ist hier allerdings der Hund verfroren. So ist es kein Wunder, dass ich des Öfteren über das Umziehen in eine Stadt nachdenke. Aber Umziehen ist halt so ... umständlich. In der Tiefe meines Herzens will ich auch irgendwie nicht woandershin. Denn hier ist es ruhig für mich. Gerade richtig.

Meine Fantasiewelt und die Quergedanken, die mich jeden Tag bewegen, sind für mich das Wunderbarste, was mir bei der Geburt gegeben wurde. Es ist etwas unsäglich Wunderbares, in Musik oder Büchern versinken zu dürfen. Mag sein, dass einige Leute glauben, ich sei eine durchgeknallte, kranke Träumerin, wenn ich so gedankenversunken träume, dabei lächle, lache oder weine. Vielleicht denken sie sogar, ich wäre irgendwie gestört! Aber was soll's, sie wissen eben nicht, wie schön Traumwelten sein können.

Ich stelle fest, die Zeit heilt keine psychischen Verletzungen.

Verletzungen werden lediglich abgedeckt. Es tut weh, irgendwann erkennen zu müssen, dass man lange Zeit sich selbst verleugnet hat, immer und immer wieder was Falsches gemacht hat. Da ist es auch verständlich, dass meine Frau einmal sagte: »Ich kann mit dir keinen Sex haben, das fühlt sich ja an wie mit einer Frau!«

Ich habe überhaupt nichts verstanden, war total geschockt, ich glaubte doch, in der Männerrolle perfekt zu sein. Irgendwann wäre ich fast im gesellschaftlichen Normeinheitsbrei ertrunken, in dem ich schwimmen musste. Ja, es kann sein, dass ich selbst in diesen Hexenteich gegangen bin, weil ich glaubte, mir selbst beweisen zu müssen, dass ich nicht transsexuell bin, damit mich diese Welt endlich annimmt und lieb hat, aber es wollte nicht gelingen. Wie konnte ich die Rückkopplung erhalten, nach der meine weibliche Seele geschrien hat, wenn die Umwelt doch einen Mann sah.

Seit 1982 nehme ich weibliche Hormone. 2003 habe ich dieses Stück Fleisch zwischen meinen Beinen entfernen lassen. Es war zu der Zeit ein kleiner, verkümmerter Fleischansatz, gut, nennen wir es Penis. Ich habe mich nicht verabschiedet von dem Teil, einzig vor der Operation hat es noch einmal eine Dusche gesehen. Sollte ja sauber sein auf dem OP-Tisch.

Die Operation war etwas Wichtiges, und ich merke es jetzt, ein richtiges Ereignis für mich. Denn eins spüre ich ganz sicher erst jetzt – nach der geschlechtsangleichenden Operation: Erst jetzt spüre ich mich richtig selbst. Ich glaube, es ist wohl tatsächlich so, dass die Selbstwahrnehmung des Körpers in meinem Gehirn weiblich verschaltet ist.

Alle Schwierigkeiten, die Transsexuellen gemacht werden, gehen auf die einfache Überzeugung zurück, es gebe nur Mann und Frau. Da Transsexuelle selbst von den *Spezialisten* diffamiert und beleidigt werden, ist es nicht verwunderlich, dass es viele Transsexuelle gibt, die nach ihrer Operation nichts mehr mit ihrer transsexuellen Vergangenheit zu tun haben wollen. Nichts unterscheidet sie jetzt hoffentlich mehr von einem *richtigen* Mann oder einer *richtigen* Frau. Was immer das auch sein mag, ein *richtiger Mensch,* eine *richtige Wurst* oder ein *richtiges Pferd.*

Später wollte ich ganz bestimmt nicht nur noch Dinge tun, die in den Fünfzigerjahren Hausfrauen taten. Auch wenn das jetzt vielleicht voll unweiblich ist: Es macht mir heute noch Spaß, wenn ich Spül-, Wasch- und Trockenmaschinen oder auch meine geliebten vollautomatischen Eismaschinen reparieren darf.

Ihr könnt aufhören, mich zu diskriminieren. Ich weiß, was ich kann und wer ich bin. Das, was ich mache, mache ich gut. Auch weiß ich mit Sicherheit, dass mein angeblicher Männerberuf mir richtig Spaß macht.

Ich bin eine Frau, ja, und zwar eine dieser Frauen mit transsexueller Vergangenheit. Und, Gott behüte, ich kann sexuell auf Frauen *und* Männer abfahren. Ist das jetzt womöglich auch nicht weiblich?

Ich hätte gern einen Partner. Ein Mann sollte es sein, einer der mich beschützen kann. Ich bin zwar groß und vermittele nach außen Kampfbereitschaft, bin aber in Wahrheit eine ganz Kleine. Ob ich noch einmal eine Familie gründen würde, weiß ich nicht. Ich bin jetzt seit 14 Jahren allein, es wird schwerer für mich, etwas von meiner gewonnenen Freiheit abzugeben. Aber anders funktioniert eine Beziehung nun mal nicht.

EINE FRAU IST EINE FRAU IST KEINE FRAU

Wie ich lernte, mein Geschlecht anzuzweifeln

Woher weiß ich eigentlich, dass ich eine Frau bin? Ich hätte mir nie träumen lassen, dass ich mir diese Frage einmal stellen würde, aber ein paar Gespräche mit Martina Jahr haben alles ins Wanken gebracht. Jahr ist eine 1,90 große Frau mit kräftiger Statur und markantem Gesicht. Sie liebt schicke, schnelle Autos, backt gerne, hat lange Jahre als Elektrikerin gearbeitet, sie war verheiratet, hat drei Kinder – und sie kam mit einem Körper zur Welt, mit dem sie sofort als *männlich* in die Geburtsurkunde eingetragen wurde. Trotzdem wusste Jahr, sobald sie diesen Gedanken formulieren konnte: Sie war kein Junge. Sie war ein Mädchen. Und heute sieht sie, nach einigen Operationen und einer Lebensgeschichte, die man als mehrteiliges Drama verfilmen könnte, auch von außen wie ein Mensch aus, den jeder Bäcker, jedes Kind sofort als Frau bezeichnen würde. Weiblichkeit, das hatte für Jahr nichts mit einem von Geburt an weiblich geformten Körper zu tun, es war für sie in erster Linie die unerschütterliche Gewissheit: Ich bin ein Mädchen, mein Penis ist ein Irrtum.

Mir hat der Frauenarzt schon mit zwölf bestätigt, dass an mir alles dran ist, was an einer Frau sein soll. Aber auch er hat lediglich auf seiner Liste biologischer Merkmale Häkchen gesetzt, nicht aber mein innerstes Selbstverständnis abgehorcht. Die Tatsache, dass man Frausein nicht über den Körper definieren muss, dass Frausein eine Identität ist, die nicht in Stein gemeißelt ist – diese Erkenntnis hat meine Welt so erschüttert, dass sie danach für immer anders war. Sicher kannte ich den Unterschied zwischen Geschlecht und dem, was die Forschung Gender nennt: Das erste beschreibt die biologischen Fakten, Körperbau und Chromosomen, das andere ist das psychosoziale Geschlecht, also ein soziales und geistiges Konstrukt. Trotzdem habe ich immer und ohne Zögern einen Menschen, der Brüste und Eierstöcke vorweisen konnte, als Frau bezeichnet. Biologische Fakten, dachte ich, waren nun einmal Fakten, über die soziale Konstruktion können wir uns später unterhalten.

Letztlich, erkannte ich, als ich nach einer Unterhaltung mit Martina Jahr vor meinem Badezimmerspiegel stand, weiß ich nur deswegen, dass ich eine Frau bin, weil man es mir gesagt hat.

Letztlich, erkannte ich, als ich nach einer Unterhaltung mit Martina Jahr vor meinem Badezimmerspiegel stand, weiß ich nur deswegen, dass ich eine Frau bin, weil man es mir gesagt hat. Und ich habe es geglaubt. Auch Martina Jahr hat man gesagt, dass sie ein Junge, ein Mann sei – sie aber hat es nicht geglaubt. Weil sie etwas anderes gespürt hat. Und dieses Andere hat ihr ganzes Leben geprägt.

Ich dagegen spüre in mir nicht die gleiche Klarheit, die Martina Jahr sicher sein lässt, welchem Geschlecht sie zugehört. Auf einmal weiß ich nicht mehr, was *mir* das Recht gibt zu sagen, ich sei eine Frau. Mein eigenes weibliches Selbstverständnis ist lange nicht so klar in Stein gemeißelt wie das von Martina Jahr. Wenn Jahr über sich als Frau spricht, tut sie das mit einer Gewissheit, die etwas in mir ins Wanken bringt. Ich bin schon immer mit der ganzen Palette biologisch-weiblicher Attribute durchs Leben gelaufen – aber wenn man Jahrs Geschichte ernst nimmt, langt das noch lange nicht als Beweis dafür, dass ich eine Frau *bin*.

Ich bin einfach niemals auf die Idee gekommen, dass ich etwas anderes als eine Frau sein könnte. Aber ist diese Abwesenheit von Zweifeln dasselbe wie die unumstößliche Sicherheit von Martina Jahr, oder ist sie einfach nur ein Beleg dafür, dass alles, selbst mein eigener Körper, nur so lange eine unumstößliche Gewissheit ist, wie ich ihn nicht infrage stelle?

In einem 3sat-Interview erklärte die Neurowissenschaftlerin und Psychiaterin Louanne Brizendine,[129] dass chemische Zustände im Gehirn unsere Realitätswahrnehmung beeinflussen würden. Ihr Gesprächspartner, der Journalist Gert Scobel, fragte sie daraufhin, ob es also keine »feste« Realität als Frau gebe. Er meinte damit, dass Zyklusschwankungen die Wahrnehmung von Frauen beeinflussen würden – mir aber scheint es, als würde seine Frage einen viel weiteren, viel wilderen Horizont öffnen: die Möglichkeit, dass nichts, absolut nichts, das ich über mich und andere denke, endgültig sein muss.

Je mehr ich darüber nachdenke, desto größer und unangenehmer wird meine Verwirrung. Ich finde keine Antworten, nur immer weitere Fragen. Bin ich eine Frau, weil es in meinem Personalausweis, meinem Reisepass so steht? Bin ich eine Frau, weil der nächstbeste Passant auf der Straße meine Weiblichkeit ohne Zögern bestätigen würde? Weil ich einen Rock trage, meine Haare bis zu den Schultern reichen und ich keine Bassstimme habe? Vielleicht, denke ich, wenn ich an den ganz offensichtlich ohne jedes Zögern aufgetragenen Lippenstift meiner Nachbarin denke, hält man mich bloß deshalb für eine Frau, weil die Sachen, die mir passen, in der Frauenabteilung von Modeketten hängen. Aber Moment – stimmt das wirklich? Wenn ich in die Männerabteilung gehe, passt mir eigentlich auch alles, ich trage nur auf einmal XS. Liegt es daran, dass meine Figur nicht weiblich genug ist? Aber wieso mache ich mein Frausein an meinem Körper fest?

Es liegt wohl daran, dass mein Körper, anders als bei Martina Jahr, viel stärker mit meinem Ich-Gefühl verbunden ist. Unabhängig davon, ob ich diesen Körper perfekt finde, ob ich ihn gerne an verschiedenen Stellen an- oder abschwellen, enthaaren, behaaren, tätowieren, bleichen oder färben würde, besteht für mich kein Zweifel daran, dass das biologische Geschlecht dieses Körpers *mein eigenes* ist. Und dieses Geschlecht ist nach den Definitionen der Ärzte weiblich. Nach ärztlicher Ansicht ist meine Geschlechtsidentität damit normal. Wäre ich transsexuell, würden meine Innen- und Außenansicht gegeneinander rasseln – ich würde meinen Körper und die Erwartungen, die meine Umwelt an einen Menschen mit diesem Körper stellten, als falsch empfinden. Ich erinnere mich an Momente in meinem Leben, in denen ich einen Hauch dieses Konflikts gespürt habe. An jenem Tag etwa, an dem der Friseur neben meiner Schule mir die Haare bei einem Modellschnitt streichholzkurz geschnitten hatte. Als ich in den Bus nach Hause stieg, sagte eine Frau zu ihrem Sohn, auf mich deutend: »Lass mal den Jungen vorbei.« Das fand ich unangenehm. Unangenehm auf eine diffuse, vermutlich weniger entschiedene Weise als Martina Jahr, aber doch so, als hätte jene Frau, die mich als Junge behandelte, mir etwas weggenommen, von dem ich nicht einmal gewusst hatte, dass es mir wichtig war, aber das ich auf einmal keinesfalls hergeben wollte. Viele Jahre später sagte eine Freundin meiner Mutter einmal, als ich kein Interesse an einem Schuhgeschäft zeigte, das ein großes SALE-Schild in der Auslage hatte: »Du bist nicht wild auf Schuhe? Dann bist du keine Frau.« Damals fand ich es lächerlich, aber heute, nachdem ich mit Martina Jahr gesprochen habe, nagen an mir leise Zweifel. Semiprominente deutsche Frauen mit transsexueller Vergangenheit wie Lorielle London und Kim Petras, die mit männlichen Körpern zur Welt kamen und später als Frauen lebten, sind durchgestylter und barbiehafter, als ich es jemals sein werde. Für sie scheint klar zu sein, dass Frausein-Fühlen mit Große-Garderobe-Wollen einhergeht. Natürlich kann es sein, dass ein Mensch, der in einer Gesellschaft lebt, die sein gespürtes Geschlecht nur widerwillig anerkennt, um so stärker genau solche Attribute betonen möchte, die seine Umgebung als typisch weiblich identifiziert. Oder vielleicht ist meine schon immer wie selbstverständlich bestehende Überzeugung, dass Schnitte, Stoffe und Farben keine Geschlechtersache, sondern Geschmacksfragen sind, kein Zeichen für klischeebefreites Denken, sondern ein Merkmal uneindeutiger Geschlechtsidentität. Vielleicht müsste ich als 100-Prozent-Frau viel stärker für *Sex and the City*-Wiederholungen, rauschige Brautkleider und Blumensträuße empfinden. Womöglich, denke ich auf dem Gipfel meiner Verwirrung, gibt es sie doch, eine hundertprozentig weibliche Identität, und vielleicht kann nur jemand wie Martina Jahr sie mir in Reinform erklären.

Aber so einfach ist es wieder einmal nicht. Was genau Frausein bedeutet, kann auch Jahr nicht genau beschreiben. Martina Jahr sagt: »Eine Frau weiß, dass sie eine Frau ist, und weil sie es weiß, muss sie es nicht begründen.« Es geht also um ein Gefühl, ein Selbstverständnis, das schwer erklärbare, aber sichere Wissen: »Ich bin eine Frau.« Dieses Gefühl lässt sich nicht messen oder kategorisch eingrenzen. Es ist die gleiche Sicherheit, mit der ein anderer Mensch sagen würde: »Ich bin heterosexuell« oder »Ich finde Thrash Metal geil.«

Ich dagegen bin mir immer noch nicht sicher, was mich zur

Frau qualifiziert. Ein Grund dafür, dass mich die ewig gleichen Zuschreibungen des angeblich typisch Weiblichen, typisch Männlichen an Menschen immer genervt haben, war, dass ich oft zweifelsfrei wusste: Wenn das weiblich ist, dann bin ich es nicht. Oder: Wenn Männer so sind, dann bin ich einer. Als Kind rollte ich oft im Dreck, saß auf Bäumen und fummelte mit Taschenmessern herum (= Junge?), trug dabei aber gerne mein rosa Prinzessinenkleid (= Mädchen?).

Als Kind wäre ich nicht auf die Idee gekommen, Taschenmesser und Rüschenkleid als Widerspruch zu empfinden. Ich verstand mich als Mädchen, weil es eins dieser Fakten war, die nicht zur Debatte standen. Wie die, dass ich das Kind meiner Eltern war (hatte man mir gesagt), Deutsche (stand in meinem Pass), und dass ich Wirsing widerlich fand (schleimige Blätter). Ich kam immer nur dann auf die Idee, meinem Frausein bestimmte Qualitäten zuzuschreiben, wenn ich damit angenehmer durchs Leben kam. Mathe machte mir weniger Spaß als Englisch, also stellte ich irgendwann meine rechnerischen Bemühungen ein und sagte mir: »Das liegt bestimmt daran, dass du ein Mädchen bist.« Ja, es ist mir peinlich, das zuzugeben, aber ich war jung und brauchte die Zeit. Eine harte, aber ehrliche Sitzung mit mir selbst bringt heute folgende Erkenntnis hervor: Eigentlich habe ich mir zeit meines Lebens immer die Zuschreibungen an meine Weiblichkeit herausgepickt, die praktisch waren, und immer dann, wenn etwas Blödes als typisch Frau bezeichnet wurde, wehrte ich mich mit Händen und Füßen. Dieses Phänomen

Eigentlich habe ich mir zeit meines Lebens immer die Zuschreibungen an meine Weiblichkeit herausgepickt, die praktisch waren, und immer dann, wenn etwas Blödes als typisch Frau bezeichnet wurde, wehrte ich mich mit Händen und Füßen.

lässt sich auch kollektiv beobachten: Wann immer »die Frauen« pauschal als bessere Führungskräfte, fähigere Politiker, sozialere Entscheider bezeichnet werden, steigt aus dem medialen Diskurswald nur Stille auf, bestenfalls zufriedener Zustimmungsnebel. Sagt einer, *die Frauen* seien durchsetzungsschwach, anhänglich und als Physiker unbegabt, erntet er Buhrufe wie ein Regisseur, der Wagners *Siegfried* als türkischen Migranten inszeniert. Wir wählen uns aus unseren Geschlechtszuschreibung also aus, was uns gefällt, weisen alles andere ab – und konstruieren so, jede für sich und alle miteinander, ein *Frauen-* und ein *Männerbild,* das scheinbar homogen ist, in Wirklichkeit aber individualisierbar wie Mittelklassewagen.

Echte Frauen haben Kurven, *Frauen können nicht einparken,* Mädchen wollen alles, Frauen mögen Kuschelsex, Frauen sind wärmend und nährend, Girls just wanna have fun, WOMAN IS THE NIGGER OF THE WORLD, *Mädchen sind genauso schlau wie Jungen, Mädchen sind genauso frech und schnell, Diamonds are a girl's best friend,* die Hausfrau bleibt zu Hause fein, soll nimmermehr eine Hausfrau sein, Frauen führen anders als Männer, Frauen sind sozialer, Frauen sind emotionaler, Frauen sind sensibler, Frauen sind penibler, Frauen mögen es ästhetisch, *Frauen haben schönere Körper,* Frauen bekommen 22 Prozent weniger Gehalt als Männer, Frauen kriegen ihre Tage, *Frauen reden am Tag 20 000 Worte,* Frauen kommen in die Wechseljahre, eine Frau ohne Gebärmutter ist immer noch eine Frau, Frauen haben einen Zyklus, Frauen kaufen immer Schuhe, Mädchen und Junge = Liebe, Frauen verkörpern das weibliche Prinzip, Männer das männliche, alle Frauen lieben Aufmerksamkeit, Frauen sind alle zu dick, Männer sind das weniger schöne Geschlecht, *Frauen warten auf den Traumprinzen,* der G-Punkt ist ein Mythos, die Klitoris ist das primäre weibliche Geschlechtsorgan, echte Frauen sind flach wie Bügelbretter, Frauen sind solidarisch, Frauen haben multiple Orgasmen, Frauen setzen Sexyness als Waffe ein, Frauen können nicht räumlich denken, Frauen können alles genau so gut wie Männer, Frauen können keine Landkarten lesen, Frauen stehen nicht auf Porno, Junge + Junge = Liebe, Frauen sind das schwache Geschlecht, *hinter jedem erfolgreichen Mann steht eine starke Frau,* als Gott den Mann erschuf, hat SIE nur geübt, Frauen kriegen die Damenkarte, draußen nur Kännchen, *der Labradoodle ist eine Kreuzung aus einem Pudel und einem Labrador,* Frühling, Sommer, Herbst und Winter, Eier und Salz, Butter und Schmalz, I have a dream…

… bin ich vielleicht ein Zwitter? Nicht biologisch – psychologisch? Fast fange ich an, diese Möglichkeit in Betracht zu ziehen. Wer erklärt mir die Rüschenkleider, Taschenmesser, Matheprobleme?

Mir fällt meine Nichte ein: Ein paar Monate, bevor sie geboren wurde, stand ich neben meiner Schwester, während eine Ärztin ihren Bauch mit kühlem Glibber einschmierte und dann ein Ultraschallgerät darüberzog. Auf dem Bildschirm erschien ein verschwommenes Schwarz-Weiß-Bild. »Es ist ein Mädchen«, sagte die Ärztin. Wir freuten uns. Und hatten, ohne uns dessen bewusst zu sein, alle gemeinsam ein Urteil gefällt. In einem einzigen Moment hatten wir dem ungeborenen Baby ein Stück Freiheit genommen. Denn unabhängig davon, ob wir glauben, dass ein Mädchen Pink oder Blau tragen sollte, ob ein Junge Kinderwagen durch die Gegend schieben oder mit Kampfrobotern spielen darf: Die allererste Annahme lautete, dass ein Junge ein Junge ist, und ein Mädchen ein Mädchen. Weil in dem schwarzweißen Gekrissel auf dem Bildschirm laut Ärztin Schamlippen zu sehen waren.

Keiner von uns, weder die Ärztin noch die Mutter noch ich, konnten zum Zeitpunkt des Ultraschalls wissen, ob das Kind, das aus dem Fötus auf dem Bildschirm werden würde, unserem Urteil später zustimmen würde. Immerhin eines von 100 Kindern entwickelt im Laufe der Zeit ernste Zweifel an seiner Geschlechtszugehörigkeit.

Nicht jedes dieser Kinder ist deshalb transsexuell, oft legt sich die Ungewissheit wieder. Bei welchen Kindern Zweifel am Mädchen- oder Jungsein sich später zur Gewissheit erhärten werden, kann keiner vorhersagen. Das Baby meiner Schwester ist jetzt ein Jahr alt. Zu früh, um zu wissen, ob sie ein Mädchen oder ein Junge sein möchte. Oder vielleicht – weder noch.

Im medizinischen Jargon heißt die Diagnose, die aus einem Durchschnittsmenschen einen Transsexuellen macht, *Geschlechtsidentitätsstörung*. Viele Transsexuelle ärgert dieser Begriff, weil sie ihre Geschlechtsidentität ja keineswegs gestört, krank oder falsch, sondern goldrichtig finden. Anders gesagt: Das Problem der Transsexuellen ist nicht ihr Mann- oder Fraugefühl, sondern dass man ihnen dieses Gefühl nicht erlaubt und sie verrückt bis wunderlich findet, wenn sie trotz Penis in der Hose oder Busen in der Bluse darauf beharren, dass ihr Geschlecht im Kopf stattfindet. Es ist schwer, nicht depressiv und labil zu werden, wenn man in einer Umgebung lebt, die ständig signalisiert, dass man nicht richtig tickt. »Die Gesellschaft führt mit der von ihr betriebenen sozialen Ausgrenzung meist zu einer Aggravierung des Leidensdruckes«, meint der Sexualmediziner Dr. Georg Pfau.[130] Das Problem besteht also weniger darin, dass ein Mensch mit Penis erkennt: Ich bin eine Frau. Der Konflikt entsteht durch die Umwelt, die etwas dagegen hat, dass ein Mensch selbstständig bestimmt, welches Geschlecht er hat.

Frauen haben Brüste, Eierstöcke und eine Vagina, Männer haben Hoden, eine Prostata und einen Penis.

Dieser Satz ist nicht unbedingt wahr.

Die Praxis, Männlichkeit und Weiblichkeit an äußerlich sichtbaren, körperlichen Merkmalen festzumachen, ist für uns vor allem eine praktische Gewohnheit. Bei einem Kind, das bei der Geburt keinen Penis hat, steht für die allermeisten von uns fest, dass es kein Junge sein kann. Und wenn das Kind dieses Fehlen des Penis als Geburtsfehler, als einen Unfall der Natur empfindet, zählt das für uns nicht. Kein Penis bei der Geburt gleich kein Mann. Gleichzeitig, wenn ein erwachsener Mann, zum Beispiel der Vater des Kindes, wegen einer Krankheit oder durch einen Unfall Penis und Hoden verliert, dann käme niemand auf die Idee, ihm einen anderen Geschlechtseintrag in den Pass zu schreiben. In solch einem Sonderfall, weil ja der Penis eigentlich dran war, weil er ja bei der Geburt mitgegeben worden ist, akzeptieren wir einen Mann auch ohne Penis. Und wenn aber nun der Sonderfall die eigentliche Regel wäre? Was, wenn Männer nicht unbedingt Penisse haben müssten?

Wenn Mannsein nicht heißt, einen Penis zu haben, muss Mannsein ein Gefühl sein. Was schon wieder die gute alte Frage aufwirft: Werden wir als Männer und Frauen geboren oder dazu gemacht? Auch wenn bisher niemand die genaue Antwort auf diese Frage gefunden hat, scheint mittlerweile mindestens eins klar: Anders als lange gedacht ist neueren medizinischen Studien zufolge die sexuelle Identität so komplex, dass weder Hormone noch Erziehung sicherstellen können, dass ein Mensch ein Bewusstsein als Frau oder Mann entwickelt. Ein Paradebeispiel dafür ist die Geschichte von Bruce Reimers, der nach einem Beschneidungsunfall, der seinen Penis zerstörte, auf die Empfehlung eines Sexualwissenschaftlers hin umoperiert, mit weiblichen Hormonen behandelt und als Mädchen erzogen wurde. Hormongaben und mädchengerechte Erziehung sollten dabei helfen, aus Bruce Brenda zu machen. Das Experiment ging schief: Allen Hormonen und aller Erziehung zum Trotz rebellierte Noch-

Brenda als Teenager gegen die aufgezwängte Weiblichkeit, unterzog sich einer weiteren geschlechtsverändernden Operation und Testosteronbehandlung und lebte fortan als David weiter. Leider wurde er dabei nicht glücklich: Mit 38 Jahren nahm er sich das Leben. Seine Mutter glaubte, dass er noch am Leben wäre, wenn ihm das Geschlechtsexperiment erspart geblieben wäre.

Eine allgemeine Regel lässt sich daraus nicht ableiten: Bei anderen Kindern, die eine ähnliche Geschichte erlebt haben, ging das Experiment wiederum anders aus – sie waren mit dem Geschlecht zufrieden, das Eltern und Ärzte ihnen zugewiesen hatten. Bis vor Kurzem mussten Ärzte nach der Geburt eines Babys dessen Geschlecht als »männlich« oder »weiblich« eintragen. Die Geschlechtsbestimmung nach der Geburt ist ein Glücksspiel und hängt von verschiedenen Kriterien ab, so etwa vom Genotyp (XY oder XX) und dem äußeren und inneren Erscheinungsbild des Kindes. Oft geht die Zuweisung gut, oft aber auch schief, und die Person empfindet einen Riss zwischen Fremd- und Eigenwahrnehmung. Es gibt bisher keine zuverlässige Methode, in solchen Situationen das Geschlechtsgefühl umzupolen. Vieles spricht dafür, dass Geschlechtsidentität in Gehirnstrukturen festgelegt ist. Wie genau das funktioniert, ist (noch) ein Rätsel. Am 1. November 2013 wurde das Personenstandsgesetz so revidiert, dass Ärzte nicht mehr angeben müssen, ob ein Kind weiblich oder männlich ist, wenn sie das Geschlecht nicht eindeutig bestimmen können.[131]

Ich weiß nicht, was es heißt, eine Frau zu sein. Ich weiß nur, was es heißt, ich zu sein. Schließlich sind *Mann* und *Frau* auch nur zwei grobe Kategorien, in die alles Mögliche hineinpasst: *der Haudegen, der Macho, der Nerd, die Schlampe, das Hausmütterchen, die Kampflesbe.* Zwar können wir theoretisch jede dieser Rollen nach Belieben anneh-

Ich weiß nicht, was es heißt, eine Frau zu sein. Ich weiß nur, was es heißt, ich zu sein.

men – aber nur im Rahmen des Spektrums, die unsere Umgebung für das jeweilige Geschlecht akzeptiert. Will ich, Theresa, heute mal als *der Haudegen* auf die Straße gehen, werde ich mindestens seltsame Blicke ernten. Wird mein Nachbar Jonathan als *das Hausmütterchen* im Biergarten einen heben wollen, bricht man ihm dafür schlimmstenfalls ein paar Rippen. Eigentlich müssten *Mann* und *Frau* nicht mehr und nicht weniger als Rollen sein, die wir annehmen oder ablegen könnten, wie uns gerade zumute ist. Genau das ist es, was viele Transsexuelle und andere Menschen, die sich zwischen den Geschlechterrollen bewegen, Transvestiten etwa, verlangen. Transpersonen sind nicht zuletzt Menschen, die jene Rolle, welche die Gesellschaft ihnen vorschreibt, den Rahmen für männlich-weibliches-Verhalten, zu eng finden und deshalb das Geschlecht annehmen, das zu ihrer Identität besser passt. In transsexuellen Kreisen gibt es die Vorstellung, dass jeder Mensch sowohl männliche als auch weibliche Seiten besitzt, die je nach Mut und Gusto ausgelebt werden sollten. Die amerikanische Anwältin und Autorin Martine Rothblatt hat ihr halbes Leben als Martin verbracht und findet es gut, dass sie in der Mitte ihres Lebens das Geschlecht gewechselt hat. Sie fordert Menschen zum kreativen Umgang mit Geschlechtsteilen und -rollen auf. In ihrem Essay *Billions of Sexes* schreibt Rothblatt: »In Zukunft wird man es genau so unfair finden, Menschen bei ihrer Geburt als *männlich* oder *weiblich* zu etikettieren, wie die einst in Südafrika übliche Praxis, *schwarz* oder *weiß* in Personalausweise zu stempeln.«[132] In ihrem Buch The *Apartheid of Sex* ergänzt sie diesen Gedanken: »Die gesetzliche Trennung in das weibliche und männliche Geschlecht ist ungerecht, weil sie jedem das Recht auf kreative Selbstentfaltung nimmt. Es ist auch deswegen unfair, weil getrennt niemals gleich bedeutet.«[133]

Was, wenn wir unsere von Geburt an festgelegte Rolle nicht spielen würden?

Was, wenn wir unsere von Geburt an festgelegte Rolle nicht spielen würden? Beziehungsweise: Wenn wir damit spielen würden? Es gilt mittlerweile als völlig normal, dass ein Mensch seine Religion erst dann wählt, wenn die erste Findungsphase des Lebens, die Pubertät, vorbei ist. Bei näherem Hinsehen scheint es absurd, dass Kinder auf ein Geschlecht festgelegt werden, bevor das pubertäre Selbstfindungsdrama losgeht. Was, wenn man sich erst mit 18 für ein Geschlecht entscheiden müsste? Oder gar nicht? Und warum haben wir eigentlich nur Frauen, Männer und nichts Drittes im Angebot? Die amerikanische Biologin Anne Fausto-Sterling hält die Aufteilung der Menschheit in zwei Geschlechter für ein gesellschaftliches Konstrukt – die Natur sehe die Geschlechterfrage weniger streng. Bei Menschen macht Fausto-Sterling nicht weniger als fünf Geschlechter aus: Männer, Frauen, Herms, Merms und Ferms. Herms sind bei Fausto Hermaphroditen, die einen Hoden und einen Eierstock besitzen, Merms sind männliche Pseudohermaphroditen (mit Hoden und einigen Ansätzen weiblicher Genitalien, aber ohne Eierstöcke), Ferms schließlich sind weibliche Pseudohermaphroditen (mit Eierstöcken und einigen Ansätzen weiblicher Genitalien, aber ohne Hoden). In der medizinischen Literatur sind diese Zwischenformen durchaus anerkannt, werden aber pauschal unter dem Begriff *Intersex* abgehakt. Es ist schwer zu sagen, wie viele Herms, Merms und Ferms es gibt, laut der Sexualforscherin Hertha Richter-Appelt kommt ca. eines von 4500 Kindern ohne eindeutiges Geschlecht auf die Welt.[134]

Wenn man den männlichen Geschlechtsapparat nach innen stülpte, erhielte man Vagina, Gebärmutter und Eierstöcke, lehrte der römische Arzt Galen von Pergamon im zweiten Jahrhundert. Ärzte und Wissenschaftler (wie Leonardo da Vinci) stellten bei ihren anatomischen Studien das Gleiche fest. Auch heute weiß man: Die männlichen und weiblichen Geschlechtsorgane sind analog aufgebaut. Jedes Detail des

Gesamtapparats findet sich bei beiden Geschlechtern. Eierstöcke etwa sind die weibliche Variante der Hoden, der Penis ist im Prinzip eine stark vergrößerte Klitoris. Erst im 18. Jahrhundert, schreibt Thomas Laqueur, entstand die Vorstellung, dass körperliche Merkmale die Menschheit in zwei völlig verschiedene Geschlechter trennte. Laqueur sieht dafür folgende Gründe: Zum einen verloren die christliche Religion und die Vorstellung einer kosmischen Ordnung an Autorität. Stattdessen glaubte man an die *Natur*. Die sozialen Unterschiede in der Gesellschaft konnten nicht mehr mit dem schlichten Satz:»Gott will es so« erklärt werden. Also ersetzte die Biologie die Religion – Frauen und Männer waren deswegen nicht gleich, hatten deshalb nicht die gleichen Rechte, weil sie von Natur aus unterschiedlich waren.»Wie unter den vielfältigen historischen Umständen zwei gegensätzliche Geschlechter entstanden, ist eine lange und komplizierte Geschichte. Aber entscheidend dabei ist, dass es sich um ein Stück Kulturgeschichte und nicht Artgeschichte oder biologischer Geschichte handelt«, schreibt Laqueur. Und bilanziert:»Die Geschichtsschreibung lehrt, dass die je aktuelle Betrachtungsweise unserer – männlichen und weiblichen – Körper weit weniger von unserem Wissensstand abhängt als davon, welcher soziale und politische Nutzen sich aus diesem Wissen ziehen lässt.«[135]

Vielleicht besteht dieser Nutzen im Moment vor allem in – Stabilität. Die Idee, dass es genau zwei Geschlechter gibt, ist ein wesentlicher Stützpfeiler unserer Wahrnehmung, sie bestimmt, wie wir die Welt sehen. Womöglich ist Gewalt gegen Transsexuelle deswegen so häufig: Die Freiheit, die sie sich nehmen, bringt unsere Welt ins Wanken. Klare Geschlechterdefinitionen aufzugeben kann einem die ganze Welt verflüssigen. Ein wenig ist es, als würden wir darauf bestehen, die Welt schwarz-weiß zu sehen, weil wir die Menge an Farben nicht ertragen können.

Alles, alles wird selbstverständlich über ein bipolares Geschlechterverständnis definiert: Von den Krankenkassen über den Studentenausweis bis zur Rentenversicherung, von TV-Formaten bis zu Marketing. Wenn wir anerkennen würden, dass Geschlecht nichts Festes ist, wären die Konsequenzen enorm. Was würde es dann etwa bedeuten, eine Frauenquote zu fordern? Wie wäre es um die selbstverständliche Verbundenheit bestellt, die wir mit der Gruppe unseres eigenen Geschlechts empfinden? Müsste das die seit Jahrtausenden wie selbstverständlich tief gezogenen Gräben zwischen Männern und Frauen nicht zusammenbrechen lassen? Dann wäre Geschlecht kein gültiger Faktor mehr, der Verbundenheit und Gegnerschaft kreiert, und wir würden uns in anderen, flexibleren Schubladen wiederfinden – wenn überhaupt.

Ein Ort, an dem Geschlechtergrenzen bereits aufgehoben werden, sind soziale Medien. Nicht nur, dass man sich bei der Erstellung eines Gmail-Kontos nicht zwingend als Mann oder Frau definieren muss, sondern auch *Sonstiges* wählen kann. Wenn man der Aussagekraft sozialer Medien vertraut – und wahrscheinlich gibt es heutzutage wenig Dinge, die mehr über den Zeitgeist verraten können – dann sind wir bereits dabei, uns von den festen Schubladen unseres Mann-Frau-Seins zu verabschieden. Online, sagt die Medienforscherin Johanna Blakley, würden die Menschen sich nicht aufgrund ihres Alters, Geschlechts oder Einkommens verbinden, sondern aufgrund der Dinge, die sie lieben. »Stellen Sie sich also eine Medienwelt vor, die nicht von lahmen Stereotypen beherrscht wird über Geschlecht und andere demografische Eigenschaften. Können Sie sich überhaupt vorstellen, wie das aussehen würde? Ich kann es gar nicht erwarten, herauszufinden, wie das aussehen wird«, sagte sie in einem Vortrag auf einer TED-Konferenz.[136]

Das würde ich glatt unterschreiben. Mehr noch: Ich kann kaum erwarten, eine ganze Welt, nicht bloß eine Medienwelt, zu sehen, die diese Art wilder Freiheit feiert.

CAN'T BUY ME LOVE

Liebe in Zeiten des Beziehungsbusiness

Ich hätte es selbst natürlich nie so formuliert, aber ich hatte bereits als Kind eine gewisse Vorstellung davon, dass das Private politisch ist, dass scheinbar kleine Gesten im Männer-Frauen-Miteinander große Bedeutung haben konnten. Diese Einsicht war nicht meiner Intelligenz zuzurechnen, sondern der Tatsache, dass in meinem Elternhaus Dinge mit Kommentaren versehen wurden, die ich nicht weiter erwähnenswert fand (da ich ja auch nichts dafür tun musste), das Wäschewaschen zum Beispiel, das Aufräumen der Küche, das Abendessen. All das war nur bedingt der Job meiner Mutter. Das wusste ich, weil meine Mutter es öfter mal sagte. Mein Vater stimmte zu und schnitt sich nach der Arbeit Käsewürfel zum Abendessen. Das machte meine Eltern für manche befreundete Familie, deren Mütter täglich um sieben die Wurst auf den Tisch stellten, zu fast exotischen Vögeln. Sie waren jedoch nicht das einzige Paar, das einen gewissen Gendergestus in den Alltag einfließen ließ. Ich bin in den 80ern aufgewachsen, als die Frauenbewegung das Bürgertum erreicht hatte. Auch die Freundinnen meiner Mutter erklärten hin und wieder, was alles *nicht* ihre Aufgabe war: für ihren Mann schön auszusehen zum Beispiel oder seine dreckigen

Socken aufzuheben. Sie machten klar, dass ihre Männer selbstverständlich die Hausarbeit zu teilen hatten. Aber natürlich machte die Tatsache, dass sie das so betonten erst recht deutlich, dass diese Aufgabenteilung nicht *wirklich* selbstverständlich war.

Heute, vierzehn Jahre später, bin ich selbst verheiratet. Das entspricht überhaupt nicht meinem früheren Lebensentwurf. Ich hatte keinerlei Absichten in diese Richtung. Im Gegenteil, es hat mich geprägt, was ich hörte, wenn die Freundinnen meiner Mutter in wechselnder Besetzung an den Tischen im Haus meiner Eltern saßen und lange Gespräche führten, die mir als Kind wie Geschichten aus einer anderen Welt vorkamen, in denen oft Männer vorkamen, aber nur selten als Helden. Im Gegenteil erschienen mir diese Männer im Grunde wie eine Art intelligenter, aber emotional schwach bemittelter und ziemlich schlecht erzogener Menschenaffen. Die Freundinnen führten lange Diskussionen über Gerechtigkeit und Rollenbilder und konnten viel Zeit damit verbringen, sich über Menschen und Medien aufzuregen, die ihrer Meinung nach überholte Rollen lebten und unterstützten. Männer, die nicht wussten, wie man eine Spülmaschine anstellte, bekamen dabei ebenso ihr Fett weg wie Frauen, die allzu schmachtend oder kurz bekleidet an Männerarmen hingen. Es war unter diesen Umständen sehr schwer, sich die Ehe wie ein Disney-Märchen vorzustellen, anscheinend lebte kein Paar einfach *glücklich bis an das Lebensende*. Zudem hatte ich mit ungefähr acht Jahren eines Nachmittags aus Langeweile Alice Schwarzers *Der kleine Unterschied* aus dem Wohnzimmerregal meiner Eltern gezogen, wenig später den *Tod des Märchenprinzen*. Ich las über prügelnde Ehemänner, schwierigen Sex, emotionale Höllenkreise. Anscheinend war es keine gute Idee, sich fest an einen Mann zu binden.

So widersprüchlich das erschienen mag, verdanke ich wahrscheinlich gerade diesen Prägungen die Tatsache, dass ich später doch geheiratet habe, und zwar ohne größere innere Widersprüche. Meine rundum frauen- und mädchenbestärkende Erziehung hatte Früchte getragen: Ich machte mir am Tag meiner Heirat keinerlei Sorgen darum, dass mein Mann mich unterdrücken könnte, im Gegenteil: Wenn überhaupt, dann fürchtete ich, dass ich ihn aus Versehen unterdrücken würde, weil ich die besseren Karten hatte: Als damals noch kellnernder Ausländer ohne Deutschkenntnisse war er zwar nicht komplett von mir abhängig, aber doch auf mich angewiesen.

Bedenkt man, wie unromantisch die Geschichte der Ehe ist, ist es eine echte Leistung und vielleicht Teil des Überlebensprinzips von Gesellschaften, in denen sie existiert, dass die Anwesenden bei unserer Hochzeit nicht in schallendes Hohngelächter ausgebrochen sind, als mein Mann und ich zueinander »Ja« sagten. Für mich war an dem Tag, an dem ich das Standesamt betrat, klar, dass ich aus Liebe heiratete. Ich wusste nicht, wie fern ich damit dem ursprünglichen Zweck der Ehe lag. Liebe galt bis ins 19. Jahrhundert hinein als irrelevanter Faktor für eine Heirat, die Ehe war in erster Line eine völlig unromantische Verbindung wirtschaftlicher Interessen. Die Liebesheirat als gesellschaftliche Praxis setze sich erst um 1800 durch. Soziologisch betrachtet, hat das gute Gründe: In der Neuzeit wurden die Dinge plötzlich problematisch – bisherige Ordnungen wurden umgestoßen, die Menschen fingen an, sich selbst als aktiv ins Weltgeschehen eingreifende Subjekte an einem bestimmten Ort in der sich ständig verändernden Geschichte zu begreifen, und die Welt sah nicht mehr wie von Gott gelenkt aus. Der Trend, Ehen nicht mehr zu arrangieren, sondern aus Liebe zu schließen, war kein Selbstzweck. Die Partnerwahl durch individuelle Passion zu erlauben hatte die Funktion, dauerhaft stabile Beziehungen zu ermöglichen – Beziehungen, die mit den alten Begründungsmustern (»Gott will es so«, »Du brauchst eine Altersvorsorge, und die sind deine Kinder, und Kinder kannst du nur in einer Ehe haben«) nicht mehr so leicht zu rechtfertigen waren. Liebe spendet also bis heute Orientierung, und davon können wir gut etwas gebrauchen. Immerhin leben wir in einer ultrakomplizierten Welt und fühlen uns alle ziemlich geschleudert darin.

Mein eigenes Liebesleben hat, wie bei so vielen meiner Freunde, lange ziemlich wirr ausgesehen, klare Bekenntnisse kamen darin selten vor, dafür viele Sätze, die mit *eines Tages vielleicht* anfingen und mit *mal sehen* endeten. Ich habe viel Zeit damit verbracht, meine Beziehungen als Arrangement mit Ablaufdatum zu behandeln, und bekam dabei immer mehr das Gefühl, dass diese Haltung mir weder echte Unabhängigkeit noch Glück bescherte, sondern einfach eine Art emotionales Konsumverhalten bedeutete. Ich fing an zu glauben, dass Liebe nur zum Teil ein spontan entstehendes Gefühl war, zum Teil aber auch eine Entscheidung. Ich glaube, wer auch immer heutzutage aus Liebe heiratet – egal ob Weinkönig oder Mechatroniker, Linkspolitiker oder Feminist, Bestandswahrer oder Erneuerer, Heterosexueller oder Schwuler –, hat dafür wahrscheinlich ähnliche Gründe wie ich: Er tut es, weil ihm seine einsame Entscheidung für einen bestimmten Partner nicht reicht. Er möchte das Siegel dazu, vielleicht auch als Absicherung für seine eigene Standfestigkeit, damit er nicht ganz so leicht durchbrennt, wenn der Liebste das Brot zum Frühstück wieder falsch getoastet hat.

Also fühlte es sich sehr gut an, als mein Zukünftiger und ich einen Haufen Papier in das kleine Standesamt meiner Heimatgemeinde brachten, deren Namen niemand kennt, der weiter als zehn Kilometer entfernt wohnt. Einen Monat später unterschrieben wir unsere Eheverträge. Unsere Ringe waren geborgt, und der für Tom fiel ihm fast vom Finger, aber meine beste Freundin aus dem Kindergarten hatte mir einen Brautstrauß besorgt und eine Standesbeamtin mit blonder Dauerwelle spielte den Soundtrack von *Shrek I*. Die Luft im Saal machte mich, meinen Zukünftigen und unsere vier Gäste ein wenig betrunken.

Mein Mann brachte keinerlei weltlichen Reichtum mit, keinen Hochschulabschluss, noch nicht einmal einen Job mit Arbeitsvertrag. Damit gehörte ich laut einer *Zeit*-Recherche zu einer Minderheit.[137] Während dreißig Prozent der Männer mit einem höheren Bildungsabschluss »nach unten« heiraten, tun das nur neun Prozent der Frauen. Das machte die Sache wahrscheinlich erst möglich, ich konnte nur als Antithese zu einer Zweckehe heiraten. Ich wollte, dass meine Liebe unbedingt war. Denn für mich war die Ehe, im Gegensatz zu der früherer Generationen, keine Versorgergemeinschaft, die klar regelt, welche Rolle der Mann und welche die Frau zu übernehmen habe. Frauen und Männer brauchen einander ja nicht mehr, um Haushalte zu führen und Konten zu bestücken, die Gesellschaft hatte kein moralisches Problem mit Sex und Liebe ohne Trauschein, Kinder konnte man auch ohne Versprechungen an einen Partner haben, und was die Kirche dachte, interessierte sowieso kaum jemanden mehr. Was konnte meine Ehe also sonst sein als ein Bekenntnis zweier Menschen, die einander nicht brauchten, aber einander wollten?

Wenn mir jemand vor meiner Heirat mit Tom die finanziellen Vor- und Nachteile hätte vorrechnen wollen, hätte ich mir also wahrscheinlich die Finger in die Ohren gesteckt und Liedchen gepfiffen. – Und dabei an die E-Mail gedacht, die mir eine Freundin ein paar Wochen vor meiner Trauung geschickt hatte: »Ich bin jetzt seit acht Jahren mit Christopher zusammen, und ich bin immer wieder verblüfft, dass ich immer wieder sagen kann: *Es wird immer noch immer schöner mit dir – auch wenn es sich immer schon so großartig angefühlt hat.* Beziehungen – das war mir nicht klar, bevor ich Christopher kennengelernt habe – werden, wenn es gut läuft, einfach besser mit der Zeit.«

Diese Freundin ist übrigens unverheiratet, wie die meisten meiner Freunde, und das ergibt Sinn. Ich finde nicht, dass irgendjemand heiraten muss oder sollte. Abgesehen davon, dass die Ehe für mich eine persönliche Entscheidung symbolisiert, sehe ich in ihr keinerlei Wert. Aber sicher ist, dass ich selbst die Entscheidung zum Heiraten treffen konnte, weil ich im Gegensatz zu früheren Generationen keine Angst mehr davor haben musste. Hätte es statt der Ehe noch mehrere andere gesellschaftlich etablierte Möglichkeiten zur Auswahl gegeben, dann hätte ich nicht unbedingt den Ringtausch im Standesamt gewählt. Ich hätte es durchaus charmant gefunden, wenn man seine Absicht, einen bestimmten Menschen langfristig zu lieben, auch per Fallschirmsprung oder als Konzertduett öffentlich machen könnte. Aber die Geste muss eben mehr sein als nur ein kreativer Gag, die Bedeutung muss von allen anderen Menschen verstanden werden, egal ob sie Grün wählen oder CSU. Und das geht bis jetzt nur mit der Ehe. Darum stirbt sie nur langsam, obwohl sie eigentlich längst aus der Mode ist. Ja, laut Statistischem Bundesamt heiraten immer weniger Menschen. Aber es wird noch viel Gold zu Ringen geschmiedet, und es werden viele Torten unter Tränen gegessen werden, bis die Ehe ganz tot ist. Für meine

Generation der über das Land und die Welt Verstreuten ist Facebook dabei das, was früher das Gemeindeblatt war: In regelmäßigen Abständen taucht in meiner Timeline die Meldung auf »X hat seinen Status zu *verheiratet* geändert«. Kritische Kommentare erscheinen nie. Stattdessen, fast unmittelbar: 43 Likes.

Ich habe diesen Text mehrmals umgeschrieben und gemerkt, dass an diesem Punkt jetzt eine Enthüllung kommen könnte: Ich würde zugeben, dass ich naiv gewesen sei, dass meine Beziehung sich verändert hat, seit wir geheiratet haben, dass die finanziellen und emotionalen Konsequenzen viel größer seien, als ich mir das vorgestellt hätte. Ich habe das Gefühl, diesen Text bereits irgendwo gelesen zu haben, und wahrscheinlich nicht nur einmal. Aber das ist nicht meine Geschichte. Für mich hat sich nicht viel geändert. Es ist nett, verheiratet zu sein und ja, es hat mich irgendwie ruhiger gemacht, eine Entscheidung getroffen zu haben. Doch es ist auch ziemlich leicht, diesen Entschluss wieder aufzuheben, mit einem Gang ins Rathaus ist die Sache erledigt. Die Trauung konnte mir nicht das geben, was ich mir gewünscht habe, sie konnte nicht die grundsätzliche Trennung überbrücken, die immer noch zwischen mir und meinem Mann besteht, sie konnte uns nicht zu einer Einheit verschmelzen, uns gewissermaßen zu einem einzigen, ganzen Wesen machen, wie es die Kugelmenschen in Platons *Symposion* sind.

Diese Geschichte über die Liebe ist eine meiner Lieblingserzählungen: Demnach waren die Menschen ursprünglich kugelförmig, hatten vier Füße und Hände, runde Hälse und Köpfe mit zwei Gesichtern. Weil die Götter vor ihnen Angst bekamen, zerschnitt Zeus jeden von ihnen in zwei Hälften. Die Menschen litten so sehr unter dieser Trennung, dass sie vor Trostlosigkeit fast zugrunde gingen. Um die Stimmung zu verbessern, versetzte Zeus die Geschlechtsteile der Menschen, die bis dahin auf deren Rückseite gewesen waren, nach vorne, sodass sie miteinander Sex haben und sich kurzfristig wieder als Einheit spüren konnten. Dennoch sucht und sehnt sich jeder Mensch dem Mythos nach seither nach seiner zweiten Hälfte, um wieder ganz zu werden.

Mit dem Gefühl der Sehnsucht, von dem in Platons *Symposion* die Rede ist, kann ich viel anfangen. Aber es ist sehr kompliziert geworden, ein wenig Einheit zu spüren. Ich merkte, dass mir hier meine Erziehung in gewisser Weise in die Quere kam. Denn ich und wahrscheinlich die meisten Menschen meiner Generation in Deutschland haben gelernt, dass wir in Beziehungen sehr genau auf unsere eigenen Interessen achten und auf Gegenleistungen bestehen müssen. Wir leben unsere Beziehungen in dem Bewusstsein des Gender Pay Gap, wir wissen, dass Männer statistisch gesehen mehr verdienen und weniger im Haushalt tun, und dass das wirklich kritisch wird, wenn Kinder im Spiel sind. Denn die führen quasi automatisch dazu, dass unbezahlte und im Lebenslauf nicht gut zu verkaufende Arbeit geleistet werden muss. Nach wie vor wird sie meistens von Frauen gemacht. Wir haben schon als Kinder gelernt, dass es an uns liegt, dieses Schema zu durchbrechen. Und uns ist klar, dass dies nur geht, wenn wir eine Trennlinie zwischen uns und unserem Partner ziehen: Meine Wünsche werden also gegen seine aufgewogen, Kompromisse gemacht, Aufgaben geteilt, Konten verglichen.

Auf diese Weise entsteht ein Beziehungsparadox, denn Liebe ist von Natur aus allergisch gegen Trennung. »In der Liebe wollen wir haben, da wollen wir den Geliebten kennen, die Distanz verringern, die Lücke schließen. Wir wollen Nähe«, sagt die amerikanische Psychologin Esther Perel.[138] Wir müssen also in unseren modernen Beziehungen einen ziemlich gewagten Spagat leben: Wir müssen versuchen, den automatisch entstehenden Interessenkonflikt zwischen zwei Individuen, die gemeinsam ihr Leben planen, mit dem weichen Gefühl der Liebe zusammenzubringen, das Einheit will und immer dazu tendiert, das Beste für den anderen zu wollen.

Wenn ich mir mein Umfeld aus eher großstädtischen, gebildeten, halbwegs jungen und mehr oder minder international arbeitenden Menschen ansehe, dann sehe ich, wie dieser Konflikt die Beziehungen, inklusive meiner eigenen, durchzieht. Auf den ersten Blick kann man dort jede Menge guten Willen sehen, gleichberechtigte Beziehungen Realität werden zu lassen. Man trifft überwiegend Männer, die freiwillig Spülmaschinen ausräumen und Wäsche aufhängen und beides ungefähr genauso ungern tun wie ihre Partnerinnen. Sie tragen Bärte und Strickjacken, binden sich ihre Kinder vor die Bäuche und trinken Latte macchiato. Manchmal kochen sie Abendessen für Freunde, und wenn sie schon ein oder zwei Bier intus haben, machen sie manchmal ein paar Witze, in denen vielleicht sogar das Wort *Titten* vorkommt. Dann blinzeln die anderen Frauen und ich am Tisch uns aus den Augenwinkeln zu und denken: »Süß. Das braucht er, um uns zu zeigen, dass er unter seiner Schürze auch noch Eier hat.«

Das schafft Verbundenheit zwischen den Frauen, gleichzeitig offenbart sich aber genau darin auch unsere Schwäche. Gerade weil wir unseren Männern nicht ganz trauen, weil wir nicht sicher sind, ob sie uns wirklich als gleichwertige Partner behandeln, bestärken wir Frauen uns in einem Gefühl der Überlegenheit, das uns ein Gefühl verschworener Schwesterlichkeit gibt, uns gleichzeitig aber auch von den Männern trennt. Das zeigt sich auch in der Art, in der wir über Männer reden, wenn wir unter uns sind. Denn, hey, sie machen doch immer irgendetwas falsch. Vor allem im Haushalt, den sie zwar, darin sind wir uns (und unsere Männer sich) weitgehend einig, zu mindestens fünfzig Prozent (gerne auch mehr) übernehmen müssen. Aber wir lachen darüber und verdrehen die Augen, wenn sie sich dabei tollpatschig anstellen.

Hätten die Frauen am Tisch ebenfalls schon ein paar Bier intus, würde eine von uns sich vielleicht nicht aufs Zwinkern beschränken, sondern den Eierwitz laut machen. Das würde niemanden aufregen, denn dass Frauen über Männer lästern, ist normal und gehört fast zum Alltagsjargon. Auch die Männer würden lachen, selbstironisch und vielleicht auch, um zu zeigen, dass sie selbst zu der besseren, bewussteren Sorte Männer gehören, die ihr Gender-ABC gelernt haben. Frauen dürfen sich in der Tussikratie in einer Weise über Männer äußern, die Männern umgekehrt ganz klar verboten ist. Und sie tun es auch. Es gibt mehrere erfolgreiche Bücher, die Männer mit Hunden vergleichen, eins davon erklärt sogar, wie man seinen Ehemann mit Hundetrainertricks zu einem passablen Partner erzieht.[139] Die BBC strahlte vor ein paar Jahren dazu eine Fernsehserie mit dem Titel »Bring Your Husband to Heel« aus, was man lose mit »Wie Sie Ihrem Mann beibringen, *bei Fuß!* zu machen« übersetzen könnte. Dies sei nicht sexistisch, wie die britischen Regulierungsbehörden nach Zuschauerprotesten entschieden.[140]

Mich erinnert dieses Phänomen an einen Ausspruch des amerikanischen Comedian Louis C. K. über die herablassend als *White Trash* (weißer Abschaum) bezeichnete amerikanische Unterschicht: »*White Trash* ist ein lustiger Ausdruck, weil er die einzige Rassenbezeichnung ist, die man benutzen kann, ohne dass sich irgendjemand aufregt. Wenn du *White Trash* sagst, entsteht keine große Stille, und niemand sagt: Hey, Mann, was sagst du denn da? Niemand verteidigt White Trash. Ich könnte mit dem liberalsten Hippie der Welt reden und ihm sagen: He, ich habe diesen Typen getroffen, der voll White Trash ist, und der Hippie würde sagen: Haha, scheiß auf DEN Typ!«

White Trash darf man sagen, weil damit Menschen gemeint sind, die historisch zur Gruppe der Gewinner gezählt werden: weiße Amerikaner. Die Logik funktioniert so: Über die (historisch) Stärkeren herzuziehen ist rebellisch, über die Schwächeren herzuziehen ist gemein. So ähnlich ist es mit den Männern. Weil Männer den größten Teil der Menschheitsgeschichte auf der Gewinnerseite verbracht haben, gibt es für das Reden über Männer heute keine oder deutlich laschere Regeln politischer Correctness. Deshalb ist es immer okay, über sie zu lästern, zu klagen, sie sogar öffentlich zu beschimpfen. Wahrscheinlich hören dabei nur jene Männer zu, die keine alten Rollenbilder wollen. Es ist sehr leicht, diesen Männern ein schlechtes Gewissen zu machen, weil sie es ohnehin schon haben. Sie haben gelernt, dass sie 5000 Jahre Patriarchat nie wiedergutmachen können, aber dass sie zumindest das Bad putzen können. Diesen Männern muss man nicht erklären, wie stark die gesellschaftlichen Strukturen sind, die dieses Patriarchat geschaffen haben, eben weil sie viel netter, liebevoller und gutwilliger sind als die sexhungrigen, putzfaulen Menschenaffen, von denen wir in den 80ern gehört haben. Diese Männer sind mit der Tussikratie groß geworden, und man braucht sie nicht mehr zu kastrieren, weil sie das schon selbst übernehmen.

Die Frauen der Generation meiner Mutter hatten wenigstens echten Grund, eine gemeinsame Front gegen Männer zu bilden, weil das Gesetz sie in ihren privaten Beziehungen benachteiligte. Bis 1977, drei Jahre vor meiner Geburt, waren Frauen gesetzlich zur Haushaltsführung verpflichtet, sie durften nur mit Erlaubnis ihres Mannes arbeiten. Bis 1997, drei Jahre vor meinem Abitur, galt sexuelle Gewalt in der Ehe höchstens als Körperverletzung. Die Frauen meiner Generation haben diese Probleme nicht mehr. Kein Gesetz zwingt sie, bei einem Mann zu bleiben oder mit ihm zu schlafen. Trotzdem haben viele von uns das Gefühl, dass die Männer in unserem Leben uns irgendwie mehr schulden als wir ihnen: mehr Glück, mehr Geld, Freiheit, Befriedigung.

Natürlich könnten wir uns klarmachen, dass wir mit der ersten Generation Männer zusammenleben, die es wirklich einsehen, ihre Wäsche selbst zu machen, auch wenn sie es nicht immer besonders gut können. Aber wir verbünden uns lieber in unserer Unzufriedenheit. Gemeinerweise ziehen wir dabei oft über genau die Männer her, die sich wirklich Mühe geben. Ja, genau dieses Bemühen nehmen wir sogar als weiteren Grund, die Augen über sie zu verdrehen: Wir seufzen über die »Schmerzensmänner«, wie sie die Journalistin Nina Pauer 2012 in der *Zeit* genannt hat[141] und die aus irgendeinem Grund nicht schaffen, all die widersprüchliche Anforderungen zu erfüllen, die wir an sie stellen: nichts zu fordern, aber fordernd zu flirten, uns auf Händen zu tragen, aber bitte ohne Mackerattitüde, Hausmann zu sein, aber dabei nicht Männchen zu machen.

So wichtig es ist, in Beziehungen die eigenen Interessen zu wahren, so sehr kann man über das Ziel hinausschießen, wenn man mit einem von Genderstatistik durchsetzten Denken durch die

Welt geht. Das kann einem die Sicht auf das eigene, normale menschliche Leben mit seinem Mitmenschen, der eben zufällig ein Mann ist, nachhaltig verdunkeln. Wie viele Frauen, die in einem feministisch angehauchten Umfeld aufgewachsen sind, habe ich seit meinem Auszug von Zuhause immer unsichtbare Beobachter gespürt, die meine Beziehungen zu Männern begutachten. Deswegen hatte nicht nur ich persönlich ein Problem, als ich merkte, dass mein Mann das Bad nicht so oft putzte, wie ich es gut gefunden hätte. Während ich die Staubflocken auf den Kacheln betrachtete, brandeten irgendwo in meinem Bewusstsein Stimmen auf, die flüsterten: Wir haben für deine Freiheit gekämpft, wir sind auf die Straße gegangen und ins Gefängnis, und du lässt zu, dass dieser Mann dich zur Hausfrau macht. Dann verließ ich das Bad und spürte ein leichtes Zucken, als würde irgendwo auf der Welt eine Frauenbeauftragte im Sari erschöpft die Augen schließen.

Nachdem wir ein paarmal über die Badproblematik geredet hatten, sah mein Mann mir ins Gesicht und fragte: »Wie oft hast du denn in deinen früheren WGs das Bad geputzt?« Ich war verwirrt. In meiner letzten WG hatte ich nie das Bad geputzt, dafür waren andere zuständig gewesen – ich hatte Küchendienst gehabt. »Wir sind aber eben keine WG«, versuchte ich es. »Warum nicht?«, fragte er. Darauf fiel mir nichts mehr ein. »Er will, dass du das Klo für ihn schrubbst«, sagte eine Stimme in mir leise. Aber sie klang nicht besonders überzeugend. Die anderen unsichtbaren Beobachter waren ausnahmsweise verdächtig still. »Übrigens spülst du nie, und ich meine absolut nie, dein eigenes Geschirr ab«, sagte er. Ich sah ihn an und merkte endlich, dass mein Gerechtigkeitssensor leider nur dann Laut gab, wenn ich meinte, selbst zu kurz zu kommen. Irgendwie war ich davon ausgegangen, dass er nie zu viel für mich tun konnte – das ging nur umgekehrt, denn er war ja schließlich ein Mann. Wenn er unsere Wäsche machte, war das normal. Wenn ich sie machte, tat ich ihm einen Gefallen, schließlich gab es kein Gesetz mehr, das mich zur Hausarbeit verpflichtete. Eines stand fest: Als Mitbewohner in dieser WG war ich keine besonders gute Partie.

In Wohngemeinschaften mit Freundinnen habe ich mir das Verhalten, das ich meinem Mann gegenüber an den Tag gelegt habe, nie erlaubt. Und zwar, weil ich ihnen eben nicht *als Frau* begegnete, die Erwartungen an *ihren Mann* hatte. Das wissenschaftliche Magazin *Sex Roles* hat im Mai 2005 eine interessante Studie veröffentlicht,[142] in der man das Beziehungsverhalten von homo- und heterosexuellen Geschwistern verglichen hat. Selbst wenn sie gleich sozialisiert waren, benahmen die heterosexuellen Teilnehmer sich in ihren Beziehungen rollenkonformer als ihre homosexuellen Geschwister. Die Forscher sahen homosexuelle Beziehungen daher als Vorbilder für gerechte Beziehungen. Die australische Forscherin Doktor Jennifer Power stellte in einem Artikel für den *Sydney Morning Herald* fest: »Wenn man in einer Beziehung ist, in der geschlechtsspezifische Annahmen keine Option sind, bedeutet das, dass gleichgeschlechtliche Paare eine ganz andere Lebensweise aushandeln können. Hausarbeit ist keine Jobbeschreibung für ein bestimmtes Geschlecht, sie wird einfach gemacht«.[143]

Müssten wir uns nicht genauso verhalten? Macht es uns wirklich glücklicher, einander als *Männer* und *Frauen* zu umkreisen, statt einander einfach als Partner zu sehen? Wenn wir morgen früh aufwachen würden und alles vergessen hätten, noch nie von Geschlechterrollen gehört hätten, würden wir dann nicht einfach mit gesundem Menschenverstand an die Aufgaben herangehen, die sich in unserem Zusammenleben stellen? Vor dem Gesetz sind wir ohnehin gleichgestellt. Würden wir also nicht einfach feststellen, welche Arbeiten wir lieber mögen und welche wir ungern machen, und könnten wir die Arbeit nicht relativ zwanglos und kompromissbereit untereinander verteilen? Ich putze das Bad, weil ich das lieber tue, als Geschirr abzuwaschen, und mein Partner übernimmt die Küche. Wenn er sich um unsere Kinder kümmern würde, müsste ich mich um seine Altersvorsorge kümmern. Ist das nicht eigentlich die einzig mögliche, die einzige nicht wahnwitzige Haltung?

Und die einzige Chance, die Liebe zu erhalten, weil sie nicht an Ansprüche geknüpft wird, die mit Liebe nichts zu tun hat?

Liebe, schreibt eine Feministin unter dem Namen long_way_up in dem Blog *Takeoverbeta*, sei nur als Ereignis möglich. Denn in dem Moment, in dem ich jemanden liebe, um eine Gegenleistung zu bekommen, sei sie ein Tauschgeschäft und an Bedingungen geknüpft.[144] Ich liebe dann also weniger, wenn mein Partner keinen ordentlichen Apfelkuchen hinkriegt, die Kinder zu spät ins Bett bringt oder die Glühbirne nicht wechselt. So wird aus der Liebe, die dadurch definiert ist, dass sie das Beste für einen anderen will und das Beste in ihm sieht, ein Geschacher um eigene Vorteile. Dann sehe ich in meinem Partner immer nur den Kerl, der *mir* mehr geben sollte, und zwar das, was mir zufällig gerade fehlt. Das erinnert an die traurige Bilanz, die Eva Illouz in ihrem Buch *Warum Liebe weh tut*[145] zieht, dass wir heute nämlich nach den Regeln des Marktes lieben. Illouz sieht dabei die Männer in der Oberhand, weil Frauen sich laut Illouz nach Familie und festen Bindungen sehnen, Männer dagegen im Gegensatz zu früher keine feste Bindung brauchen, um ihren Status in der Gesellschaft aufzuwerten – im Gegenteil kann ein Mann eine lose Geliebte nach der anderen durch sein Bett rollen, das macht ihn nur noch mächtiger. Männer und Frauen lieben bei Illouz einander, weil sie daraus einen Gewinn ziehen, und wenn nichts für sie dabei herausspringt, dann lieben sie auch nicht. Der vielleicht einzige Weg aus diesem Schlamassel ist der, welchen die feministische Bloggerin beschreibt: »Liebe ist kein Gefühl, sie ist ein Geschenk. Sie durchbricht den ökonomischen Teufelskreis der Inflation, durch die deine Küsse immer weniger wert werden«, schreibt long_way_up.[146]

Nach einem Jahr fühlt es sich noch immer komisch an, Tom *meinen Mann* zu nennen, so als hätte ich ihn am Schießstand einer Kirmes gewonnen. Nachdem ich diesen Text geschrieben hatte, duschte ich, er machte Spaghetti. Wir saßen an dem großen Esstisch in unserer neuen Wohnung, über die meine Schwester gelacht hatte, weil sie meinte, sie wäre ein Pärchennest. Die Nudeln waren ein wenig zu weich gekocht. Die Balkontür stand offen, und aus irgendeiner Kirche hinter den Häusern wehten Chorstimmen in die Küche. Wir sagten nicht viel. Ich fragte mich, ob ich mit ihm schaffen würde, was ich noch mit keinem geschafft hatte: diese grundsätzliche Trennung zwischen zwei Menschen zu überwinden, eins zu werden. Ob das überhaupt geht? Eine Liebe, die kein Tauschgeschäft ist? Ich kann es nicht mit Bestimmtheit sagen, aber ich glaube, dass das eine der wichtigsten Fragen des Jahrhunderts sein könnte, meines Jahrhunderts zumindest.

KAPITEL 15

Liebe Frauen,

es ist seltsam, Euch einen Brief zu schreiben. Ein wenig fühlt es sich an, als würden wir uns mit Spiegeln unterhalten, und als würden wir gleichzeitig eine riesige Menschenmenge ansprechen, die wir auf einen einzigen gemeinsamen Faktor reduzieren: das Frausein. Wir wollen nicht so tun, als wärt ihr eine homogene Gruppe – wie Lisa Simpson sagt, gibt es nichts, was *alle* Frauen mehr nervt, als verallgemeinert zu werden. Trotzdem ist uns genau wie Euch klar, dass es nicht egal ist, ob man als Frau oder als Mann durch die Welt geht, ob man ein paar Brüste spazieren trägt oder einen Penis, als Junge oder als Mädchen aufgezogen wurde. Bei aller Liebe zur Individualität und allen Abgrenzungsversuchen zum Trotz *haben* unser Geschlecht, unsere Körper und die Erwartungen unserer Umwelt eine Auswirkung darauf, wie wir der Welt begegnen und wie sie uns begegnet. Das gehört zu den Dingen, die wir in diesem Buch beschrieben haben. Frausein ist nicht ein-

Frausein ist nicht einfach nur eine von vielen Eigenschaften, die ein Mensch haben kann oder nicht, wie beispielsweise ein flexibles Handgelenk beim Tischtennis, sondern ein Merkmal, das unser Leben so stark beeinflusst wie kaum ein anderes.

fach nur eine von vielen Eigenschaften, die ein Mensch haben kann oder nicht, wie beispielsweise ein flexibles Handgelenk beim Tischtennis, sondern ein Merkmal, das unser Leben so stark beeinflusst wie kaum ein anderes.

Zu diesem Lebensgefühl gehört oft eine unterschwellige Angst und Wut, das Bewusstsein, mit einem Nachteil geboren zu sein und auf einer Art Insel zu leben, in der dieser Nachteil glücklicherweise deutlich weniger auffällt als in anderen Teilen der Welt. Wir können aber jederzeit eine gefühlte Zeitreise antreten, wenn wir ein Flugzeug besteigen und in einem Land von Bord gehen, in dem noch ein Frauenbild gilt, das bei uns längst als überholt gilt. Dort bekommen wir schnell eine Ahnung davon, wie hart das Leben von Frauen früher war und immer noch sein kann. Aber selbst in Deutschland wissen wir wahrscheinlich alle, wie unangenehm es sich anfühlen kann, nachts eine dunkle Straße runterzugehen, vor allem wenn man dabei einen Rock trägt. Und viele, viele von uns sind in ihrem Leben nicht nur einmal begrapscht worden. Die Mutter einer der Autorinnen dieses Buchs hat zum ersten Mal eine Erektion gesehen, als ein Mann im Zug sich vor ihr einen runterholte (sie dachte, der Mann hielte eine ungebratene Wurst in der Hand), ihre Tochter erlebte ihre Penis-Initiation 40 Jahre später auf genau die gleiche Weise in der U-Bahn. Das entbehrt nicht einer gewissen Komik, aber wir wissen natürlich auch, dass viele Frauen, darunter manche unserer Freundinnen, viel schlimmere Formen sexueller Belästigung und Gewalt erlebt haben.

Wir würden deshalb niemals sagen, dass es einfach ist, einem Geschlecht anzugehören, das lange das *schwache* genannt wurde, weil es – körperlich – einfach schwächer *ist,* und weil wir Frauen körperlich weniger auf die Möglichkeit totaler Unabhängigkeit gepolt sind.

Weniger unabhängig sind wir aufgrund der Tatsache, dass Fortpflanzung für uns physisch viel deutlichere Konsequenzen hat als für Männer (weswegen die Gebärfähigkeit leider heute gerne wie ein enormes Handicap von Frauen dargestellt wird). In der Vergangenheit, in der Körperkraft mehr zählte als heute, waren diese Nachteile verheerend. Körperkraft wird aber immer unwichtiger, weshalb, wie Hanna Rosin in *Das Ende der Männer*[147] beschreibt, die klassischen Jobs für harte Kerle im Verschwinden begriffen sind. Köpfchen und Kommunikation werden hingegen immer wichtiger. Frauen haben heute nicht nur deshalb mehr Macht, weil es eine Frauenbewegung gab, sondern auch weil sich die Welt so verändert hat, dass wir in manchen Teilen davon mittlerweile tatsächlich ohne Weiteres mit Männern konkurrieren, sie vielleicht sogar überflügeln können. Jetzt sind es die Männer, die immer öfter als das *schwache Geschlecht* bezeichnet werden.

Frauen haben heute nicht nur deshalb mehr Macht, weil es eine Frauenbewegung gab, sondern auch weil sich die Welt so verändert hat, dass wir in manchen Teilen davon mittlerweile tatsächlich ohne Weiteres mit Männern konkurrieren, sie vielleicht sogar überflügeln können.

Schon klar, wir Frauen sind nach wie vor weit davon entfernt, die Zügel des Weltgeschehens in Händen zu halten. Dieser Gaul wird nach wie vor in erster Linie von Cowboys, nicht von Cowgirls geritten. Aber das könnte sich ändern. Wir befinden uns in einem enormen Umbruch, was das Verhältnis von Männern und Frauen betrifft. Das Erdbeben, das unser Miteinander durchschüttelt, ist nicht laut und polternd wie ein Datenskandal à la Edward Snowden, aber dafür rüttelt es umso beharrlicher an den Grundfesten unseres Zusammenseins, und schon längst zeigen sich die Verschiebungen an der Oberfläche. Nie hatten Frauen so viel Arbeit, Macht und eigenes Geld wie heute. Laut einer Studie des Wirtschafts- und Sozialwissenschaftlichen Instituts (WSI) der Hans-Böckler-Stiftung sind Männer zwar immer noch öfter Familienernährer als Frauen, aber in den letzten 15 Jahren ist das Geld der Frauen wichtiger geworden: In fast jedem fünften Haushalt in Deutschland gibt es heute eine weibliche Hauptverdienerin.[148] In den USA stimmt das schon für jeden vierten Haushalt mit Kindern unter 18 Jahren.[149] Allerdings, so die WSI-Studie, übernehmen Frauen die Versorgerrolle oft gar nicht, weil sie es unbedingt wollen, sondern weil sie ihre Kinder alleine erziehen oder weil ihre Männer prekär beschäftigt sind oder gar keinen Job haben.

Ja, die Welt hat sich verändert: Das heißt auch, dass Familien früher mit einem Gehalt auskamen; heute können sich das immer weniger Eltern leisten. Das ist der Kontext, in dem wir uns bewegen, wenn wir die ansonsten erfreuliche Tatsache ansehen, dass die plumpsten Vorstellungen, Ehemänner und Gesetze, von denen die Frauen früher unterdrückt wurden, heute nicht mehr existieren.

Vielleicht hat das Gefühl, dass in Sachen Geschlechtergerechtigkeit aber trotzdem längst nicht alles getan ist, viel mehr mit diesem Rahmen zu tun als wir meinen. Oder anders: die Rahmenbedingungen für das Miteinander von Frauen und Männern wurden geändert; jetzt täte es gut, dieses Miteinander so anzupassen, dass man es wieder aushalten kann – oder so, dass der Rahmen birst. Die Strukturen, in denen wir leben und arbeiten, sind heute globaler und prekärer als früher, aber eine umfassende Neudefinition

Die Strukturen, in denen wir leben und arbeiten, sind heute globaler und prekärer als früher, aber eine umfassende Neudefinition der Geschlechterbeziehungen ist bisher ausgeblieben.

der Geschlechterbeziehungen ist bisher ausgeblieben. Dabei ist es genau dafür höchste Zeit. Viele Frauen haben heute mehr eigenes Geld und anderen Einfluss, als sie es in früheren Zeiten gehabt hätten, sie sind unabhängiger von Männern als ihre Großmütter und vielleicht noch ihre Mütter. Das heißt nicht unbedingt, dass sie glücklicher sind. Ihr habt sicher von »paradox of declining female happyness«[150] gehört, einer Langzeitstudie in den USA, wo die Frauen in den vergangenen Jahrzehnten, genau wie in Deutschland, ökonomisch einen enormen Aufschwung erlebt haben – sich aber trotzdem heute weniger glücklich einschätzen als vor 35 Jahren. Das muss nicht unbedingt heißen, dass sie sich ihre alte Rolle zurückwünschen. Überzeugender ist, dass sich schlicht die wirtschaftlichen Rahmenbedingungen so geändert haben, dass man jetzt mehr darunter leidet. Dagegen werden aber die Frauen nicht allein etwas tun können. Deshalb brauchen wir neue Geschlechterverhältnisse: solche, in denen nicht wir die Heldin in Stilettos und alle Männer Hohlköpfe sind.

Andererseits ist die Welt der Vorstellungen, in denen wir ja auch leben – die Ansichten, die wir zum Beispiel von Liebesbeziehungen und Familie haben –, nicht immer auf dem neuesten Stand. Wenn wir im Internet surfen, den Fernseher einschalten oder mit dem Bäcker plaudern, ist das manchmal wie eine Reise in die Welt unserer Groß- und Urgroßeltern. Dann treffen wir immer noch starke Männer, die unverletzlich und allwissend sind, und Frauen mit Schuhtick, die Diät machen und ihre Männer zahlen lassen. Vieles von dem, was man über Beziehungen, Geschlechter und Familie hören, lesen oder sehen kann, beruht auf Erfahrungswerten aus der Vergangenheit. Es passt nicht auf die Wirklichkeit heute. Diese Art von Leben können sich immer weniger Menschen leisten: Er schafft das Geld ran, sie gibt es aus. Diese Bilder nennen wir manchmal »frauenfeindlich«, aber wahrscheinlich ist auch eine gute Portion

Sehnsucht nach diesen Zeiten dabei. Als noch Geld da war, und die Miete bezahlbar. Das wiederum dürfte weniger mit Geschlechterrollen zu tun haben, als besonders wir Frauen manchmal denken – und wenn das stimmt, dann halten wir uns mit Scheinproblemen auf, wenn wir immer nur die bösen Männer im Hintergrund suchen. Dann ist es vielmehr die Wirtschaft, die uns zu schaffen macht.

Aber dieser Gedanke kommt kaum zur Geltung, wenn wir uns weiter so besessen mit der Geschlechterfrage beschäftigen wie bisher. Klar: Es gibt jetzt auch die futuristischen Töne von der heroischen Frau, die alles schafft und Prostitution für alle verbietet und ihre Eizellen bis in alle Ewigkeit einfrieren kann – doch auch solche kühnen Ideen geben uns manchmal ein klammes Gefühl. Die Bilder, die auf uns einprasseln, die alten wie die neuen, rufen in uns oft ähnliche Reaktionen hervor wie erschreckend billige Discountkleider, bei denen man nicht weiß, unter welchen Bedingungen sie entstanden sind: Für einen Moment lassen die grellen Farben unser Herz höher schlagen, aber sobald man sie anfasst, fragt man sich, wer all die vielen Leute sein sollen, denen das steht, und wie lange so etwas halten kann.

Es hat sich viel verändert, aber da, wo wir gerne sein würden, sind wir immer noch nicht.

Es hat sich viel verändert, aber da, wo wir gerne sein würden, sind wir immer noch nicht. Männlichkeitsbilder zerbrechen, seit einiger Zeit redet man von einer schweren *He-cession*. Und Frauen, sagen die Umfragen und Studien, sind unglücklicher, als sie es jemals waren. Manchmal scheint es, als wäre unsere Freiheit nur eine scheinbare. Jetzt dürfen halt alle wahnsinnig viel arbeiten. Wunderbar. Und was die Geschlechterbeziehungen derweil angeht, ist auch längst nicht alles getan: Denn von einer Aufhebung der Rollenbilder kann keine Rede sein, es sind nur neue geschneidert und mit auf die Stange gehängt worden. Statt Hausfrauenkittel sind jetzt mehr Businessoutfits im Angebot. Doch beide haben die gleiche Botschaft: So, nicht anders, habt ihr zu leben. Der größte Erfolg einer Frau besteht laut Zeitgeist heute nicht mehr darin, ein möglichst gut entwickeltes Exemplar von Ehemann als Lebenssinn und Altersvorsorge abzugreifen, sondern darin, alle männlichen Konkurrenten in einer Staubwolke hinter sich zu lassen.

So kommt es auch, dass manche behaupten, dass wir Frauen derzeit angeblich alle einen und denselben Lebensweg erträumen: Es hat sich irgendwie die Überzeugung festgesetzt, Frauen könnten nur dann wirklich unabhängig und glücklich sein, wenn sie in Vollzeit arbeiten und dabei eine ordentliche Karriere hinlegen. Die Tatsache, dass Frauen stattdessen zu einem großen Teil in Teilzeit oder gar nicht arbeiten und immer noch weit seltener als Männer Chefsessel besetzen, wird gern als Zeichen einer beschämenden Ungerechtigkeit interpretiert – da ja angeblich alle Frauen Bosse sein wollen, durchweg das Zeug dazu haben und in den Zirkeln der Macht vielleicht sogar die bessere Figur machen würden. Die Tatsache, dass Frauen nicht längst 50 Prozent oder gerne auch mehr aller wichtigen Positionen besetzen, gilt somit als gesellschaftliches Problem, über das Frauen hinauswachsen müssen. Man möchte, dass wir das mit aller Kraft bekämpfen und selbst auch in einer Position landen, die als einflussreich gewertet wird.

Es gilt als Problem, dass trotz der großen Prophezeiungen, die man den jungen Frauen macht, ihre Biografien trotzdem davon abweichen. Die typische junge Frau, das wissen wir aus diversen Statistiken, hat in der Schule gute Noten gehabt und schneidet auch bei ihrer Ausbildung, die sie üblicherweise in einem nicht naturwissenschaftlichen Fach macht, gut ab. Mit etwa 30 heiratet sie, bekommt kurz davor oder danach ihr erstes Kind, später vielleicht noch ein zweites. Sie kümmert sich wahrscheinlich mehr um das Kind als der Vater, tritt dafür in ihrem Job kürzer – und schafft dann den Einstieg in den Beruf nie wieder so richtig.

Keine von uns ist eine exakte Kopie der Frau aus dieser Statistik, aber viele von uns haben diese Frau im Kopf, wenn sie über ihr Leben nachdenken – und bekommen davon kalte Schweißausbrüche. Sie sehen das aber nicht als Folge davon, dass es heute so schwer ist, ein vernünftiges Geld zu verdienen. Stattdessen gehen sie mit einem ständigen, mehr oder minder unbewussten Gefühl durchs Land, dass *die Männer* wie große graue Stolpersteine den Weg in dasjenige Leben (interessanter Job, gut bezahlt, lustige kleine Familie) behindern, das wir uns vorstellen sollen – und an manchen Abenden ja auch gerne vorstellen wollen (Beförderung, noch besser bezahlt und ach, vielleicht doch irgendwann ein Zahnbleaching). Dass kleine Beförderungen, also das, was oft als *Karriere* bezeichnet wird, und der Konsum, der uns dadurch ermöglicht wird, aber eigentlich nicht unbedingt viel mit der ersehnten großen Freiheit zu tun haben, wird hoffentlich noch häufiger zu lesen sein und diskutiert werden. 2010 sind die Bücher *Die eindimensionale Frau* von Nina Power[151] und *Top Girls*[152] von Angela McRobbie erschienen, die dazu anregen, zum Beispiel mal darüber nachzudenken, was für eine *Macht* man durch eine Karriere überhaupt erlangen kann. Und noch eine

Die Stolpersteine, die wir manchmal männliche Strukturen oder einfach Männer nennen, sind eigentlich nicht die Männer, die wir kennen und nett finden, die uns vielleicht sogar nach Kräften unterstützen.

andere Sache sollten wir nicht vergessen: Die Stolpersteine, die wir manchmal männliche Strukturen oder einfach Männer nennen, sind eigentlich nicht die Männer, die wir kennen und nett finden, die uns vielleicht sogar nach Kräften unterstützen. Klar, wenn wir über *die Männer* schimpfen, dann meinen wir meistens allenfalls eine amorphe Masse von Mackern, von denen man oft nicht so genau weiß, wo sie sind, die aber im Hintergrund irgendwie die Fäden ziehen. Aber warum sagen wir das nicht genau so oder noch klarer? Und mal ehrlich: Denken wir nicht manchmal, dass Männer diese Fäden anders ziehen, als Frauen das tun würden – weil wir ja sonst längst die viel beschworene, die *bessere* Welt hätten? Pardon, aber wir sollten uns nicht besser machen, als wir sind. Natürlich können auch Frauen gemeine Mistkerle sein. Wir tun uns nichts Gutes, wenn wir das verschleiern.

Trotzdem wird heute oft mehr oder minder subtil *den Männern* gegenüber, diesem angeblich macht- und testosterongetriebenen, Kriege führenden, Welt kaputtmachendenen Geschlecht also, eine abwertende Haltung eingenommen. Vielleicht ist das ganz einfach eine Kompensation dafür, dass Frauen immer noch als Opfer verstanden werden. Männer – so könnte dieser Gedankengang lauten – mögen körperlich stärker sein, sie mögen mehr Macht in der Welt haben, aber Frauen sind dafür *bessere Menschen*. In der Öffentlichkeit jedenfalls werden Frauen und ihre Fähigkeiten heute hochgelobt wie nie zuvor. Frauen gelten als flexibler, kommunikativer, sozialer, anpassungsfähiger, belastbarer. Niemand würde es heute mehr wagen, uns »physiologischen Schwachsinn« anzudichten. Mehr noch: Man traut uns heute den ganz großen Wurf zu – nicht mehr und nicht weniger als die Weltrettung, scheint's. Die Unternehmensberater von McKinsey haben herausgefunden, dass Entscheidungsgremien, die zu mindestens einem Drittel von Frauen besetzt sind, deutlich bessere Finanzergebnisse erwirtschaften als reine Männergremien. Und immer wieder ist davon die Rede, dass Frauen der größte Markt der Zukunft seien – wichtiger noch als Indien und China –, weil sie, demnächst größtenteils besser ausgebildet und verdienend als Männer, die meisten Kaufentscheidungen treffen werden.

Viele Frauen spüren deshalb heute doppelten Druck: Auf der einen Seite diese enormen Vorschusslorbeeren, die uns zurzeit qua Geschlecht aufgesetzt werden. Auf der anderen Seite das Gefühl, immer noch irgendwie Opfer zu sein, in männlichen Strukturen zu hängen wie eine Fliege im Spinnennetz: So entsteht das Gefühl, dass wir einerseits Erfolg haben *müssen,* um den Erwartungen gerecht zu werden, dass wir andererseits auf dem Weg zu diesem Erfolg aber immer gegen einen großen, patriarchalischen Strom ankämpfen.

Wenn man mal etwas länger darüber nachdenkt, wird klar, dass wir uns mit dieser Haltung vor allem selbst im Weg stehen – und zwar gewaltig. Frausein kann wahnsinnig anstrengend sein, wenn man überall den Feind sieht. Studien über Studien haben gezeigt, dass die Selbsteinschätzung enormen Einfluss darauf hat, wie gut (wenn überhaupt) jemand etwas schafft. Frauen parken oft genau dann schlecht ein, wenn man ihnen sagt, dass sie nicht einparken können, und rechnen genau dann schlecht, wenn man ihnen suggeriert, dass Frauen eben nicht rechnen können. Anders gesagt: Unsere Vorstellungen von der Welt können uns schon mal ganz schön sperrig den Zugang zur Welt verstellen. Sowohl was unser Verhältnis zu Männern angeht, als auch in Bezug auf das, was wir mit unserer Zeit tun. Wir würden vielleicht gerne wissen, wie man einen Computer repariert – aber wenn die Freundin uns ermutigt, einfach mal in der offenen Werkstatt gegenüber vorbeizuschauen, winken wir vielleicht ab, weil wir befürchten,

Frausein kann wahnsinnig anstrengend sein, wenn man überall den Feind sieht.

dass da bestimmt nur lauter Nerds rumhängen, die keinen Bock auf Mädchenfragen haben. Oder, genauso schade: Wir suchen uns immer genau die Sachen aus, die als furchtbar männlich gelten – Wirtschaftsinformatik studieren, Motocross fahren, riesige Steaks fressen – und gehen vor lauter politisch korrektem Gegenhalten gegen die Mädchenklischees nie unserem Interesse für Ballett oder Backen nach. Es sollte klar sein, dass beide Varianten alles andere als unabhängig von Rollenklischees sind, nur eine andere Spielart des gleichen Problems. Denn auch dann, wenn wir unsere Wahl absichtlich untypisch treffen, wählen wir nicht wirklich frei. Statt die engen Kategorien zu überwinden, bewegen wir uns nur von einem einem Pol des Geschlechterklischees zum anderen.

Wie können wir uns in dieser Zeit zurechtfinden? Schon allein unsere Ideen sind ein paar Nummern zu groß, um sie mit einem menschlichen Körper ausfüllen zu können. Sehen wir uns doch einmal genauer die Erwartung an, die auf uns lastet: Nämlich die, dass wir als erste Frauen seit gefühlt 80 000 Jahren unseren Opferstatus endgültig überwinden und ordentlich durchstarten können, ja, *müssen*. Wie Kinder, deren Eltern alles geopfert haben, um ihnen eine teure Ausbildung zu ermöglichen, wissen wir, dass wir unsere Chance jetzt dringend zu Gold zu machen haben, weil sonst – ja, was eigentlich?

Wie Kinder, deren Eltern alles geopfert haben, um ihnen eine teure Ausbildung zu ermöglichen, wissen wir, dass wir unsere Chance jetzt dringend zu Gold zu machen haben, weil sonst – ja, was eigentlich?

Wir Frauen von heute sollen alles auf einmal schaffen: Kinder haben, sie liebevoll erziehen und fördern, dabei nicht auf die eigene Karriere verzichten und für die eigene Rente vorsorgen, selbst gesund, fit und sexy bleiben, eine erfüllte Beziehung, super Orgasmen und tolle Freunde haben, politisch, ökologisch und sozial interessiert und informiert sein und natürlich, wenn nötig, sich nebenbei noch irgendwie um alte, pflegebedürftige Verwandte kümmern. Die Welt ist aus den Fugen, also muss sie ja einer zusammenhalten. Es ist klar, dass eine Frau, die das einlöst, als gute Bürgerin dargestellt wird. Genauso klar ist es aber, dass man diese Liste nicht häufiger als einmal durchlesen muss, um zu begreifen, dass jeder Mensch, der alle diese Punkte abhaken will, zum Scheitern verurteilt ist – egal, ob Mann oder Frau. Wir sollten uns nicht weismachen lassen, dass ein solches Leben möglich ist. Vor allem sollte es nicht zur Norm gemacht werden, dass alle an allen Fronten aktiv sind, vor allem dann nicht, wenn man dort sowieso nur scheitern kann. Warum sollen nicht erst mal »die da oben« die Wirtschaft in den Griff kriegen? Warum sollen *wir* die Welt retten? Wir haben keine Lust mehr auf die mitleidig-abschätzige Rede von den *Kinderlosen,* genauso wenig wie von den *Hausmuttis.* Und andererseits finden wir auch nichts daran, wenn jemand *karrieregeil* ist. Es gibt keinerlei Grund, Verrat an allen Frauen auszurufen, wenn Antonia Baum in der *FAZ* offen bekennt, sie hätte gerne einen Mann, der so viel Geld verdient, dass sie zu Hause bleiben und schlecht bezahlte, aber geliebte Bücher schreiben könnte: im Gegenteil, es klingt nach einer wunderbaren Idee. Wir finden es absurd und beleidigend für Frauen *und* Männer, erfolgreichen Managerinnen »Vermännlichung« vorzuwerfen, wenn sie sich mit stummer Willenskraft nach oben geboxt haben: Warum soll nicht auch das wunderbar sein? Klar, dass wer Erfolg haben will, erst mal in den bestehenden Strukturen arbeiten muss, die in einer männerdominierten Gesellschaft entstanden sind. Vielleicht sollten wir aber unser lieb gewonnenes Scheinwissen hinterfragen, welches uns nämlich sagt, dass diese Strukturen *männlich* und *frauenfeindlich* seien: Man könnte sie zum Beispiel auch als nicht frauen-, sondern als menschenfeindlich betrachten.

Wir sind es außerdem leid, dass auf Männer geschimpft und dass ihnen aller Dreck und aller Krieg in dieser Welt angekreidet wird, und es nervt uns, dass Frauen als Gruppe ständig völlig widersprüchlich besprochen werden – als Opfer oder als Weltenretter. Die Wahrheit ist, dass immer nur ganz bestimmte Personengruppen gemeint sind, wenn von »uns Frauen« oder »den Männern« gesprochen wird: Meist geht es um Frauen im schneidigen Businesslook oder aber um alleinerziehende Mütter, dann wieder um gewalttätige Männer oder auch um solche, die am Jahresende ganz besonders hohe Dividenden erhalten (das ist die ganz böse, *hegemoniale* Männlichkeit). Dennoch werden die Belange einiger weniger im Namen aller vertreten werden. Gern wird zum Beispiel über Frauenquoten gestritten, als ob es um Frauen im Allgemeinen ginge. Tatsächlich werden Krankenschwestern, Lehrerinnen, Frisörinnen und viele, viele andere Frauen nicht direkt etwas davon haben, wenn ab dem Jahr 2016 in Aufsichtsräten börsennotierter Unternehmen mindestens dreißig Prozent, später vielleicht mehr Frauen sitzen. Es gibt in den DAX-30-Unternehmen nur knapp 500 Aufsichtsratssitze – wir diskutieren also über ein paar Hundert Frauen.

Trotzdem sollen wir alle so tun, als müsste unser höchstes Ziel darin bestehen, einen dieser wenigen Plätze einzunehmen. Zweifel daran, dass es auf jeden Fall erstrebenswert sein muss, jeden Menschen – Frauen und Männer – mit Haut und Haar in steile Karrieren oder zumindest Karrierewünsche einzuspannen, sind, wenn nicht begründet, so doch auf jeden Fall legitim – sie werden bei uns aber leider sofort geahndet. Man kann als Frau heute kaum Meinungen vertreten, die nicht auf der Linie von Big Sister liegen, ohne von ihr abgebürstet zu werden. Big Sister, das ist die Stimme der Tussi in der Öffentlichkeit (und manchmal in unseren Köpfen), die scharf bis schärfstens darauf achtet, dass keine Geschlechtsgenossin aus der Reihe tanzt und eine falsche, nämlich »klassisch weibliche« Form von Glück sucht.

Als eine von uns vor mittlerweile fast zehn Jahren und noch relativ unentschieden in Sachen Lebensplanung mit der Chefredakteurin einer bekannten Zeitung in einer Diskussionsrunde zum Thema *Frauen im Journalismus* saß, warf die Chefin einen prüfenden Blick auf sie, als würde sie mit einem roten Stift einen Rahmen um ihr Gesicht zeichnen. Dann fragte sie:»Sagen Sie mal, wollen Sie etwa *keine* Macht?« Der späteren Autorin dieses Buchs fiel dazu nicht viel ein, sie kam sich ziemlich entwaffnet vor. Bis zu diesem Punkt war ihr nicht klar gewesen, dass dieses Podium auch eine Art Arena war. Sie hatte angenommen, bei diesem Thema herrsche zwischen den Diskutantinnen quasi automatisch Gleichberechtigung im Sinne der Meinungsfreiheit. Sie kannte Big Sister noch nicht, die nur sauber abgezählte Äußerungen zulässt und darüber wacht, dass alle die gleiche Meinung zu Sexismus, Kinderbetreuung und Gender Pay Gap haben. Big Sister, die Diskurspolizei, die jeden attackiert, der anders nachdenkt oder – Gott bewahre – sogar zu anderen Schlussfolgerungen kommt.

Big Sister klagt auch bei jeder Gelegenheit darüber, dass viele Frauen sich dagegen wehren, Feministinnen genannt zu werden, weil, wie sie sagen würde,»keine Frau, die Feminismus verstanden hat, dagegen sein kann«. Vielleicht ist diese Aussage ja wahr, allerdings müsste man, um sich auf diesen Satz einigen zu können, einmal genauer darüber sprechen, was wirklich Feminismus ist und wo die Bezeichnung bloß als Label dient. Lieber aber vermittelt Big Sister Frauen, die in ihren Augen nicht emsig genug an den statistischen Verhältnissen rütteln, dass sie einfach noch nicht kapiert haben, dass die Welt – dass *sie!* – nicht in Ordnung sind, solange nicht alles unter und über dieser Sonne halbe-halbe zwischen Männern und Frauen aufgeteilt ist, mindestens. So, als wäre damit dann das Ziel der Geschichte erreicht. Ach nein: Besser wäre es noch, wenn Frauen einfach den Laden übernehmen und die Männer an die Stellen der Gesellschaft schaffen würden, wo sie keinen Schaden anrichten können.

293

Gut möglich, sehr wahrscheinlich sogar, dass viele Frauen unter ihren Lebensverhältnissen leiden. Aber man muss sich heute fragen, ob Frauen in Deutschland wirklich noch pauschal als Opfer gesehen werden können, weil sie – im Durchschnitt – weniger verdienen und führen. Kann man davon ausgehen, dass sie alle diese Lebenswege wählen, weil »die Strukturen« sie benachteiligen, oder kann es sein, dass einige freiwillig andere Lebensweisen wählen? Sind diese Frauen allesamt wirklich Opfer? Und wenn ja, *wessen* Opfer? Wissen sie ihre Chancen nicht zu nutzen? Oder sind die meisten mehr oder weniger zufrieden mit ihrem Leben? Und falls sie zufrieden sind, ist vielleicht das das Problem? Es muss möglich sein, darüber zu diskutieren – und zwar in aller Offenheit, das heißt, ohne dass diejenigen, die diese Fragen stellen, reflexartig medial kaltgestellt werden. Jede von uns sollte die Selbstverständlichkeit infrage stellen, mit der allen Frauen ein einziger akzeptierter Lebensentwurf auf den Leib geschneidert wird: der der machthungrigen, superschlauen, superflexiblen Tussi, die leise, weiche Töne den Verlierern überlässt.

Jede von uns sollte die Selbstverständlichkeit infrage stellen, mit der allen Frauen ein einziger akzeptierter Lebensentwurf auf den Leib geschneidert wird: der der machthungrigen, superschlauen, superflexiblen Tussi, die leise, weiche Töne den Verlierern überlässt.

Würden wirklich sämtliche Frauen, die heute in Teilzeit arbeiten, um sich auch um Kinder und Verwandte kümmern zu können, beides aufgeben, wenn sie einen Vollzeitjob haben könnten? Und wie viele Männer würden ihren Vollzeitjob aufgeben und sich um Kinder und Verwandte kümmern, wenn sie es sich finanziell leisten könnten? Diesen Fragen wird erstaunlich wenig Aufmerksamkeit gewidmet. In unserer Zeit sind Einkommen und Karriere das oberste Maß, an denen Erfolg im Leben gemessen wird. Das gilt für Männer genauso wie für Frauen. Gut möglich, dass diese Idee eigentlich bloß aus der Not heraus entstanden ist, auch in drei Jahren noch den Lebensmitteleinkauf bezahlen zu können. Tatsache aber ist, dass wir uns gern einbilden, Geld wäre tatsächlich unser höchster *Wert* und nicht ein Mittel, das wir brauchen, um bestimmte Dinge zu tun. Familienarbeit dagegen hat in den letzten Jahrzehnten eine derartige Abwertung erfahren, dass es kein Wunder ist, wenn niemand sie machen will. Was nicht bezahlt wird, gilt bei uns als wertlos. Das Gleiche gilt für Pflege- und Sozialberufe. Wie kann es sein, dass Erfolg im Leben von fast allen an Einkommen und Macht gemessen wird? Wir reden uns ein, dass wir alle unser Glück als Anwalt oder App-Erfinder machen müssen. Dabei gibt der Arbeitsmarkt unserer Zeit gar keine Vollbeschäftigung her. Die Vorstellung, dass alle Menschen in Vollzeit arbeiten müssen, und zwar bitte in den statusschweren Berufszweigen, ist absurd und realitätsfern. Wir hängen an ziemlich vielen extremen Vorstellungen fest: Frau ist Mama mit Haut und Haaren – oder Rabenmutter. Karriere macht frau bis Mitte dreißig oder gar nicht. Erfolg ist, wenn das Konto überquillt.

Bei alldem sollte uns eins klar sein: Wir haben keine Garantie, dass die Welt sich ändern würde, wenn die überwiegende Mehrheit der DAX-Vorstände Röcke tragen würde und die meisten Staatschefs Brüste hätten.

Bei alldem sollte uns eins klar sein: Wir haben keine Garantie, dass die Welt sich ändern würde, wenn die überwiegende Mehrheit der DAX-Vorstände Röcke tragen würde und die meisten Staatschefs Brüste hätten. Gut möglich, dass damit nichts anderes geschafft wäre als, nun ja, genau das: Röcke und Brüste. Die Männer wären auf die angebliche Verliererseite übergewechselt, die Frauen würden auf die angebliche Zielgerade einbiegen, und möglicherweise hätten wir damit nichts erreicht, sondern nur erfolgreich bewiesen, dass die einzige Möglichkeit der Bewegung in der Geschlechterfrage ein Auf- und Abwippen sein kann, bei dem mal die einen oben sind, mal die anderen. Es wird manchmal gesagt, dass nur Frauen die Wirtschaft verändern können – aber vielleicht sollten wir das doch lieber gemeinsam angehen. Schon klar: Manche Frauen wissen besser als manche Männer, wie es ist, auf andere achtgeben zu müssen, auf Kinder zum Beispiel – aber das heißt nicht, dass sie dieses Wissen auch auf einen Konzern anwenden würden. Man hofft, dass Frauen es im kalten Wirtschaftssystem endlich menscheln lassen würden, und übersieht dabei, dass Frauen, die es in diesem System zu etwas bringen wollen, sich erst mal an die Regeln anpassen müssen. Dann aber wirft man ihnen vor, sich »männlich« zu verhalten – in diesem Gedankensalat kann sich niemand zurechtfinden. Und eigentlich verschleiert er auch nur, dass Frauen die Rolle der Weltenretter wohl auch deshalb zugeschoben wird, weil niemand so recht weiß, wie man diese Welt retten kann. Vielleicht kriegen die Frauen es ja hin, das wurde noch nicht ausprobiert! Das Weltwirtschaftsforum hat Frauen bereits zum Universalheilmittel für die sechs globalen Herausforderungen Arbeitslosigkeit, Hunger, Krankheit, alternde Gesellschaften, Konflikte und Wachstum erklärt.[153] Vielleicht ist die neue Verherrlichung der Frauen also gar nicht der Auftakt zum weiblichen Machtepos des 21. Jahrhunderts. Vielleicht sind diese Ideen nur wie ein freundlicher Schleier, der verdeckt, wie dringend wir nach Lösungen suchen.

Liebe Frauen, ihr habt hoffentlich gemerkt, dass dieses Buch nicht *gegen Frauen* gerichtet ist. Das wäre unserer Ansicht nach auch ziemlicher Schwachsinn. Trotzdem müssen wir an dieser Stelle ein

Bekenntnis ablegen: Wir glauben nicht, dass Frauen bessere Menschen sind. Wir glauben, dass Frauen ein Gemeinheitspotenzial haben, das dem der Männer in nichts nachsteht. Wahrscheinlich dürfen wir dies nur sagen, *weil* wir Frauen sind. Bisher scheint es eher so, als seien Frauen nicht von Grund auf besser, sondern einfach harmloser, weil sie weniger anrichten können, weil ihre Aggressivität sich weniger in körperlicher Gewalt zeigt, weil sie selten in den echten Entscheiderpositionen sitzen und weil sie dazu erzogen werden, zumindest nach außen hin nett zu sein. Den Beweis für unsere moralische Überlegenheit bleiben wir bisher schuldig und könnten ihn vermutlich erst dann liefern, wenn wir im gleichen Ausmaß Macht über alles erlangten, wie Männer sie einst hatten. Aber muss das sein?

Wir meinen: Letztlich können die fein säuberliche Trennung zwischen Männern und Frauen und der Grabenkampf der Geschlechter, der sich daraus zumindest gedanklich ergibt, uns weder Gerechtigkeit noch Glück bringen. Sie inszenieren schlicht die Angehörigen eines der beiden Geschlechter als bessere Anführer, Entscheider und Verwalter und schieben den anderen die Verliererrolle zu. Die viel zu pauschale Unterscheidung zwischen Männern und Frauen wird also zementiert, und es wird weiter munter diskriminiert – ob nun Männer Frauen diskriminieren oder Frauen Männer, nimmt sich dabei nicht viel. So kommen wir nicht weiter – nicht beim Thema Weltenrettung, aber auch nicht in unserem ganz normalen, alltäglichen Leben. In diesem Leben sollten wir anfangen mit den Veränderungen, denn die haben wir in der Hand – und wer weiß, vielleicht kommt dann ja auch eine geniale Idee für die größeren, die wirklich großen Probleme um die Ecke. Wie öde und farblos – erst mal – ist ein Alltag, in dem Menschen so beschränkt definiert werden: einfach nur als Männer oder Frauen. Es ist, als würde man eine Parfümerie betreten und statt einer ganzen Palette von Düften und Gerüchen zwei Parfums und vielleicht noch einen Unisex-Duft vorfinden ...

Wir könnten wirklich mehr wagen im Zusammenleben von Männern und Frauen als nur eine Quote. Der Geschlechterkampf hat lange genug gedauert, allmählich sollte echter Frieden einkehren. Dieser Frieden müsste bedeuten, dass wir uns endlich darauf besinnen, dass Männer und Frauen weit, weit mehr gemeinsam haben – und dazu könnten auch *gemeinsame* Feinde gehören –, als sie trennt. Übrigens haben wir laut Genforschung auch mit Schimpansen weit mehr gemeinsam, als uns trennt. Aber darüber soll jemand anders ein Buch schreiben.

Der Geschlechterkampf hat lange genug gedauert, allmählich sollte echter Frieden einkehren.

Viele Grüße,
Friederike Knüpling und Theresa Bäuerlein

ANHANG

WIR DANKEN ...

unseren Familien für die Genderparadiese in den 1980ern und heute; Ute Daenschel für ihre wunderbare Geduld und beharrliches Lesen; Jessica Hein für Verständnis, gemeinsames Grübeln und Zähneknirschen; Nina Heiss für lautes Lachen und ein wichtiges Wort; Zuzka Štalcerová, Andi Geigl, Lara Ostrowski, Nina Lorkowski, Kathi Werschetzki, Christian Gadenne, Rüdiger Wurzbacher (†) und Johnnie C. Gray Jr. für die Freiheit, die wir uns genommen haben; Idan für unermüdliche Gespräche über Geld und darüber, warum wir uns überhaupt nach dieser Fiktion richten und dass Goethe es schon fast alles gewusst hat; Shao-Lan, die es versteht; Susi S. und Fabio B., weil sie so ein goldiges Paar sind, das beim Schreiben Anlass für Hoffnung gegeben hat; Sepp Gumbrecht für die Intensität; Christopher Renna für genderfreies Weightlifting; Sarah, an deren schockierender Weiblichkeit eine innere Tussi zerschellt ist; Carolin, weil sie beim Lesen der Einleitung immerhin nicht ausgerastet ist; Doug für die Einsicht, dass man vieles wie ein Spiel angehen darf; Merav für ihre Liebe und hemmungslose Lustigkeit; Tamar für ihre Kompromisslosigkeit; Shai für seinen glasklaren Blick und die Erkenntnis, dass Schreiben Glück sein kann; und vor allem Christopher und Tom, die so viel echter sind als alles, was man sich heute unter »Männern« vorstellt.

ANMERKUNGEN

1 Eva Illouz: *Warum Liebe weh tut*. Berlin, Suhrkamp, 2011.

2 Catherine Hakim: Erotisches Kapital. Das Geheimnis erfolgreicher Menschen. Campus, 2011. Zuvor: Dies.: *Erotic Capital*. In: *European Sociological Review* 26, Nr. 5, 2010, S. 499–218.

3 Jana Hensel und Elisabeth Raether: *Neue deutsche Mädchen*. Reinbek, Rowohlt, 2008.

4 Charlotte Roche: *Feuchtgebiete*. Dumont, 2008 und dies.: *Schoßgebete*. München, Piper, 2013.

5 Michèle Roten: *Wie Frau sein. Protokoll einer Verwirrung*. Basel, Echtzeit, 2011 und dies.: *Wie Mutter sein. Ein Baby! Ja hurra aber auch*. Basel, Echtzeit, 2013.

6 Anne-Marie Slaughter: *Why Women Still Can't Have It All*. In: *The Atlantic*, Juli/August 2012.

7 Walter Hollstein: *Was vom Manne übrig blieb. Das missachtete Geschlecht*. Stuttgart, Opus Magnum Verlag, 2012.

8 Ralf Bönt: *Das entehrte Geschlecht. Ein notwendiges Manifest für den Mann*, München, Pantheon Verlag, 2012.

9 Hanna Rosin: *Das Ende der Männer und der Aufstieg der Frauen*. Berlin Verlag, 2013.

10 Bascha Mika: *Mutprobe. Frauen und das höllische Spiel mit dem Älterwerden. München*, C. Bertelsmann Verlag, 2014.

11 Susanne Gaschkes Abschiedsrede, vgl. NDR: http://www.ndr.de/regional/schleswig-holstein/gaschke305.html; Stand 24.02.2014.

12   Sandra Tsing Loh: *The Weaker Sex*. http://www.theatlantic.com/magazine/archive/2012/10/the-weaker-sex/309094/; Stand: 28.1.2014.

13   Robert W. Connell: *Der gemachte Mann. Konstruktion und Krise von Männlichkeiten*. Wiesbaden, VS Verlag für Sozialwissenschaften, 2006.

14   Hanna Rosin: *Das Ende der Männer – und der Aufstieg der Frauen*. Berlin Verlag, 2012.

15   http://www.spiegel.de/unispiegel/wunderbar/gleichberechtigung-uni-leipzig-nutzt-weibliche-bezeichnungen-a-903530.html; Stand: 31.1.2014.

16   http://disinfo.com/2011/04/women-like-pink-because-of-berry-picking-past-and-boys-like-green-because-of-their-hunting-ancestors/; Stand: 28.1.2014.

17   John Gray: *Männer sind anders, Frauen auch. Männer sind vom Mars, Fraue von der* Venus. München, Goldmann, 1998.

18   Simon Baron-Cohen: *Frauen denken anders. Männer auch*. München, Heyne, 2009.

19   Steven Pinker: *The Blank Slate: The Modern Denial of Human Nature*. London, Penguin Books, 2003.

20   *Das weibliche Gehirn*. Louann Brizendine im Gespräch mit Gert Scobel, http://www.3sat.de/delta/pdf/interview_brizendine.pdf, Stand: 28.1.2014.

21   Eva-Maria Schnurr: *Vorurteile: Frauen sind auch nur Männer*. http://www.zeit.de/zeit-wissen/2007/01/Titelstrecke-LT; Stand: 28.1.2013.

22   Stephen J. Gould: *Women's Brains*. http://faculty.washington.edu/lynnhank/wbgould.pdf; Stand: 28.1.2013.

23   Janet S. Hyde: *The Gender Similarities Hypothesis*. In: *American Psychologist*, September 2005.

24   Allanund Barbara Pease: *Warum Männer lügen und Frauen immer Schuhe kaufen*. Berlin, Ullstein Taschenbuch, 2004.

25   Mark Libermann: *SEX-LINKED LEXICAL BUDGETS. http://itre.cis.*
upenn.edu/~myl/languagelog/archives/003420.html; Stand: 31.1.2014.
26   Madeleine Bunting: *The truth about sex difference is that if men*
are from Mars, so are women. Originalzitat:»All this research supports
the startlingly boring conclusion that there are no significant
differences between men and women's cognitive abilities.«
http://www.theguardian.com/commentisfree/2010/nov/14/women-
men-differences-science-stereotypes. Stand: 28.1.2014.
27   *»Ich bin grandios, alle anderen sind Flaschen«,* Interview mit
Wolfgang Schmidbauer auf spiegel.de. http://www.spiegel.de/
wissenschaft/mensch/psychologie-ich-bin-grandios-alle-anderen-sind-
flaschen-a-622041.html; Stand: 28.1.2014.
28   Leslie Benetts: *Anthony Weiner: Politics and the Penis.* Originalzitat:»Now try to think of women officials brought down by sexual
derangement. But don't hold your breath; you might expire before
you came up with one.« Stand: 26.1.2014.
29   Melanie Groß: *Pink bedeutet erst mal nichts.* http://www.
sueddeutsche.de/leben/geschlechterdebatte-um-barbiehaus-pink-
bedeutet-erst-mal-nichts-1.1673356; Stand: 28.1.2013.
30   Amazon.de, Kategorie»Spielzeug für Jungen«, http://www.amazon.
de/Spielzeug-f%C3%BCr-Jungen/b/ref=amb_link_173400707_1?ie=
UTF8&node=357450011&pf_rd_m=A3JWKAKR8XB7XF&pf_rd_
s=merchandised-search-4&pf_rd_r=0KYTVD2D5VQ98TGQ2BEZ&
pf_rd_t=101&pf_rd_p=464713947&pf_rd_i=12950651;
Stand: 26.01.2013.
31   Amazon.de, Kategorie»Spielzeug für Mädchen«,
http://www.amazon.de/Spielwaren-f%C3%BCr-M%C3%A4dchen/b/
ref=amb_link_173400707_8?ie=UTF8&node=357451011&pf_rd_m=
A3JWKAKR8XB7XF&pf_rd_s=merchandised-search-4&pf_rd_r=
0KYTVD2D5VQ98TGQ2BEZ&pf_rd_t=101&pf_rd_p=464713947&pf_
rd_i=12950651; Stand: 26.1.2013.

32   Melanie Groß auf sueddeutsche.de; http://www.sueddeutsche.
de/leben/geschlechterdebatte-um-barbiehaus-pink-bedeutet-erst-mal-
nichts-1.1673356; Stand: 28.1.2013.

33   Maureen Shelly: *Lise Eliot Interview*. Originalzitat: »With boys,
it's harder, because our society is still very homophobic and believes
that sending a boy to ballet class will make him gay. You can get
away with raising your daughter anywhere along the gender
spectrum, but boys are being painted into an ever-tinier corner as
both they and society yield ground to girls.« http://www.timeout.
com/new-york-kids/new-york-families/lise-eliot-interview;
Stand: 26.1.2014.

34   Jungen Zukunftstag – Boy's Day, Häufige Fragen.
http://www.boys-day.de/Ueber_den_Boys_Day/Was_ist_der_Boys_Day2/
Haeufige_Fragen_FAQs; Stand: 26.1.2013.

35   Benirschke, Matthias: »*Girls' Day und Boys' Day – Männer,
hängt die Pin-up-Poster ab.*« http://www.spiegel.de/karriere/berufsstart/
die-aktionstage-girls-day-und-boys-day-sind-umstritten-a-896030.
html; Stand: 26.1.2013.

36   BBC-News: *Boys prefer cars from early on.* http://news.bbc.co.uk/
2/hi/uk_news/education/8624999.stm; Stand: 26.1.2013.

37   Lise Eliot: *Pink Brain, Blue Brain. How Small Differences Grow
Into Troublesome Gaps.* London, Oneworld Publications, 2012.

38   Ebd. Originalzitat: »We certainly didn't encourage Julia to
play only with girl toys and Sam and Toby to play only with boy
toys.«

39   Ebd. Originalzitat: »Yes, boys and girls are different. They
have different interests, activity levels, sensory thresholds, physical
strengths, emotional reactions, relational styles, attention spans,
and intellectual aptitudes. The differences are not huge and,
in many cases, are far smaller than the gaps that separate adult men
and women. Little boys still cry, little girls kick and shove. But boy-girl

306

differences do add up, leading to some of the more alarming statistics that that shape the way we think about raising our children.«

40   Burkhardt Straßmann: *Woher haben sie das?* http://www.zeit.de/2007/27/PS-Jungen-M-dchen; Stand: 28.1.2014.

41   mit Cordelia Fine: *Cordelia Fine and the Delusions of Gender;* http://blogs.plos.org/neuroanthropology/2010/09/28/cordelia-fine-and-the-delusions-of-gender/; Stand: 26.1.2014.

42   Lise Eliot: *Pink Brain, Blue Brain.* Originalzitat:»So it's all biology, whether the cause is nature or nurture.«

43   Maureen Shelly: *Lise Eliot Interview.* http://www.timeout.com/new-york-kids/new-york-families/lise-eliot-interview; Stand: 26.1.2014. Originalzitat:»While prenatal testosterone has some pretty dramatic effects on play behavior and, probably, later sexual orientation, the sex hormones that rise at puberty and remain elevated in adults have surprisingly modest effects on our thinking – except for the increased sex drive that testosterone produces in both men and women.«

44   Interview mit Lise Eliot, Originalzitat:»But in spite of what we overtly preach, parents implicitly treat boys and girls differently, just as we treat adult males and females differently – and are unconsciously biased about race, age and every other group characteristic.« http://www.timeout.com/new-york-kids/new-york-families/lise-eliot-interview; Stand: 28.1.2014.

45   Die englischsprachige Version des Videos ist verfügbar auf http://ec.europa.eu/justice/gender-equality/gender-pay-gap/index_de.htm, Stand: 27.01.2014.

46   https://www.destatis.de/DE/PresseService/Presse/Pressemit-teilungen/2013/03/PD13_108_621.html ; Stand: 27.1.2014.

47   http://www.equalpayday.de/der-equal-pay-day/; Stand: 27.1.2014.

48   Pressemitteilung des Ministeriums für Gesundheit, Emanzipation, Pflege und Alter des Landes Nordrhein-Westfahlen

vom 22.3.2012: http://www.mgepa.nrw.de/ministerium/presse/
pressemitteilungsarchiv/pm2012/pm20120322a/index.php;
Stand: 27.1.2014.

49 Vereinigung der Bayerischen Wirtschaft e. V.: *Mythen und
Fakten zum Geder Pay Gap*, verfügbar über http://www.vbw-bayern.de/
vbw/Pressemitteilungen/Equal-Pay-Day-vbw-fordert-sachliche-
Debatte- um-Gender-Pay-Gap.jsp; Stand: 27.1.2014.

50 https://www.destatis.de/DE/ZahlenFakten/Gesamtwirtschaft-
Umwelt/VerdiensteArbeitskosten/VerdienstunterschiedeMaenner-
Frauen/Tabellen/GPG_Bundeslaender.pdf?__blob=publicationFile;
Stand: 1.9.2013.

51 Matthias Horx: *Nur die Frauenquote wird die Arbeitswelt
verbessern*. In: *Die Welt*, 26.1.2011, Meinung.

52 dpa-Mitteilung vom 23.7.2012.

53 Nancy M. Carter und Christine Silva: *Pipeline's Broken Promise*.
Download via http://www.catalyst.org/knowledge/pipelines-broken-
promise; Stand: 27.1.2014.

54 Vgl. z. B. http://www.zeit.de/2010/05/C-Muetter-Mobbing/seite-2;
Stand 31.01.2014.

55 Hannah Riley Bowles und Kathleen L. McGinn: *Gender in Job
Negotiations: A Two-Level Game*. In: *Negotiation Journal*, 7. Oktober
2008, S. 393–410.

56 http://www.hensche.de/Arbeitsrecht_aktuell_Urteilsgruende_
im_Streit_um_die_Befoerderung_zum_Vizepraesidenten_von_
SONY_Deutschland_LAG-Berlin-Brandenburg_2Sa2070-08.html;
Stand 31.01.2014.

57 http://www.hensche.de/Geschaeftsfuehrer_Diskriminierung_
Stellenausschreibung_Geschaeftsfuehrer_gesucht_ist_Diskriminierung_
in_Stellenausschreibung_wenn_weibliche_Bewerber_nicht_
angesprochen_werden_OLG_Karlsruhe_17U99-10.html;
Stand: 31.01.2014.

58 Den Begriff hat der Psychologe Claude Steele geprägt, vgl. http://steele.socialpsychology.org/; Stand: 15.1.2014.

59 Melanie Mühl: *Meine freie Wahl*. In: *FAZ*, 9.12.2011.

60 Jana Hensel: *Sex und Schuld*. In: *Der Freitag*, 1.6.2011.

61 http://www.sueddeutsche.de/karriere/beruf-und-familie-vaeter-arbeiten-mehr-als-kinderlose-maenner-1.1234630; Stand: 16.12.2011.

62 Catherine Hakim: *Erotisches Kapital: Das Geheimnis erfolgreicher Menschen*. Frankfurt a. M., Campus, 2011.

63 Sandberg ließ diese These zuerst auf dem 2012er Weltwirtschaftsforum in Davos fallen, zu sehen bspw. hier: <http://www.bloomberg.com/video/85189956-sandberg-sees-global-ambition-gap-for-women.html>; Stand: 27.1.2014, und expandierte sie dann zu ihrem Buch *Lean in*, das im vergangenen Jahr auf Deutsch erschienen ist: Sheryl Sandberg: *Lean In. Frauen und der Wille zum Erfolg*. Berlin, Econ, 2013.

64 E. L. James BDSM-Roman-Trilogie *Fify Shades of Grey* (2011), *Fifty Shades Darker* (2011) und *Fifty Shades Freed* (2012) erschien 2012 auf Deutsch: E. L. James: *Shades of Grey*. München, Goldmann, 2012.

65 Charlotte Roche: *Schoßgebete*. München, Piper, 2011.

66 *taz*, 8.3.2012.

67 Bascha Mika: *Die Feigheit der Frauen. Rollenfallen und Geiselmentalität*. München, C. Bertelsmann Verlag, 2011.

68 Christoph Koch: *Muss ich jetzt Karriere machen?* In: *Neon* 2, 2012.

69 Online abrufbar unter http://www.manager-magazin.de/magazin/artikel/a-851513.html; Stand: 27.1.2014.

70 Miriam Meckel: *Brief an mein Leben. Erfahrungen mit einem Burnout*. Reinbek, Rowohlt, 2010.

71 http://www.verwaltungs-management.de/index.php?demographischer-wandel-der-wettlauf-unter-den-kommunen-beginnt-ein-beitrag-von-prof-dr-jutta-rump; Stand: 31.1.2014.

72 http://www.grossnationalhappiness.com/>; Stand: 27.1.2014.

73   Schlussbericht der Enquete-Kommission »Wachstum, Wohlstand, Lebensqualität – Wege zu nachhaltigem Wirtschaften und gesellschaftlichem Fortschritt in der Sozialen Marktwirtschaft«, Drucksache 17/13300 vom 3. 5. 2013 (17. Wahlperiode), online unter: http://www.bundestag.de/bundestag/gremien/enquete/wachstum/Schlussbericht/17-13300.pdf; Stand: 27.1.2014.

74   Tagesschau vom 19.1.2014; nachzulesen unter http://www.tagesschau.de/inland/frauenquote266.html; Stand: 27.1.2014.

75   Kristina Schröder und Caroline Waldeck: *Danke, emanzipiert sind wir selber! Abschied vom Diktat der Rollenbilder.* München, Piper, 2012.

76   Ebd., S. 19.

77   Die Webseite *nichtmeineministerin.de* scheint von den Berliner Grünen gehostet gewesen zu sein. Jedenfalls führt sie heute in einer automatischen Weiterleitung auf <http://liste.gruene-berlin.de/cgi-bin/mailman/admin/>. Den Brief kann man noch auf http://maedchenmannschaft.net/offener-brief-kristina-schroeder-nicht-meine-ministerin/ einsehen; Stand (beides): 27.1.2014.

78   Kristina Schröder und Caroline Waldeck: *Danke, emanzipiert sind wir selber!*, S. 39.

79   Zit. n. Uwe Jean Heuser: *Glücksfall Chefin.* In: *Die Zeit* 39/2012.

80   Ebd.

81   Alice Schwarzer: *Die Pille – was für eine Befreiung!* http://www.aliceschwarzer.de/artikel/die-pille-was-fuer-eine-befreiung-154355; Stand: 28.1.2014.

82   Christina Läsker: *Die zarten Seiten des Mannes.* http://www.sueddeutsche.de/leben/aus-fuer-verhuetungsspritze-die-zarten-seiten-des-mannes-1.855360; Stand: 28.1.2014.

83   Pressemitteilung der BZgA: http://www.bzga.de/botpresse_418.html. Stand: 28.1.2014.

84   Nina Bai: *Beyond Condoms: The Long Quest for a Better Male*

Contraceptive. http://www.scientificamerican.com/article/beyond-condoms-the-long-quest-male-contraceptive/; Stand: 28.1.2014.

85   Julia Seeliger: *Schlucken, Marsch, Marsch!* http://www.taz.de/!75456/; Stand: 28.1.2014.

86   Ebd.

87   Rowan Pelling: *Why I have never taken the contraceptive pill.* Originalzitat:»I also think the pill is in part a male plot to turn women into battery-farmed, permanently available sex machines without the inconvenient gore and dangerous mood swings of the freerange variety.« http://www.independent.co.uk/voices/columnists/why-i-have-never-taken-the-contraceptive-pill-639671.html; Stand: 28.1.2014.

88   Mädchenblog: *VERHÜTUNG? FRAUENSACHE!* http://maedchenblog.blogsport.de/2011/08/17/verhuetung-frauensache/; Stand: 28.1.2014.

89   Kathleen Quiring: *The Pill and Feminism.* Originalzitat: »Shouldn't *men* be held responsible for reining in their quadrillions of aggressive sperm, instead of women having to protect their few precious eggs from unwanted fertilization?« http://projectmonline.com/2010/05/12/the-pill-and-feminism/; 28.1.2014.

90   http://www.youtube.com/watch?v=jveyhOnNGQc, Stand: 2012.

91   Ronja Brier: *Meinen nächsten Höhepunkt plane ich in Berlin.* http://www.bild.de/unterhaltung/leute/porno-film/bekannteste-porno-regisseurin-der-welt-25398476.bild.html; Stand: 28.1.2014.

92   Emma.de: *Frauenhass ist strafbar!* http://www.emma.de/artikel/pornografie-frauenhass-ist-strafbar-263674; Stand: 28.1.2014.

93   Anette Anton: *Allgemeine Pornografisierung: Auf der Suche nach der Unterhose* http://www.emma.de/artikel/allgemeine-pornografisierung-auf-der-suche-nach-der-unterhose-263686; Stand: 28.1.2014.

94   www.emma.de, Stand: 28.01.2014.

95   Andrea Roedig: *Genussvoller, radikaler, freier, verspielter?* http://
www.freitag.de/autoren/der-freitag/genussvoller-radikaler-freier-
verspielter. Stand: 28.1.2014.

96   Allan McKee/ Kath Albury/ Catherine Lumby: *The Porn Report.*
Melbourne Univ. Publishing , 2008. Originalzitat:»In every case,
claims about pornography are equally claims about the proper role
of women, about what should remain private and about what is
sexually normal or abnormal.«

97   Alice Schwarzer: *Prostitution. Ein deutscher Skandal.* Köln,
KiWi Taschenbuch, 2013.

98   Antonia Baum: *Tun Sexarbeiter ihre Arbeit gern?* http://www.
faz.net/aktuell/feuilleton/prostitution-tun-sexarbeiterinnen-ihre-
arbeit-gern-12667719.html; Stand: 28.1.2014.

99   Allan McKee e. a.: *The Porn Report.* Originalzitat:»We have no
code of ethics to which adult filmmakers can subscribe and no means
to ensure that any sort of industry standard is enforced. It's true that
dogs, cats and bunnies have more legal protections on set than men
and women.«

100   Iris Radisch: *Das ewige Rein-Raus.* http://www.zeit.de/2007/37/
Anti-Porno-Kampagne; Stand: 28.1.2014.

101   Dossier auf emma.de: *Die Wahrheit: Im Zentrum steht der
Schmerz.* http://www.emma.de/artikel/die-wahrheit-im-zentrum-steht-
der-schmerz-263689; Stand: 28.1.2014.

102   A. Heather Rupp / Kim Wallen: Sex Differences in Response to
Visual Sexual Stimuli: A Review. http://www.ncbi.nlm.nih.gov/pmc/
articles/PMC2739403/; Stand: 28.1.2014.

103   Titus Arnu: *Land des Hechelns.* http://www.sueddeutsche.de/
panorama/pornomesse-venus-land-des-hechelns-1.855461;
Stand: 28.1.2014.

104   Vortrag von Esther Perel auf Ted.com: »Das Geheimnis des
Begehrens in festen Beziehungen.« http://www.ted.com/talks/esther_

perel_the_secret_to_desire_in_a_long_term_relationship.html;
Stand: 27.2.2014.

105   Silke Maschinger: Poryes Award in Berlin. http://www.erosa.
de/blog/poryes-award-berlin-am-19.-oktober.html; Stand: 28.1.2014.

106   Allan McKee e.a.: *The Porn Report*, S. 4. Originalzitat:»When
you look at the history of censorship, it becomes very clear that
what is regarded as obscene in one era is often regarded as
culturally valuable in another.«

107   Allan McKee e.a.: *The Porn Report*, S. 5. Originalzitat:
»The response of museologists and historians to these graphic
images was to ensure that these items were locked away from the
gaze of women, children and other allegedly morally frail beings.«

108   Kendrick zitiert nach: Linda Williams: *Hard core. Macht, Lust
und die Traditionen des pornographischen Films*. Frankfurt a. M.,
Stroemfeld, 1995, S. 37.

109   Interview mit Thomas Laqueur auf zeit.de, http://www.zeit.de/
2008/17/Interview-Laqueur; Stand: 28.1.2014.

110   Barbara Nolte: *Wandel durch Annäherung*. http://www.zeit.
de/2000/31/200031.porno_.xml/seite-2. Stand: 28.1.2014.

111   Allan McKee e.a.: *The Porn Report*, S.183. Originalzitat:
»In television programs, women want to talk about relationships.
In magazines, they are interested in sex but want to manage it,
control it, treat it like a challenge and still see it as something
slightly dirty that men want more than they do. In pop music,
only men want sex, women want love (white singers) or indepen-
dence (black singers). And novels just dont have that much sex.
So to see images of women enjoying sex in pornography
was a revelation.«

112   Katherine Dunn: *Just as Fierce*. In: *Mother Jones,* Nov./Dez.
1994; eigene Übersetzung. Für den Originaltext vgl. http://www.
motherjones.com/politics/1994/11/just-fierce, Stand: 31.1.2014.

113   Joyce Carol Oates: *Über Boxen*. Zürich, Manesse, 1988.

114   http://www.dosb.de/fileadmin/sharepoint/Materialien%20
%7B82A97D74-2687-4A29-9C16-4232BAC7DC73%7D/Bestandserhebung_
2013.pdf; Stand: 31.1.2014.

115   http://www.maedchenstaerken.de/fileadmin/ms/dokumente/
projekte/box_girls/Konzept_der_Box_Girls.pdf; Stand: 29.1.2014.

116   http://www.boxgirls.org/2010/04/24/bundeskanzlerin-merkel-
awards-boxgirls/; Stand: 27.1.2014.

117   Hanna Rosin: *The End of Men and the Rise of Women*. New York,
Riverhead, 2012.

118   http://m.theeuropean.de/julia-korbik/5949-maennlichkeitsbilder-
und-emanzipation; Stand: 8.1.2014.

119   Ebd.

120   http://www.tagesanzeiger.ch/leben/gesellschaft/Ich-moechte-
die-Leidenschaft-der-Maenner-wecken/story/26969418; Stand: 17.1.2014.

121   http://www.maennerzeitung.ch/pdf/zeitungen/maennerzeitung_
nr_35_3_2009.pdf; Stand: 17.1.2014.

122   Ralf Bönt: *Das entehrte Geschlecht. Ein notwendiges Manifest
für den Mann*. München, Pantheon Verlag, 2012.

123   Ebd., S. 24.

124   Zit. n. Walter Hollstein: *Was vom Manne übrig blieb. Das missachtete Geschlecht*. Stuttgart, Opus Magnum Verlag, 2012, S. 162.

125   *Stern*-Cover, 6. Juni 1971.

126   Ralf Bönt: *Das entehrte Geschlecht*, S. 25f.

127   Jeremy A. Smith: *The Daddy Shift. How Stay-at-Home Dads
Breadwinning Moms, and Shared Parenting Are Transforming
the American Family*. Boston, Beacon Press, 2009, S. 97,
eigene Übersetzung.

128   Bönt: *Das entehrte Geschlecht*, S. 157.

129   Interview mit Louanne Brizendine, http://www.3sat.de/delta/
pdf/interview_brizendine.pdf; Stand: 30.1.2013.

130   http://www.sexualmedizin-linz.at/startseite_sexmed/
transsexualitaet/; Stand: 26.1.2014.

131   Bundeministerium für Wissenschaft und Forschung, http://
www.bmwf.gv.at/startseite/das-ministerium/gender-und-diversitaet/
veranstaltungen/gesetzesaenderung-im-personalstandsrecht-fuer-
intersexuelle-in-deutschland/; Stand: 27.2.2014.

132   http://ieet.org/index.php/IEET/print/5434, Stand: 26.1.2013.
Originalzitat:»In the future, labeling people at birth as *male* or
female will be considered just as unfair as South Africa's now-
abolished practice of stamping *black* or *white* on people's ID cards...«

133   http://pi.library.yorku.ca/ojs/index.php/cws/article/view
File/8822/7999; Stand: 26.1.2014. Originalzitat: »The legal separation
of people into male and female sexes is unfair because it deprives
everyone of the right of creative self-expression. It is also unfair
because separate is never equal.«

134   Bundesministerium für Wissenschaft und Forschung, http://
www.bmwf.gv.at/startseite/das-ministerium/gender-und-diversitaet/
veranstaltungen/gesetzesaenderung-im-personalstandsrecht-fuer-
intersexuelle-in-deutschland/; Stand: 27.1.2013.

135   Thomas Laqueur: *Aus Eins Mach Zwei.* In: *NZZ Folio,* 7.6.2000.

136   Vortrag von Johanna Blackley auf Ted.com, http://www.google.
com/url?sa=t&rct=j&q=&esrc=s&source=web&cd=1&ved=0CCwQFjAA
&url=http%3A%2F%2Fwww.ted.com%2Ftalks%2Flang%2Fde%2Fjoha
nna_blakley_social_media_and_the_end_of_gender.html&ei=h7XV
Uv3iNMnRsgaUw4CoDw&usg=AFQjCNGpfFqlMjx8T1D46_oXIY_
mxVOvdA&sig2=WEKkKns6Ui9N8Qdi_rY0rw&bvm=bv.59378465,d.
Yms; Stand: 27.1.2013.

137   *Die Zeit* Nr. 2/2014, Dossier.

138   http://www.ted.com/talks/esther_perel_the_secret_to_desire_
in_a_long_term_relationship.html; Stand: 19.2.2014

139   Mandy Pratt: *Why Men Are Like Dogs: ... And, How We Can Love*

Them! CreateSpace Independent Publishing Platform, 2011, und *How to Make Your Man Behave in 21 Days or Less Using the Secrets of Professional Dog Trainers.* New York, Workman Publishing Company, 1994.

140   http://news.bbc.co.uk/2/hi/entertainment/4457416.stm; Stand: 27.1.2013.

141   Nina Pauer: *Die Schmerzensmänner.* http://www.zeit. de/2012/02/Maenner; Stand: 27.1.2013.

142   Sondra E. Solomon/ Esther D. Rothblume/ Kimberly F. Balsam: *Money, Housework, Sex, and Conflict: Same-Sex Couples in Civil Unions, Those Not in Civil Unions, and Heterosexual Married Siblings.* In: *Sex Roles,* Bd. 52, Nr. 9/10, Mai 2005.

143   Jennifer Power im Sydney Morning Herald: *Keeping it clean: Housework's gender divide,* http://www.smh.com.au/federal-politics/ society-and-culture/keeping-it-clean-houseworks-gender-divide-20110218-1az4r.html; Stand: 27.1.2014.

144   http://takeoverbeta.de/2013/02/woelfin/; Stand: 27.1.2013.

145   Eva Illouz: *Warum Liebe weh tut – Eine soziologische Erklärung.* Berlin, Suhrkamp, 2011.

146   http://takeoverbeta.de/2013/02/woelfin/; Stand: 27.1.2013.

147   Hanna Rosin: *Das Ende der Männer – und der Aufstieg der Frauen.* Berlin Verlag ¹2013.

148   Infobrief 04/09, Familienernährerin.de, »Frauen immer häufiger Familienernährerinnen«. http://www.familienernaehrerin. de/w/files/publikationen/infobrief-4-09_seiten_10-12.pdf; Stand: 26.1.2014.

149   Catherine Rampell: *Women on the rise as Family Breadwinner.* http://www.nytimes.com/2013/05/30/business/economy/women-as-family-breadwinner-on-the-rise-study-says.html?_r=0; Stand: 26.1.2014.

150   Betsey Stevenson und Justin Wolfers: *The Paradox of Declining Female Happiness.* In: *American Economic Journal: Economic Policy 2009,*

1/2, S. 190–225. *http://www.aeaweb.org/articles.php?doi=10.1257/pol.1.2.190;* Stand: 31.1.2014.

151   Nina Power: *Die Eindimensionale Frau.* Berlin, Merve, 2011.

152   Angela McRobbie: *Top Girls: Feminismus und der Aufstieg des neoliberalen Geschlechterregimes.* Wiesbaden, VS Verlag für Sozialwissenschaften, 2010.

153   World Economic Forum Annual Meeting 2011: *Six Global Challenges, One Solution: Women* http://www.weforum.org/sessions/summary/six-global-challenges-one-solution-women?fo=1; Stand: 26.1.2014.